민주주의 이론을 위한 서설

A Preface to Economic Democracy, Expanded Edition by Robert H. Dahl
© 1956, 1984, 2006 by The University of Chicago
Foreword: "Reflections on A Preface to Democratic Theory," Government and Opposition (Vol. 26: 292-301). © 1991 by Blackwell Publishing
Afterword: "James Madison: Republican or Democrat?" Perspectives on Politics (September 2005, Vol. 3/no. 3: 439-48). © 2005 Cambridge University Press.
Reprinted with the permission of Cambridge University Press
All Rights reserved. Published 2006

Korean translation edition © 2022 by Humanitas, Inc.
Licensed by The University of Chicago Press, Chicago, Illinois, USA
Through Bestun Korea Agency, Seoul., Korea
All rights reserved.

이 책의 한국어 판권은 베스툰 코리아 에이전시를 통해 저작권자인 The University of Chicago Press와 독점 계약한 (주)후마니타스에 있습니다. 저작권법에 의해 한국 내에서 보호를 받는 저작물이므로 어떤 형태로든 무단 전재와 복제를 금합니다.

민주주의 이론을 위한 서설

로버트 달 지음 | 한상정 옮김

후마니타스

차례

증보판에 붙여 7

서론 8

1 매디슨주의적 민주주의 13

2 민중 민주주의 59

3 다두제 민주주의 97

4 평등, 다양성, 강도 139

5 미국식 혼합 체제 189

증보판 서문: 『민주주의 이론을 위한 서설』에 대한 몇 가지 225
생각들

증보판 후기: 매디슨주의적 민주주의의 재평가 243

옮긴이의 글 270

미주 276

찾아보기 301

일러두기

- 이 책의 초판은 1956년에 시카고 대학 출판부에서 출간되었다. 이 번역본은 이 책의 발간 50년을 기념해 2006년 출간된 다음 증보판을 번역한 것이다. Robert A. Dahl, *A Preface to Democratic Theory*, Extended ed., University of Chicago Press, 2006. 영문 증보판에는 1991년과 2005년에 로버트 달이 학술지에 기고한 두 편의 글이 추가되어 있다. 한 편은 "『민주주의 이론을 위한 서설』에 대한 몇 가지 생각들"Reflections on A Preface to Democratic Theory, *Government and Opposition* Vol. 26, pp. 292-301)이고, 다른 한 편은 "제임스 매디슨, 공화주의자인가 민주주의자인가?"James Madison: Republican or Democrat?, *Perspectives on Politics* Vol. 3, no. 3, pp. 439-448이다. 증보판은 이 논문 두 편을 서문과 후기로 배치했는데, 한글 번역본에서는 이를 모두 본문의 뒤로 배치했다. 1956년에 출간한 원문 그대로를 먼저 읽고 난 후, 나중에 추가된 글을 읽는 것이 이 책을 처음 접하는 국내 독자들을 위해서는 훨씬 유익하다고 판단했기 때문이다.
- 본문의 대괄호([   ])와 각주는 옮긴이의 첨언이다.
- 원문에서 이탤릭체로 강조한 단어는 볼드체로 표기했다.
- 본문에 직접 인용된 문헌 가운데 국역본이 있는 경우에는 이를 참조했으며, 국역본의 서지 사항과 쪽수를 해당 부분의 각주에 밝혔다. 다만 번역과 표기는 원문을 참조해 일부 수정하거나 그대로 따르지 않은 경우도 있으나 별도로 밝히지는 않았다.

증보판에 붙여

오래전 나는 『민주주의 이론을 위한 서설』의 새로운 판을 준비해 보자는 시카고 대학 출판부의 제안을 거절한 바 있다. 이 책을 고치기 시작하면 결국 다른 책이 되어 버릴 것이며, 원문을 그대로 두는 것도 나름 역사적 가치가 있겠다고 생각했다. 하지만 최근 나는 증보판을 내는 것이 도움이 될 수도 있겠다고 결론 내렸다. 이 책에 대해서나 이 책의 출간 이후 내 생각이 어떻게 변화해 왔는지를 돌아보는 서문과 후기로 최근의 내 생각이 담긴 글을 덧붙인다면, 원문은 고칠 필요 없겠다는 판단도 했다. 이번 출간 작업을 지원해 준 시카고 대학 출판부에 이 기회를 빌어 깊은 감사를 표하고 싶다. 아울러 지난 반세기 동안 이 책을 절판시키지 않고 출간해 준 점, 그리고 향후 몇 년 동안 계속해서 이 증보판의 출간을 맡아 주기로 한 점 역시 깊이 감사한다.

서론

그간 나는 이 논집을 『민주주의 이론을 위한 서설』이라고 불러 왔다. 대체적으로 볼 때 이 글들은, 민주주의 정치를 충분히 설명할 수 있는 이론이라면 답해야 하는 그런 질문들을 제기하고 있기 때문이다. 그렇다고 해서 대답할 필요가 있는 모든 문제, 또는 중요한 모든 문제를 제시하려는 것도 아니다. 다만 내가 보기에 흥미롭고 의미 있는 몇 가지 문제만을 살펴보고자 한다.

지난 수백 년이 넘도록 정치에 관한 사색이 이루어졌음에도 불구하고, 민주주의 이론이 — 만약 내 기본 가정이 옳다면 — 여전히 불만족스러운 상태에 있는 것은 이상한 일이다. 그것을 본질적으로 삶의 윤리적 지침으로 보든, 아니면 실제 세상을 묘사하는 시도로 보든 말이다.

이에 관해 논의하려고 할 때 처음부터 마주치게 되는 어려움 가운데 하나는, 단일한 민주주의 이론은 없다는 사실이다 — 다만 여러 민주주의 이론들이 있을 뿐이다. 따라서 이 여러 민주주의 이론들이 어떤 종류의 질문들을 던지는지 알아보려면 그중 몇 가지 대표적이라 할 이론들을 검토하는 식으로 논의를 진행하는 것이 나을 것 같다. 다만 내가 민주주의에 관한 기존의 전통적인 이론들 모두 혹은 대부분을 조사한 것은 아님을 밝혀 둔다.

민주주의 이론에 대해 너무도 많은, 그리고 서로 다른 접근법들이 존재하는 이유는, 전적으로 그런 것은 아니지만 어느 정도는, 어떤 사회 이론이든 너무나 많은 접근법이 존재할 수 있기 때문이며, 민주주의를 다루는 데 있어 이 같은 접근법들이 대부분 꽤 괜찮은 방식이기 때문이다. 민주주의에 대한 이론을 발전시키기 위해 시도해 볼 수 있는 대안적 방식들의 목록을 일부만 보더라도 우리는 충분히 압도되는 느낌을 갖게 된다. 가능한 대안의 범위가 얼마나 넓은지 보여 주기 위해, 몇 가지만 들어 보겠다.

1. 최대 강령적^{maximizing} 이론 구성을 시도할 수 있다. 이 이론은 어떤 상태(이를테면 정치적 평등)를 가치나 목표로 설정하고 나서 이렇게 묻는다. 이 목표를 최대로 달성하려면 어떤 조건들이 필요한가? 아니면 반대로 다음과 같은 서술적인^{descriptive} 이론을 만들어 볼 수도 있다. 이 이론은 사실상 이렇게 얘기한다. 이런 저런 특징을 공유하는 일단의 사회조직들이 여기 있다. 자, 이제 이런 사회조직들이 존재하기 위한 필요조건은 무엇인가?

2. 만약 최대 강령적 이론을 선택한다면, 최대로 달성해야 할 가치나 목표를 정당화하고 설명하기 위해, 혹은 합리화하기 위해 노력한다는 의미에서, 본질적으로 윤리적인 이론을 구축해 볼 수 있다. 아니면 해당 목표나 가치가 적어도 그 이론 자체의 틀 안에서 당연한 것으로 받아들여진다는 의미에서, 윤리적으로 중립적인 이론을 구축해 볼 수도 있다.

3. 윤리적으로 중립적인 이론을 구성하는 쪽을 선택한다면, 우리는 공리에 기초를 둔^{axiomatic} 이론을 모색해 볼 수 있는데, 이 이론은 사실상

서론 9

이렇게 묻는 것이다. 해당 목표 자체를 서술하는 것으로부터 우리가 연역해 낼 수 있는 논리적 선결 조건들은 무엇인가? 아니면 (다음과 같은 질문을 던지는) 경험적 이론을 추구할 수도 있다. 현실 세계를 관찰함으로써, 목표로 상정했던 것을 최대로 달성하기 위한 (현실 세계에서의) 필요조건으로 어떤 것들을 발견할 수 있는가?

4. 우리는 비조작적non-operational 이론으로 만족할 수도 있고, 아니면 이론은 조작적operational이어야 한다고 주장할 수도 있다. (여기서 조작적이란 그 이론의 핵심 개념 정의들이, 실제 세상에 대해 우리가 관찰한 것들이나 그런 관찰로부터 빚어낸 생각들, 아니면 이 두 가지 모두를 명시하는 것을 뜻한다.)

5. 우리는 측정이 전혀 필요 없는 이론에도 납득할 수 있고, 혹은 어떤 현상은 측정될 수 있어야 한다고 요구할 수도 있다. (내가 사용하는 측정measurement의 의미는, 최소한 어떤 현상들 간의 서열을 확립하는 것이다. 그렇게 함으로써 A가 B보다 크다거나 같다거나 혹은 적다거나, 아니면 이에 상응하는 어떤 논리적 관계에 있다고 말할 수 있다.)

6. 우리는 입헌적 선결 조건들만을 명시하는 이론을 구축할 수도 있고, 아니면 사회·심리적인 필요조건을 포함하는 이론을 세워 볼 수도 있다.

선택할 수 있는 대안이 너무 많다고 지레 겁먹지 말기를 바란다. 왜냐하면 독자들로 하여금 각각의 방법 모두를 비판적으로 따져 보게 할 생각은 전혀 없기 때문이다. 그 대신 나는 민주주의 이론을 대표하는 몇 가지 유형을 살펴보려고 한다. 우선 미국인에게 친숙한 이론, 즉 매디슨의 이론부터 검토할 것이다. 이들 유형을 각각 살펴보면서, 위에서 언급한 주요 대안들의 장점과 단점도 살펴볼 것이다.

각 장이 어느 정도는 개념상 에세이라고 할 수 있으므로(사실 에세이의 수준을 훨씬 넘어선 글이라고는 생각하고 있지만), '민주주의'를 아주 엄격하게 정의하지는 않겠다. 하지만 최소한, 민주주의 이론은 일반 시민들이 지도자들에게 상대적으로 높은 수준의 통제를 행사하게 되는 과정과 관계가 있다고 나는 생각한다. 이는 일종의 최소 강령적 정의minimal definition이므로, 만약 독자들이 내가 사용하는 표현이나 용어가 마음에 들지 않는다면, 거의 비슷한 의미를 갖는 한에서 다르게 표현해도 무방하겠다.

나로서는 흥미롭고 중요하다고 생각하지만, 주로 핵심 내용에 관심 있는 독자들의 이해를 방해할 수도 있겠다 싶은 세세한 내용은 미주나 부록에 포함시켰다. 내 주장을 명료하게 설명하려고 할 때 기호로 표현해 보는 것이 도움이 되었는데, 다른 이들에게도 유용할 수 있기에 일부를 미주나 부록에 실어 두었다. 독자들은 이 부분 또한 다른 미주나 부록과 마찬가지로 무시하고 넘어가도 주요 논지를 이해하는 데 큰 어려움이 없을 것이다.

여기 실린 글들은 찰스 R. 월그린 미국제도연구재단의 권유를 받고 준비했으며, 원래 월그린 강연에서 발표한 것이다. 이 점에서 월그린 재단 측에 깊은 감사를 표하고 싶다. 또한 초고를 읽고 구체적인 비판과 제안을 해준 찰스 린드블롬에게 빚졌다는 점도 특별히 언급하고 싶다. 그의 비판과 제안이 모두 도움이 되었고, 대부분을 충족시키고자 노력했다. 일부는 받아들이지 않았는데, 그로 인한 어떤 비판도 당연히 내가 감수할 일이다. 마지막으로 원고의 타이핑과 끝없어 보이던 재타이핑 작업까지도 숙달된 솜씨로 무한히 인내하면서 마쳐 준 수잰 커낸 씨에 대한 감사의 마음도 기록해 두고 싶다.

1

매디슨주의적
민주주의

I

자주 얘기되듯이 민주주의는 타협에 근거한다. 하지만 민주주의 이론 자체도 타협(충돌하고 대립하는 원칙들 간의 타협)으로 가득 차있다. 그러나 사회적 삶에서 좋은 것이라고 해서 반드시 사회 이론에도 좋은 것은 아니다.

내가 '매디슨주의적'Madisonian 민주주의라고 이름 붙인 이론은 다수의 권력과 소수의 권력 사이의 타협, 그리고 모든 성인 시민의 정치적 평등과, 그들의 주권을 제한하고자 하는 욕구 사이의 타협을 성공적으로 이끌어 내고자 하는 시도다. 정치제도의 측면에서 이 타협은, 중간에 한 번 [1861년부터 1865년 사이 남북전쟁 시기 동안] 중단된 것을 제외하면, 그 내구성이 입증되어 왔다. 더 중요하게도, 미국 국민들은 이 타협에 만족해하는 것 같다. 하지만 정치 이론의 측면에서 이 타협은 두 요소 간에 존재하는 틈새를 제대로 메꾸지 못한 채 살짝 가려 둘 뿐이다. 그러다 보니 다수 지배majority rule가 옳으냐 그르냐를 밝히려는 치열한 고민이 1789년 이래 미국 정치사상을 일관되게 관통해 오고 있는 것도 당연해 보인다. 비록 대다수의 미국인들이 매디슨주의적 정치체제의 정당성을 받아들인 것처럼 보인다 해도, 그것의 취약한 근본원리에 대한 비판은 완전히 사그라지지 않고 있으며, 그런 비판에 대해 매디슨주의 테제는 이미 해왔던 이야기를 무한정 반복하던가 아니면, [매디슨주의의 논리를 가지고 주의 권리와 노예제를 옹호했던] 칼훈이 했던 것처럼 더 확대해석할 수밖에 없기 때문이다.

이 장에서 앞으로 여러 명제가 제시될 텐데, 이 명제가 모두 제임스 매디슨의 직접적인 주장이라고 할 수는 없다. 매디슨은, 헌법제정회의 이전과 그 당시에, 그리고 나중에 『페더럴리스트』*The Federalist* • 에 쓴 자신의 논설들을 통해, 이 이론의 가장 기본적인 요소들을 대부분 명료하게 밝혔으므로, 앞으로 보게 될 매디슨주의 명제들과 매디슨의 관계에 대해 세 가지 점을 밝혀 둘 필요가 있겠다.

첫째, 매우 다양한 이견에도 불구하고, 매디슨 시대의 다른 정치 지도자들은 그가 표명했거나 암시했던 주장의 상당 부분을 폭넓게 공유하고 있었다. 하지만 매디슨은 자신의 이론적 주장을 명쾌하고 논리 정연하게 드러내는 매우 드문(정치 지도자들로서는 더욱더 드문) 재능을 지녔다. 특히 매디슨의 『페더럴리스트』 10번은 미국인이 쓴 모든 정치적 저술을 통틀어 가장 논리적으로 탄탄하며, 거의 수학적인 이론의 하나라고 볼 수 있다. 따라서 미국 정치체제의 근본 원리를 알아내기 위해 매디슨을 주목하는 것은 편리하기도 하거니와 지적으로도 보람 있는 일이다.

둘째, 매디슨이라고 해서 사실fact, 개념 정의 또는 가치와 관련해 자신이 가정했던 바를 언제나 분명하게 밝혔던 것은 아니다. 그래서 나는, 함축된 것으로 보이는 이런 가정들을 독자들에게 제시할 필요가 있겠다

• 알렉산더 해밀턴, 제임스 매디슨, 존 제이 지음, 박찬표 옮김, 『페더럴리스트』(후마니타스, 2019).

고 종종 생각했다. 이는 자칫 위험할 수도 있는 일인데, 그래도 굳이 말하자면, 나는 그의 입장을 가능한 한 정연하고 일관되게 만들고자 애쓰는 동시에 그의 입장이 약화되지 않도록 노력했다. 간단히 말해, 매디슨이 자신의 주장을 가장 논리적이고 일관되고 명확하게 펼치는 부분은 그대로 전달하지만, 그렇지 않은 부분은 내가 판단하기에 더 논리적이고 일관되고 명확한 명제로 구성해 보고자 노력했다. 내가 관심을 갖는 것은 매디슨이 주장하는 방식이지, 그가 말한 것을 완전히 그대로 재현하는 것이 아니다.

셋째, 매디슨을 정치 이론가로 여기는 것은 부당한 면이 있다. 그는 자신의 시대를 위해 글을 쓰고 발언한 것이지, 길이길이 남기기 위해 그랬던 것은 아니다. 조언하고 설득하고, 거친 말은 유연하게 바꾸고, 어떤 문제는 대수롭지 않게 취급하고, 또 어떤 문제는 부풀리고, 토론과 격한 논의, 논쟁, 그리고 은밀한 책략들에 관여하는 방식으로, 그는 그 시대의 정치에 깊숙이 개입해 있었다. 그는 지적이고 원칙적이며 성공한 위대한 인물이었으며, 게다가 미국 정치제도를 실제로 잘 건설해 낸 공로가 있다. 그의 사상을 분해해 하나하나 분석하는 것은 분명히 말하건대 조금은 부당한 처사다. 큰 인물이자 뛰어난 정치가 매디슨을 이미 존경하고 있는 나로서는, 애초에는 정치 이론가 매디슨에 대해 굳이 비평할 마음이 별로 없었다. 하지만 매디슨은 민주주의에 대한 미국인들의 사고에, 과거는 물론이고 지금도 너무나도 깊은 영향을 끼치고 있다.

매디슨주의 이론 속에 부분적으로는 암시되어 있고 부분적으로는 명시되어 있는 핵심 명제는 다음과 같다.

가설 1: 외부의 견제를 받지 않는 한, 어떤 개인이든 집단이든 타인들에게 전제적으로 행동할 것이다.

다시 이 명제는 적어도 두 가지 정의를 함축한다.

개념 정의 1: '외부의 견제'란, 그 자신(당사자)이 아닌 타인이 보상과 처벌을 부과하는 것, 혹은 부과할 것이라는 예측으로 이루어져 있다.[1]

개념 정의 2: "전제정"tyranny은 자연권에 대한 모든 종류의 심대한 박탈 severe deprivation이다.

전제정에 대한 이 개념 정의와 관련해 다음 세 가지를 말해 둘 필요가 있다. 첫째, 이는 『페더럴리스트』 47번에서 매디슨이 명시적으로 밝혔던 개념 정의와는 다르다. 여기에서 매디슨은 "입법과 집행과 사법의 모든 권한이, 한 명이든 소수이든 다수이든 또는 세습이든, 스스로에 의해 임명되든 선출되든 상관없이, 동일한 세력에게 집적된 것은 전제정의 정의 그 자체라고 정확히 선언할 수 있을 것이다."[2]라고 주장한다. 내가 보기에, 매디슨의 이 명시적인 개념 정의는 위 개념 정의 2에서 도출된 것이며, 그 과정에서 다음과 같은 경험적인 전제, 즉 모든 권력이 동일한 세력에 집중되면 자연권의 심대한 박탈로 이어지고 결국 전제정이 되어 버릴 것이라는 전제가 추가된 것이다. 그렇다면 매디슨의 명시적인 주장을 다음과 같은 매디슨주의의 추론 방식으로 재구성해도 무방할 것 같다.

가설 2: 입법, 행정, 사법의 모든 권력이 동일한 세력에 집중된다는 것은 외부 견제가 제거되는 것을 의미한다(경험적 일반화).

외부 견제의 제거는 전제정을 낳는다(가설 1로부터).

따라서 모든 권력이 동일한 세력에 집중되는 것은 전제정을 의미한다.

매디슨의 명시적인 개념 정의 자체는 불필요하리만치 자의적이며 논쟁적이다. 따라서 나는 [매디슨의 명시적 개념 정의 대신] 개념 정의 2를 사용하고자 한다. 이 개념 정의야말로, 전반적인 매디슨의 생각과 매우 잘 맞을 뿐만 아니라 (곧 설명하겠지만) 그의 주장이 갖는 논리 구조를 이해하는 데에도 더 도움이 된다. 게다가 매디슨의 명시적 개념 정의도 이 개념 정의 2에서 쉽게 끌어낼 수 있다.

둘째, 자연권이 무엇인지 분명히 명시되지 않고 있다. 매디슨 이전 세대들도 그랬지만 그의 동시대인들 간에도, 어떤 '권리'가 '자연권'인지에 대한 완벽한 합의는 전혀 존재하지 않았다. 그나마 존재했던 합의는 매우 추상적이어서 구체적인 사례를 들기 시작하면 이견이 드러날 가능성이 매우 컸다.[3] 앞으로 보겠지만, 자연권에 대해 합의된 개념 정의가 없다는 것이 매디슨주의 이론의 중심적인 문제점 가운데 하나다.

셋째, 나는 매디슨과 그 동시대인들의 사고가 가진 모호함을 지적하기 위해 '심대한 박탈'이라는 표현을 사용해 왔다. 정부는 전제적이 되지 않으면서 어느 정도까지 자연권을 제한할 수 있는가? 이 문제에서도 마찬가지로 내가 아는 한 매디슨이나 그에게 동조하는 그 어떤 다른 이들도, 전적으로 만족할 만한 기준을 제시한 적이 없다. 다만 당사자의 '동의' 없이 자연권을 제한하는 것은, 전제정으로 간주될 만큼 충분히 심대한 박탈이라는 점에 매디슨과 그의 동시대인들은 최소한의 분명한 의견

일치를 보았다.⁴ 하지만 이 모호함은 너무도 뿌리 깊은 문제라서 단순히 표현을 바꾼다고 해서 수습될 수 있을지 잘 모르겠다.

가설 1의 당연한 결과로 도출되는 추가적인 가설을 둘로 구별해 보자.

가설 3: 외부 견제에 의해 제약받지 않는다면 소수의 개인들은 다수의 개인들을 억압할 것이다.

가설 4: 외부 견제에 의해 제약받지 않는다면 다수의 개인들은 소수의 개인들을 억압할 것이다.

혹은, 해밀턴이 더 간결하게 표현했듯이, "다수에게 모든 권력을 주면 소수를 억압할 것이다. 소수에게 모든 권력을 주면 다수를 억압할 것이다."⁵

이제 가설 1을 증명할 수 있는지 살펴보자. 물론 이는 가설 3과 4를 증명하는 것이기도 하다.

II

명백히 가설 1은 경험적인 명제다. 따라서 그것의 타당성은 오로지 경험에 의해서만 검증될 수 있다. 매디슨은 자신의 방식대로 이 가설을 입증하는데, 이런 방식이야말로 널리 퍼져 있는 미국식 사고, 즉 이 책에서 '매디슨주의(적)'이라고 부르는 사고를 대표하는 특징이라고 할 수 있다. 매디슨의 첫 번째 증명 방식은, 예컨대 고대 그리스와 로마의 사례 같은 역사적 사례들을 열거하는 것이다.6 두 번째 방법은 매디슨 자신의 시대에 널리 받아들여졌던(아마 지금도 널리 수용되고 있는), 인간 심리에 관한 특정 공리들axioms로부터 가설 1을 추론해 내는 것이다. 이들 공리는 그 성격상 홉스적인데, 대개 이런 식으로 전개된다. 인간은 자신이 지닌 욕망의 노리개다. 기회가 주어지면 물릴 때까지 그 욕망을 추구한다. 그런 욕망 중 하나가 다른 개인들에게 권력을 행사하려는 욕구다. 권력은 그 자체로도 만족감을 주지만, 이를 행사해 다양한 다른 욕구를 충족할 수 있다는 점에서 탁월한 도구적 가치를 갖기 때문이다. 헌법을 지지하는 사람과 반대하는 사람들이 각 주와 연방의 헌법제정회의들에서 발언했던 내용을 보면 양쪽 모두에서 이런 공리를 확인할 수 있다.

> 르노(노스캐롤라이나에서의 논쟁에서): "인간 본성의 타락, 모든 이들이 가슴에 품고 있는 권력을 향한 갈망, 통치자들이 끌릴지도 모르는 유혹, 통치자에 대한 우리 체제의 무제한적 신뢰에 대해 우리는 숙고해야만 한다."7
>
> 프랭클린(헌법제정회의에서): "인간사에 강력한 영향을 미치는 두 가지 열정이 있다. 야심과 탐욕, 즉 권력에 대한 사랑과 돈에 대한 사랑이 그것이다."8
>
> 해밀턴(헌법제정회의에서): "인간은 권력을 사랑한다."9
>
> 메이슨(헌법제정회의에서): "인간의 본성을 감안할 때, 우리는 권력을 손에 넣은 이들이 …… 기회가 있다면 언제나 …… 권력을 확대할 것이라고 확신해도 될 듯하다."10

III

만약 앞에서 제시한 두 가지 방법(혹은 다른 방법들)을 통해 가설 1이 타당한 것으로 받아들여지면, 가설 1에서 단순 추론된 가설 3과 4도 마찬가지로 타당하다. 그런데 가설 4는 매디슨주의적 사고에서 어떤 특별한 역할을 하고 있는 것 같다.[11]

헌법제정회의에서건 『페더럴리스트』에서건, 소수의 전제minority tyranny로부터 발생할 위험에 대한 염려는 별로 보이지 않는다. 오히려 다수의 전제majority tyranny에서 오는 위험이 극심한 두려움을 불러오는 것처럼 보인다. 예를 들어, (지금 돌이켜 보면 그릇된 생각임이 분명하지만) 『페더럴리스트』의 저자들은 행정부를 부와 지위, 권력을 가진 소수를 위한 거점이라고 간주하여, 이 저술 속에서 행정부에 대한 그 어떤 뿌리 깊은 불신도 드러내지 않았다.[12] 이와 대조적으로, 매디슨이 몰두했던 핵심 주제는 다수파의 본거지로 간주되던 입법부로부터의 위협이다. 그렇기 때문에 "바로 이 부[입법부]의 모험적 야심이야말로, 인민들이 자신들의 모든 경계심을 집중시키고 모든 예방 조치를 다해야 할 대상이다."[13]

그리고 전제정에 대한 매디슨 자신의 명시적 개념 정의뿐만 아니라 개념 정의 2로부터, 입법부의 전제정 혹은 다수의 전제가 행정부의 전제정 혹은 소수의 전제보다 결코 덜 전제적인 것은 아니라는 결론이 뒤따른다. 이들은 똑같이 바람직하지 않은 것들이다. 따라서 매디슨의 말을 빌자면, "우리 공화국들의 설립자들[13개 주 정부의 헌법을 만든 이들]은 …… 입법부에 의한 권리 침해로 야기될 위험은 생각하지 못했던 듯하다. 동일한 세력에 모든 권력이 결집된다면, 입법부에 의한 권리 침해도, 집행부에 의한 권리 침해가 위협하는 것과 **똑같은** 전제정으로 이어질 것이 틀림없다."[14] 매디슨은 제퍼슨의 다음과 같은 말을 인용해 자신의 입장에 더욱 힘을 실었는데, 제퍼슨은 『버지니아에 대한 노트』*Notes on Virginia*에서 "173명의 폭군은 분명히 한 명의 폭군만큼이나 억압적일 것이다. …… **선출된 자들에 의한 전제정치**elective despotism는 우리가 쟁취하려는 정부가 아니었다."[15]라고 주장한 바 있다.

이렇게 보면, 다수와 소수 모두 동일한 저울 위에서 평가되는 것이다. 왜냐하면 비전제정non-tyranny임을 객관적으로 입증하는 것은 지배 집단의 크기가 아니라, 크기와 무관하게 그 지배 집단이 시민들의 '자연권'을 심대하게 박탈하는가의 여부이기 때문이다.

IV

지금까지 매디슨주의 논리 체계의 명제들은 개념 정의이거나 경험적인 것이었다. 여기에 한 가지 개념 정의만 더 추가하면, 여러 가능한 정치체제들 중에서 하나를 선택할 때 길잡이가 될 수 있는 목표가 무엇인지를 드디어 얘기할 수 있게 된다.

이 시점에서 필요한 것은 '민주주의'의 개념 정의다. 하지만 매디슨의 시대에는 '민주주의'라는 용어가 우리 시대에 비해 덜 사용되었다. 그 당시 '민주주의'는 어느 정도는 급진적 평등 지상주의를 연상시켰으며 그 의미도 모호했는데, 오늘날이라면 '직접' 민주주의라고 지칭할 법한 민주주의, 즉 비대의적non-representative 민주주의를 의미하는 것으로 많은 저술가들이 정의했기 때문이다. 우리가 오늘날 '대의'representative 민주주의라고 부르는 체제를 가리키기 위해 자주 사용된 용어는 '공화정'

republic이었다.16 따라서 매디슨이 다음과 같이 정의했던 '공화정'이라는 용어를 우리가 계속 사용해도 전혀 문제되지 않을 것이다.

개념 정의 3: 공화정은 ⓐ 정부의 모든 권력이 직접적이든 간접적이든 대다수의 민중에게서 나오고, ⓑ 민중이 원하는 기간만큼, 미리 정해진 임기 동안, 혹은 좋은 통치행위를 보여 주는 동안 공직을 맡은 이들이 운영하는 정부다.17

이제 매디슨주의 논리 체계의 중심적인 윤리적 목표를 말할 수 있다. 편의상 이를 매디슨주의적 공리Madisonian axiom라고 부르자. 그 내용은 다음과 같다.

적어도 미국에서, 반드시 성취되어야 할 목표는 비전제적 공화정non-tyrannical republic이다.

이 목표는 당연한 원리로 받아들여졌다. 헌법제정회의에서도 그렇고 그 어디에서든, 그리고 이후에도 이에 관해 심각한 의문이 제기된 적이 없기 때문에, 이 목표는 사실상 검증이 필요 없는 공리로 존재해 왔다.18 따라서 어느 누구도 이 당연한 원리 뒤에 놓여 있을지도 모를 논리적 근거를 확실하게 말할 수 없다. 하지만 아마도 매디슨을 비롯한 많은 사람들은 이 공리를 좀 더 근본적이고 윤리적인 어떤 당연한 원리로부터, 어떤 경험적 가정을 보태면서, 간접적으로 추론했을 것이다. 다음과 같은 방식으로 말이다. ① 자연권은 반드시 획득되어야 한다(공리). ② 자연권을 획득하는 것이 곧 비전제정이다(개념 정의 2로부터). ③ 공화정은 비전제정을 위한 충분조건은 아니지만 필요조건이다(경험적 일반화). 이로써 매디슨주의의 공리에 대한 증명 완료.

이들 명제 가운데 ①과 ②는 널리 받아들여졌지만, 해밀턴과 같은 몇몇 잘 알려진 연방주의자들은 ③의 타당성을 부인했다. 해밀턴은 군주정에 대해 솔직하지만 그 당시로는 비현실적인 호감을 가지고 있었는데, 실제로 그는 공화정이 비전제정을 가능하게 할 수도 있지만 확신컨대 필요조건은 아니라고 주장했다. 비전제정을 가능하게 하는 조건에 그는 아마도 입헌군주정을 포함시켰을 것이다. 미국 정치체제의 안정을 위해서는 다행이지만 정치 이론의 차원에서는 불행히도, 해밀턴의 반론은 엄청나게 엉뚱한 소리로 취급되어 버렸다.

V

짧게나마 매디슨주의 논리 체계의 윤리적 목표에 대해 살펴보았으니, 이제는 그 논의로부터 어떤 예측, 개념 정의, 추론이 도출되었는지를 살펴보겠다. 그 이유는, 매디슨주의적 공리를 놓고 볼 때, 이제 질문이 이렇게 바뀌기 때문이다. 비전제적 공화정이라는 목표를 달성하기 위해서는 어떤 조건들이 필요한가?

가설 5: 비전제적 공화정이 존재하기 위해서는 적어도 두 가지 조건이 필수적이다.

조건 1: 입법과 행정과 사법의 모든 권한이, 한 명이든, 소수이든, 다수이든, 또는 세습이든, 스스로에 의해 임명되든, 선출되든 상관없이, 동일한 세력에 집적되는 것은 반드시 피해야 한다.[19]

조건 2: 파벌들factions은, 다른 시민들의 권리나 공동체의 영속적이고 집합적인 이익에 반하게 행동할 수 없도록 반드시 통제되어야 한다.[20]

VI

조건 1이 모든 비전제적 공화정의 본질적인 선결 조건임을 증명하려고 시도할 때, 매디슨주의 논리 체계는 그 의미가 굉장히 불분명해서 이 주장을 어떻게 제대로 다룰 수 있는지 그 방법을 알기 어렵다.

논의의 시작 단계에서 우리는 두 가지 가능한 대안을 생각할 수 있다. 첫 번째 방법은 내가 [이미] 본질적으로 별 의미가 없는 방식이라고 치부한 바 있다. 만약 우리가 전제정에 대한 매디슨의 명시적인 개념 정의를 받아들이고 전제정을 피해야 한다고 가정하게 되면, 조건 1은 단순히 정의상 필수적일 수밖에 없다. 이를테면, ① 전제정은 모든 권력의 집중 등을 의미한다(개념 정의). ② 전제는 바람직하지 않다(공리). ③ 따라서 모든 권력의 집중 등은 바람직하지 않다. 그러나 개념 정의를 통해 이 문제를 해결해 버리면 많은 중대한 문제점들이 미해결 상태로 남게 된다. 예를 들어, 만약 누군가가 "당신의 개념 정의에 기반할 때 전제정이 바람직하지 않은 이유는 무엇인가?"라고 묻는다면, 이 명시적인 매디슨주의 논리 체계는 답할 수 없음이 드러난다. 왜냐하면 분명히 "입법, 행정, 사법의 모든 권력이 동일한 세력에 집중되는 것" 그 자체가 명백하게건 직감적으로건 바람직하지 않다고는 할 수 없기 때문이다. 그렇다면 그런 상황이 바람직하지 않은 이유는 어떤 예상되는 결과에 있음이 틀림없다. 그 결과란 무엇인가? 매디슨주의 논리 체계를 손대지 않고 그대로 두기 위해 나는 임의로 그 결과란 바로 "자연권에 대한 심대한 박탈"[21]임이 분명하다고 명시한 바 있다.

두 번째 방법은 다음과 같이 해보는 것이다. 전제정은 자연권에 대한 모든 종류의 심대한 박탈이라는 매디슨의 내포적 개념 정의를 받아들인다. 그리고 모든 권력이 한 곳에 집중되면 외부의 견제를 제거할 것(가설 2)이고 결국 전제정을 낳게 될 것(가설 1과 개념 정의 2에 따르면)이라는 경험적 가설을 제안하는 것이다.

하지만 만약 이제 이 내포적 가설들과 개념 정의들을 추가해서 매디슨주의 논리 체계를 별 의미가 없는 주장이 되지 않도록 되살려 내려고 시도할 때, 우리는 어떤 딜레마에 빠진다. 만약 우리가 "권력"을 헌법에 규정된 권한이라는 의미로 사용한다면, 조건 1은 명백하게 오류다. 의회 중심제이면서도 분명히 비전제적인 영국과 같은 민주적 체제들을 검토해 보면 쉽사리 입증되듯이, 조건 1이 모든 비전제적인 공화정에 있어 반드시 필수적인 것은 아님이 아주 분명하기 때문이다. 이번에는 "권력"을, 이를테면 B의 반응을 통제할 수 있는 A의 능력이라는 식으로, 더 현실적인 관계를 묘사하는 의미로 사용한다고 가정해 보자. 이 경우 "입법, 행정, 사법"이 결코 사회에서의 모든 권력관계나 통제 과정을 포괄하지 못한다는 것은 분명하다. 예를 들어, 선거 과정은 어떤 개인들이 다른 이들을 통제하는 것을 가능하게 해준다. 즉 분명히 이는 지도자가 아닌 이들이 지도자들을 통제하는 데 기여한다. 따라서 입법, 행정, 사법 권력이 단순히 집중되었다고 해서 권리의 심대한 박탈이라는 의미에서의 전제정이 반드시 등장할 것인지는 명백하지 않다. 보통선거(그리고 경쟁하는 정당들)로도 그와 같은 기본권 침해를 막는 데 충분할지도 모른다. 그렇다면 이제 매디슨의 주장은 적어도 한 가지 추가 가설에 대한 증명을 필요로 하는 것으로 보인다. 즉,

가설 6: 빈번하게 치러지는 보통선거는 전제정을 방지할 만큼 충분한 외부 견제를 제공하지 못할 것이다.

이 가설을 입증해야 할 이유는 다음과 같다. 이 가설이 오류이고, 빈번하게 치러지는 보통선거가 전제정을 막을 만큼 충분한 외부 견제를 제공한다고 해보자. 그렇게 되면 전제정을 방지하기 위해 헌법을 통해서건 다른 방법을 통해서건 입법, 행정, 사법 권력을 분리할 필요가 있다는 매디슨의 주장 역시 명백히 오류가 되기 때문이다.

이 상황에서 명시적인 매디슨주의 논리 체계가 사실상 시도하는 방식은, 가설 2(입법, 행정, 사법의 모든 권력이 동일한 세력에 집중되는 것은 외부 견제의 제거를 의미한다)가 옳다고 가정함으로써 가설 6 역시 옳다는 것을 증명하는 것이다. 만약 우리가 가설 2를 옳다고 가정하게 되면 보통선거로는 충분하지 않다는 가설 6은 사실임이 분명하다. 그러나 가설 2를 옳다고 가정하여 가설 6을 입증해 버렸기 때문에, 이제 반대로 가설 6을 옳다고 가정하여 가설 2를 증명할 수는 없다.

분명히 『페더럴리스트』 49번[22]은 선거 과정이 제공하는 견제만으로는 입법, 행정, 사법의 모든 권력이 동일한 세력에 집중되는 것을 막기에 충분하지 않다는 것을 증명하고자 시도한다. 이 주장에 대해 두 가지 점

을 얘기할 수 있다. 첫째, 설사 이 명제가 옳다 하더라도, 앞서 거부했던 방식 즉 개념 정의에 의존하는 별 의미 없는 방식이 아니고서는 조건 1의 필연성을 입증할 수 없다. 왜냐하면 개념 정의에 의해서가 아니라면, "입법, 행정, 사법의 모든 권력"의 집중이 전제정으로 이어진다는 결론은 나오지 않기 때문이다. 둘째, 이 명제를 지지하는 구체적인 주장들이 『페더럴리스트』 49번에서 제시되는데, 내가 보기에 이 주장들은 전혀 타당하지 않거나 조금도 결정적이지 않다. 이 주장들은 다음과 같은 것들이다. ① 민중에게 자주 지지를 호소하는 것은 정부에 결함이 있음을 의미하게 될 것이며 결국 정치 안정에 필요한 경외심을 약화시킬 것이다. ② 공공 영역에서의 열정을 너무 강하게 고취시키는 것은 이 공공 영역의 평화로운 상태를 위험하리만치 흔들어 놓게 될 것이다. ③ 수적으로 극소수이다 보니 행정부와 사법부의 구성원들은 유권자들의 아주 일부에게만 알려진다. 사법부는 멀리 떨어져 있고, 행정부는 질시의 대상이자 인기 없는 존재다. 이와 대조적으로, 입법부의 구성원들은 인민과 더불어 살아가면서 혈연이나 친교에 의한 관계들을 가진다. 따라서 권력을 향한 경쟁은 입법부가 다른 부문을 완전히 삼켜 버리게 되는 불공평한 경쟁이 될 것이다.[23] [달은 증보판 서문 294쪽에서 이 문단이 『페더럴리스트』 49번에 대한 자신의 오독에 기초한 잘못된 주장이라고 바로잡고 있다.]

이상에서 보듯, 유감스럽게도 조건 1의 타당성은 확립되지 않는다.
하지만 비전제적인 공화정을 위해서는 이 조건이 필수적이라는 것이 미국의 정치적 신조 가운데 하나다. 이 신조로부터 매디슨은 물론이고 매디슨 자신보다 매디슨의 주장에 충실했던 계승자들은 헌법상 견제와 균형이 전체적으로 복잡하게 얽혀 있는 네트워크의 필요성을 추론해 왔다. 헌법상 견제와 균형 장치에는 대통령·상원의원·하원의원이 상이한 유권자를 대표한다는 점, 대통령의 거부권, 양원제, 대통령의 공직 임명권과 상원의 인준, 그리고 어떤 점에서는 연방주의도 포함된다. 더 나아가 동일한 논리로 정치체제 내부에서의 또 다른 견제와 균형 조치들 역시 여러 해에 걸쳐 발전되어 왔다. 이런 조치들은, 대법원의 위헌법률심사권, 지방분권적인 정당들, 상원에서의 의사 진행 방해filibuster, [대통령이 자신이 임명한 자에 관해 해당 주의 상원의원에게 미리 인준에 대한 승인을 요청하는 관례를 말하는] 상원 "예우"courtesy, 의회 상임위원장들의 막대한 권한, 그리고 이외에도 정치 지도자들에 대한 외부 견제로 기능하도록 고안된, 거의 모든 조직 내부 구조상의 장치를 포함한다.

VII

이제는 조건 2, 즉 파벌들은 다른 시민의 권리 혹은 공동체의 영구적이고 집합적인 이익에 반하게 행동하지 못하도록 반드시 통제되어야 한다는 문제로 관심을 돌려보자.

어떻게 하면 그럴 수 있는가? 이 질문에 답하면서, 매디슨은 지금까지 미국인에 의해 제시된 바 있는 가장 명쾌하고 치밀한 일련의 정치적 명제 가운데 하나를 만들어 냈는데, 이제는 친숙한 『페더럴리스트』 10번[24]에 있는 주장이 바로 그것이다. 여기서는 그의 주장의 가장 핵심적인 골격만을 제시해 보겠다.

말할 필요도 없이 논의를 시작할 때는 개념 정의가 필요하다.

개념 정의 4 : 파벌은 "다른 시민들의 권리나 공동체의 영속적이고 집합적인 이익에 반하는 어떤 정념이나 이해관계 등과 같은 공통의 욕구에 의해 결합해 행동하는, 상당수의 시민들"[25]이다.

이 정의를 놓고 볼 때, 외부의 견제에 의해 제약되지 않으면 파벌은 전제정을 낳게 될 것이라는 점은 가설 1을 이용해 간단하게 증명할 수 있다. 따라서 조건 2는 필요한 것으로 입증된다.

그렇다면 파벌을 어떻게 통제할 수 있는가? 간단히 말해, 파벌의 잠재적 원인은 인간의 본성 속에 그 씨가 뿌리 내리고 있다고 매디슨은, 우아하지만 단호하고 간결하게 주장한다. 즉 그 원인은, 인간 이성이 오류를 범할 수 있기 때문에 생겨나기 마련인 의견의 차이, 서로 다른 지도자들에 대한 애착심, "인간 재능의 다양성"에서 생겨나는 재산상의 차이로부터 유래한다. 사람들이 똑같아질 수 없다면, 오직 사람들의 자유를 없애야만 파벌의 원인을 통제할 수 있다 ─ 하지만 이는 분명 비전제적인 공화정을 추구하는 사람이라면 취할 수 없는 해결 방안이다. 그렇다면 파벌은 그 원인을 제거하는 방식으로는 통제될 수 없다는 결론이 뒤따른다. 이런 식으로 매디슨은 다음 가설이 타당함을 입증해 낸다.

가설 7 : 만약 파벌을 통제하고 전제정을 피하고자 한다면, 이는 파벌의 폐해를 통제함으로써 성취되어야 한다.

전제정을 피할 수 있도록 파벌의 폐해가 통제될 수 있는가? 다음의 두 가지 추가 조건이 충족된다는 가정하에, 매디슨은 그렇다고 답한다.

가설 8: 만약 파벌이 수적으로 다수에 미치지 않으면, 입법기관에서 투표의 "공화주의 원칙", 즉 다수는 소수를 투표로 제압할 수 있다는 원칙에 따라 파벌을 통제할 수 있다.

가설 9: 전체 유권자의 수가 아주 많고, 널리 퍼져 있고, 이해관계가 다양해지면, 다수 파벌majority faction의 발달은 제한될 수 있다.

가설 8을 증명하려는 노력을 전혀 기울이지 않았다는 점에서, 매디슨은 이 가설의 타당성은 자명하다고 보았음이 분명하다. 하지만 이는 매디슨주의 논리 체계에서 결정적으로 중요한 가정이다. 그 이유는, "공화주의 원칙"을 운영하더라도 소수가 다수에게 피해를 입히는 것을 항상 막지는 못하리라는 점이 증명될 수 있다면, 매디슨주의 논리 체계는 비전제적 공화정을 만들어 내지 못할 것이기 때문이다. 이 점에 대해서는 나중에 다시 얘기하도록 하겠다.

가설 9의 증명은 다음 주장에 의해 뒷받침되는데, 문제는 이 주장이 극히 모호한 많은 진술들과, 특히 만약 사실이라면 매디슨주의 논리 체계의 여타 핵심 가설들의 타당성에 심각한 문제를 제기할 수 있는 몇 가지 진술들도 포함하고 있다는 점이다. 매디슨은 다수 파벌의 폐해는 오직 다음 두 가지 방식으로만 통제될 수 있다고 주장한다. 첫째, 다수가 동일한 열정이나 이익을 동시에 갖지 못하게 해야 한다. 하지만 그렇게 되면 다수 파벌이 애초부터 형성되지 않을 것인데, 그렇다면 매디슨은 파벌의 원인들을 통제할 수 없다고 했던 자신의 이전 주장을 여기에서는 뒤집은 것으로 보인다. 둘째, 혹시라도 다수 파벌이 존재한다면, 그 구성원들이 효과적으로 함께 행동할 수 없도록 만들어야 한다.

규모가 큰 공화정이, 다수 파벌의 폐해를 통제하는 이 두 가지 방법 모두를 제공한다고 매디슨은 주장한다. 이어서 그는, 큰 공화국의 대표 체계가 "더 좋은" 정치인들을 공급할 것이고, "너무나 자주 선거 결과를 결정짓곤 하는 부도덕한 술책들"이 성공할 가능성을 낮출 것이라는 점을 입증하려 한다. 그러면서 매우 의문스럽고 거의 틀렸다고 해도 과언이 아닐 그런 일련의 명제들을 내놓는다. 그런 다음 매디슨은 너무나도 중요한 마지막 명제를 제시한다. "범위를 확대하면, 엄청나게 다양한 당파들과 집단들이 들어오게 되고, 다른 시민의 권리를 침해하려는 동기를 전체 중의 다수파가 공통으로 갖게 될 개연성은 아주 희박해질 것이다. 또는 만일 그런 공통의 동기가 존재하더라도, 그것을 가진 사람들 모두가 자신들의 힘을 발견하고 서로 일치단결해 행동하기가 더 어려워질 것이다."[26] 매디슨의 말을 우리는 다음과 같은 내용으로 바꾸어 볼 수 있다.

가설 10: 전체 유권자의 수가 아주 많고 널리 퍼져 있으며, 다양한 이해관계를 갖는 한, 다수 파벌이 존재할 가능성은 낮고, 그리고 설사 존재하더라도 하나의 통일체로 행동할 가능성이 낮다.

VIII

조건 1이 어떤 의미를 갖는지 알아내려고 시도하는 과정에서 그 타당성은 이미 검토된 바 있다. 이번에는 내가 조심스럽게 공식화해 지금까지 제시해 온 매디슨주의 사고방식 속에 있는 몇 가지 다른 가설의 타당성과 일부 개념 정의의 유용성을 간략히 평가해 보자.

가설 1은 매디슨주의적 주장 속에 직접 드러나기보다는 내포되어 있다는 점, 그리고 다음과 같이 공식화되었던 것을 독자들은 기억할 것이다.

가설 1: 외부의 견제를 받지 않는 한, 어떤 개인이든 집단이든 타인들에게 전제적으로 행동할 것이다.
정의 1: "외부의 견제"란, 그 자신(당사자)이 아닌 타인이 보상과 처벌을 부과하는 것, 혹은 부과할 것이라는 예측으로 이루어져 있다.

가설 1은 특히 다음의 주장들을 함축하고 있다.

1. 정부의 통치 과정을 통해 타인들을 통제하는 것은 매우 가치 있는 목표다. 즉 그런 통제는 그것을 행사하는 이들에게 직접적으로든 간접적으로든 보람 있는 일로 여겨진다.
2. 정치 지도자들이 스스로의 양심에 따라 전제정으로의 충동을 억제할 만큼 충분한 자기 절제력을 갖게 되기란, 사회적 훈련으로는 불가능하다. 실제로 매디슨은 이렇게까지 얘기한다. "양심 — 유일하게 남아 있는 연결고리 — 은 개인들에게서 별 역할을 하지 못한다고 알려져 있다. 특히 큰 무리를 이루고 있을 때, 양심으로부터 기대할 수 있는 것은 거의 없다."[27]
3. 한 개인이 또 다른 개인에게 공감하고 자신과 동일시하는 범위는 너무 좁아서 결코 전제정으로의 충동을 제거할 수 없다.

매디슨 이전의 많은 정치 이론가들은, 특정한 형태의 정치체제에 꼭 필요한 태도, 습관, 심지어 성격 유형을 만들어 내는 데 있어 사회적 교화와 습관화의 역할을 매우 강조했다. 전체적으로 볼 때 인간 행위에 대한 냉정한 관찰자라고 할 수 있는 마키아벨리도 기본적으로 전제정을 막는 방법은 통제 수단들의 분배를 미리 규정하는 일련의 법률적 틀 ─ 즉, 공식적인 헌법 ─ 이라기보다는, 사회에서 습득한 습관과 태도의 연결망에 있다고 분명히 믿었다. 확실히 이런 견해는 매디슨주의 논리 체계 속에 내포되어 있는 행위 개념보다는 훨씬 현대적이다. 우리 시대의 사회과학자들이라면, 예를 들어 가족 관계의 지배적인 유형이 적어도 헌법에 규정된 정부 통제의 체계만큼이나 중요한 정치 행위의 결정 요인이라고 가정할 것이다. 지배자들과 피지배자들이 어떻게 행동할지, 이에 따라 전제정이 등장하게 될지 비전제정이 등장하게 될지에, 가족 구조, 신념 체계, 신화, 영웅, 1차 집단 속에서 정당한 것으로 인정받는 행위 유형, 지배적이거나 가장 빈도가 높은 성격 유형, 여타 유사한 요인들이 중요한 역할을 담당할 것이다. 이 분야에 관한 과학적 탐구가 이제 겨우 시작되기는 했지만, 그래도 분명한 것은 다른 요인들보다는 어떤 성격 유형이라든가 성향이 권위주의적 지도자들에 대한 우호적/비우호적 태도로 이어질 가능성이 훨씬 높다는 점이다. 미국의 경우 이런 성향들은 아마도 계급·교육·나이와 같은 요인들과 관련이 있을 것이다.[28]

    달리 말하면, 지금까지의 증거는 다음과 같은 점들을 시사한다. "내부의 견제" ─ 양심(초자아), 태도, 기본 성향 ─ 가 어떤 특정한 개인이 타인들에 대해 전제적으로 행동할지의 여부를 정하는 데 있어서 결정적이다. 그리고 이런 내부 견제는 개인에 따라, 사회집단에 따라, 때에 따라 달라진다. 마지막으로, 한 사회에서 전제정이 등장할 확률은 다양한 유형의 내면화된 대응이 그 사회의 구성원들 사이에 얼마나 존재하는가의 함수다.

하지만 만약이라도 우리가 매디슨과 그 당대의 추종자들이 이런 사실 혹은 그와 유사한 사실들을 인식하지 못했다고 가정한다면 이는 그들을 바보로 보이게 만드는 것이다. 권위적인 성격 유형과 민주적인 성격 유형에 관한 현대적인 탐구가 있기 훨씬 이전에, 예를 들자면, 제퍼슨은 민주주의를 작동하는 데 필요한 종류의 행위를 만들어 내려면 농경이 지배적인 환경이 중요하다고 역설했다. 미국 독립 이전 시기의 저술가들은 이미 공화정의 필요조건이 시민들의 덕성moral virtue이라는 점을 강조했었다. 시민들의 덕성은 다시 "사람들을 고양시키는 종교, 건전한 교육, 정직한 정부, 단순한 구조의 경제"[29]를 필요로 한다고 그들은 생각했다. 그러나 매디슨의 명시적인 주장을 살펴보면, 그는 자신의 시대에 분명히 공유되었던 이런 가정을 무시하거나 경시했던 것으로 보인다. 의심의 여지없이 바로 이 지점에서 우리는 다시, 그의 주장의 여타 많은 곳에서처럼, 토의와 논쟁을 위해 매디슨이 지나치게 단순화했던 입장과 마주치게 된다. (물론 매디슨에게는, 150여 년 이후에 비평가들을 어떻게 논리적으로 만족시킬 것인가 하는 것보다 훨씬 더 중요한 당면 과제들이 있었다.) 그렇다면 우리는 매디슨이 암시했던 핵심 가설들 가운데 하나를 확률론의 용어로 재포장해 살려 내고자 시도해 볼 수 있다.

가설 1ʹ : 어떤 개인이든 집단이든 외부의 견제를 받지 않는 한 타인들에 대해 전제적으로 행동할 확률이 아주 높다. 따라서 전제정을 오랜 기간 동안 피하고자 한다면, 어느 정부에서든 헌법에 규정된 장치들이 모든 공직자에 대해 어느 정도는 외부 견제를 가하는 역할을 계속 담당해야만 한다.

다시 말해, 다음과 같은 제안은 합당해 보인다. 설사 내부의 견제가 전제정으로의 충동을 자주 막아낼 수 있을지라도, 전제적이 될 수 있는 위치의 개인들 모두에게 항상 작동하는 것은 아닐 것이다. 따라서 전제정을 피하고자 한다면 외부의 견제는 반드시 필요하다. 그리고 이들 외부 견제는 반드시 입헌적으로 규정되어야 한다.

IX

그러나 위의 마지막 문장을 합당한 것으로 받아들이기에 앞서, 행위를 통제하기 위해 사용되는 외부 견제의 유형들 가운데 몇 가지를 검토해 보자. 인간은 자신의 사회화된 욕구들에 부과될 수 있는 보상 및 처벌과 관련해 의식적 혹은 무의식적으로 예측을 하는데, 행위란 바로 그런 예측의 산물이라고 가정해 보자.[30] 매디슨주의자들은 전제정을 억제하는 장치로서 어떤 종류의 외부 견제들을 염두에 두고 있는가?

정부의 헌법에서 각 부들의 경계를 정확하게 지정하고 나서 그런 [내용을 적은] 양피지 방벽에 의지하는 것으로, [서로를] 침해하는 권력의 기질을 방비하는 데 충분할까?[31]

각 부 사이에 필요한 권력의 분할을 헌법 규정대로 실제로 유지하기 위해 우리는 마지막으로 어떤 방책에 의지할 수 있을까? 주어질 수 있는 유일한 대답은 다음과 같다. 즉 이런 모든 외부적 대책은 부적절한 것으로 확인되었기 때문에, 정부의 각 구성 부문들이 그들의 상호 관계에 의해 서로를 본래의 위치에 묶어 두는 수단이 되도록 정부의 내부 구조를 고안함으로써 결함이 보완되어야만 한다는 것이다. …… 그러나 각 권력들이 동일한 부에 점점 집중되는 것을 막는 강력한 안전장치는, 각 부를 운영하는 자들에게 다른 부의 침해에 저항하는 데 필요한 헌법적 수단과 개인적 동기를 부여하는 데 있다. …… 야심에 대항하려면 야심이 불러일으켜져야 한다. 개인의 이익이 그 자리의 헌법적 권한과 연계되어야만 한다.[32]

그런데 이 구절들은 들여다보면 볼수록 마치 [이상한 나라의 엘리스에 나오는] 체셔 고양이처럼, 우리 눈앞에서 점점 희미하게 사라지는 것 같다. 전제정을 방지하기 위해 왜 권력분립이 필요한가? 전제정을 향한 공직자들의 충동에 대해 외부 견제를 제공하기 때문에. 왜 권력분립은 외부 견제를 제공하는가? 한 정부 부문에 있는 이들의 야심이 또 다른 부문에 있는 이들의 야심에 맞서도록 보장하기 때문에. 이렇게 야심이 서로 맞서는 것은 왜 효과적인가? 추측하건대 한 부문의 개인들이 또 다른 부문에 있는 전제적 개인들에 대해 보상과 처벌의 위협을 가할 수 있기 때문에. 그렇다면 이들 보상과 처벌은 어떤 것들인가?

이 질문이야말로 현재 논의의 핵심이라 할 수 있다. 생각건대 지위, 존경, 위신, 우정의 상실 같은 것들이 여기서 말하는 보상과 처벌은 아닐 것이다 — 단순히 헌법에 규정되어 있는지 아닌지에 따라 특정 행동의 정당성과 부당성이 결정될 것이고, 이 기준에서 부당한 행위를 저지른 공직자들은 지위, 존경, 위신, 우정의 상실을 겪게 될 것이고, 바로 이런 처벌이 전제정을 방지하는 데 충분하다고 주장하는 것이 아니라면 말이다. 분명한 것은 매디슨 역시 그렇게 생각하지는 않았다는 점이다. 그렇다고 보상과 처벌이 정부 재정과 관련되어 있는 것 또한 아닌데, 왜냐하면 입법부가 지나치게 강해지지 않을까 염려하여, 헌법은 이 통제 수단을 제약하도록 설계되었기 때문이다.

그렇다면 보상과 처벌은 물리적인 강압의 위협을 의미하는가? 탄핵과 유죄판결, 무력의 사용이 아마도 이 범주에 속할 것이다. 그러나 그럴 경우 공화정은 항상 언제라도 폭력과 내전으로 치달을 수 있는 상태가 될 것이다. 왜냐하면 물리적인 강압이 전제정을 막는 중요한 수단이고, 매디슨의 주장이 가정하듯이 전제정이 근본적인 위협이라면, 물리적 강압의 위협과 이로 인한 폭력의 위협은 정치에서 결코 제거될 수 없을 것이기 때문이다. 게다가 주요 억제 수단이 물리적 강압의 위협이라면, 도대체 다수를 이끄는 지도자들이 소수에 대해 전제적으로 행동하는 것을 자제할 이유란 무엇인가? — 적어도 다수가 소수보다 물리력에서 더 강하다고 생각된다면 말이다. 강제력에 대한 통제권이 어떤 식으로 배분되어 있는지를 좀 더 현대적인 시선으로 살펴보면 이렇게 질문할 수 있다. 폭력과 강압의 도구들을 통제하고 있는 소수가 다수에 대해 전제적으로 행동하는 것을 자제할 이유는 무엇인가?

우리가 아는 사실은, 어떤 국가들에서는 힘을 가진 소수가 자제하지 않았고 그 결과 전제정으로 이어졌지만, 다른 국가들에서는 이들이 자제하기도 했다는 것이다. 더군다나 강력한 소수라든가 대중적 기반을 가진

1 매디슨주의적 민주주의 39

독재 지도자들이 전제정을 수립하지 않고 자제했는지의 여부는 헌법상 권력분립의 존재 여부와 뚜렷한 관련이 없다. 그런 상황에는 많은 변수들이 개입되지만 헌법상의 권력분립이 그중 하나인지는 확증되지 않는다.

따라서 매디슨주의가 주장하는 방식은 스스로 제기한 근본적인 질문들에 대해 어떤 만족할 만한 답변도 제공하지 않는다. 분명 매디슨은 기본적인 개념, 즉 지도자들끼리의 상호 통제라는 개념을 염두에 두고 있었다. 하지만 매디슨주의 주장은 다음과 같은 측면에서 부족해 보인다.

1. 지도자들 간의 상호 통제가 전제정을 막을 만큼 충분하려면, 미국 헌법이 그렇게 하듯이, 권력분립이 반드시 헌법에 규정되어 있어야 한다고 매디슨주의가 주장하는 것은 아니다. 그리고 내 생각에는 그런 목적으로 매디슨주의를 이용할 수도 없다.

2. 매디슨주의 주장은, 외부 견제로서 헌법상의 규정이 갖는 중요성을 과장하거나, 행위에 대한 견제나 통제라는 개념이 내포하고 있는 인간 심리 차원의 요인들을 제대로 이해하지 못하고 있다. 그리고 정치 행위에 관한 명제들에 대한 것이건 비전제적 민주주의의 필요조건에 대한 것이건 부정확한 전제로부터 추론된 주장은 오류다.

3. 매디슨주의 주장은, 전제정을 방지하는 데 있어, 어떤 정부 공직자들에 대해 다른 특정 정부 공직자들이 가하는 구체적인 견제 장치들의 중요성을 과장하고 있다. 결국 이는 모든 다원주의적 사회에 존재하는, 본질적으로 사회적인 견제와 균형의 중요성을 과소평가한다. 사회적인 견제와 균형 없이도 공직자들에 대한 정부 내부의 견제가 실제로 작동하여 전제정을 방지할 것인지 의문스럽다. 반대로 이런 사회적인 견제와 균형이 존재한다면, 미국에서 실제 운영되고 있는 정부 내부 견제 장치들

즉 매디슨주의 논리 체계의 견제 장치들 모두가 전제정을 방지하는 데 필요할지 의문스럽다.

X

앞서의 논의에서 나는 매디슨주의 논리 체계에서 "전제정"이 의미 있는 용어라고 가정했다. 이를 의미 있다고 가정했기 때문에, 가설 1이 잘못된 결론들로 이어진다는 것을 보일 수 있었다. 그러나 이제, 매디슨주의 논리 체계 속에 내포되어 있으며 미국 입헌 구조의 일반적인 근거를 마련하는 데 기초가 되었던, "전제정" 개념이 [서론에서 정의했던] 조작적인 의미를 갖는지 아닌지 질문해야만 한다.

전제정은 자연권에 대한 모든 종류의 심대한 박탈을 의미한다고 했던 정의가 기억날 것이다. 왜 이런 개념 정의가 필요해 보이는지에 관해서는 이미 설명한 바 있다. 사실 다수의 전제라는 개념은 매디슨주의 논리 체계가 세워진 핵심 이유인데, 그것이 가질 수 있는 유일한 의미는, 다수가 선거와 입법, 다수 지배라는 정상적인 절차를 통해 행동함에도 불구하고 소수에게서 자연권을 박탈해 버리는 식으로 행동할지도 모른다는 것이다.

지금 여기에서는 "자연권"의 개념과 이 개념이 정치 이론에서 얼마나 유용한지에 대한 논의는 피하고 싶은데, 왜냐하면 이 주제는 책을 여러 권을 써도 논의가 끝나지 않을 것이기 때문이다. 그렇다 하더라도 매디슨이 "전제정"을 "자연권에 대한 모든 종류의 심대한 박탈"을 포함하는 의미로 사용하고 있다고 보는 내 입장이 옳다면, 자연권 개념을 검토하지 않고 이 개념 정의의 유용성을 제대로 평가할 수는 없다. 하지만 다음과 같은 방식으로 이 딜레마를 벗어날 수 있을 것 같다.

개인이 자연권을 갖는지 또는 만약 갖는다면 그것이 무엇일지의 문제를 우리가 해결할 필요는 없다. 우리에게 오직 필요한 것은, 내가 제시했던 전제정의 개념 정의(이에 대한 유일한 대안[인 매디슨의 명시적인 개념 정의]을 따르게 되면, 결국 매디슨에게 핵심적이었던 조건 1에 대한 부질없는 변론으로 귀결될 수밖에 없는 것으로 보였다)와 대략이라도 유사한 어떤 개념이건, 그것이 매디슨주의 논리 체계에 유용한지의 여부다. 만약 유용하지 않다면 이 전제정의 개념은 (물론 매디슨의 주장에 핵심적이긴 해도) 매우 불만족스러운 상태로 남을 수밖에 없을 것이다.

자연권이 어떤 식으로든 정의될 수 없는 한 전제정의 개념 정의는 완전히 공허할 것임은 자명하다. 특정한 자연권이 어떤 정치사회의 맥락 속에서 어떻게 정의될 수 있는지 그 과정을 구체적으로 밝혀야 한다는 점이 납득될 것이다. 이 과정을 구체화해 보면 매디슨주의자들에게 곤란한 몇 가지 딜레마가 드러난다.

다소 터무니없지만 만약 자연권을 모든 개인이 하고 싶은 대로 할 수 있는 권리를 의미한다고 정의하면, 모든 형태의 정부는 전제적임이 분명하다. 왜냐하면 어떤 정부든 최소한 일부 개인들이 하고 싶은 대로 행동하지 못하도록 억제하기 때문이다. 예를 들어, 이런 의미에서 보면 모든 정부는 범죄자들에게 전제적으로 행동한다. 이는 미국 정부가 규정한 범죄자들이든 소련의 범죄자들이든 마찬가지다. 따라서 비전제적 공화정이라는 것은 불가능할 것이다. 그러므로 전제정의 의미를 이렇게 규정해서는 안 된다.

따라서 전제정은 오직 몇몇 종류의 행위에 대해서만 심각한 처벌을 가한다는 의미로 정의할 수밖에 없다는 결론이 나온다. 제약이 가해질 경우 전제적이라고 할 수 있는 그런 종류의 행위들이 무엇인지 어떻게 실제로 규정할 수 있는가? 한 가지 가능성은 공동체의 모든 개인(혹은 모든 성인)이 결코 바람직하지 않다고 믿는 그런 종류의 행위만을 제약하는 것이다. 그러나 그러기 위해서는 정부 행위에 대한 만장일치가 필요할 것이고 결국 통치가 불가능해질 것이다. 예를 들어 이런 규칙하에서는, 살인범이 자신의 살인 행위가 바람직하지 않다는 사실을 부정하면, 공동체는 이 살인 행위를 처벌할 수 없다. 유엔 안전보장이사회의 만장일치 규칙이 모든 공화정의 통치 규정이 되는 것이다. 그러나 분명히 매디슨주의 논리 체계는 이를 요구하지 않는다.

특정한 종류의 행위를 처벌하거나 보상하는 것이 바람직한가를 둘러싸고 어떤 집단이나 사회 속 개인들이 이견을 보이는 것은 매우 전형적인 정치적 상황이다. 그래서 그런 다툼은 통치 과정을 통해 해결된다. 그런데 개인들의 의견이 다를 때, 일부 구체적인 행동을 처벌하는 것이 전제적인지의 여부를 결정하려면 어떤 규칙을 사용해야 하는가? 한 가지 가능성은 다수가 결정하도록 하는 것이다. 이 규칙이 갖는 몇 가지 문제점은 2장에서 검토하겠다. 그런데 이런 결정 방식이 바로 매디슨이 방지하고자 했던 것이고, 게다가 다수의 전제라는 개념 자체를 무의미한 것으로 만들 것이기 때문에, 우리는 이를 거부해야 한다. 그렇다면 유일하게 남는 가능성은, 다수로 정의되지 않지만 그렇다고 반드시 늘 다수에 반대하지도 않는, 공동체의 어떤 특정 집단이 결정할 힘을 갖게 하는 것이다. 하지만 가설 1이 옳다면, 그런 힘을 부여 받은 어떤 집단도 이를 이용해 공동체의 다른 개인들에게 전제적으로 행동할 것이다. 따라서 현실에서는 어느 누구도 이 문제를 결정할 힘을 가질 수 없다. 그렇기 때문에 정치적 의사 결정의 맥락에서 보자면 전제정에 대한 이 개념 정의는 그 어떤 조작적 의미도 갖지 않는 것으로 보인다.[33] 아울러 더 나아가, 만약 전제정이 아무 조작적인 의미도 갖지 않는다면 다수의 전제 역시 아무런 조작적 의미도 갖지 않는다는 결론이 당연히 따라온다.

우선 전제정에 대한 매디슨의 개념 정의를 거부하고, 그런 다음 이를 우스꽝스러운 결과를 낳는 개념 정의로 고의로 대체해 버렸고, 결국 매디슨을 완전히 깎아 내리고자 허수아비를 세워 놓았다는 말이 나오지 않도록, 변론 차원에서 몇 가지만 얘기하겠다. 첫째, 이미 얘기했던 여러 이유들 때문에 매디슨 자신의 개념 정의는 별 의미가 없다. 둘째, 내가 제시한 개념 정의는 그의 논리 체계 속에 내포되어 있다. 셋째, 그 논리 체계 전반이 갖는 주장에 일관되면서 필수적인 그 어떤 대안적인 개념 정의이건 간에, 내가 제시한 개념 정의와 관련된 이런 문제점들을 피할 수 없다고 나는 믿고 있다.

XI

파벌에 대한 매디슨의 명시적 개념으로 돌아가 보면, 이 역시 전제정에 대한 [앞 절에서 설명한] 내포적 개념과 똑같은 문제점들을 갖고 있음을 알게 된다. 하지만 "다수"[34]에 대항하는 견제 장치들이 헌법에 규정되어야 한다는 견해를 옹호하려는 많은 다른 시도 속에 파벌에 대한 매디슨의 명시적 개념과 유사한 어떤 인식이 내포되어 있기 때문에, 이 개념도 어느 정도 검토해 볼 가치가 있다. 독자들은 개념 정의 4가 기억날 것이다. 즉, 파벌은 "다른 시민들의 권리나 공동체의 영구적이며 집합적인 이익에 반하는 열정이나 이익을 추구하려는 어떤 공통된 충동을 통해 결속하고 행동하는, 전체의 다수일 수도 혹은 소수일 수도 있는, 한 무리의 시민들"이다.

파벌에 대한 이 개념 정의가 갖는 문제는 "전제정"에서 우리가 마주쳤던 것과 유사하다. 이 개념을 어떻게 사용할 수 있는가? 우리는 이 개념을, 예컨대 파벌은 타인들의 자연권을 침해하고자 작정한 시민들의 집단이라는 의미로 이해해 볼 수 있다. 그런 식의 행동은 전제적(전제정의 개념 정의에 문제가 있기는 하지만, 어쨌든 그 개념 정의상)이기 때문에, 비전제적 공화정이 존재하려면 분명히 파벌들을 억제해야 한다. 전제정을 피하는 공화정은 전제정을 피해야만 한다[는 동의 반복이 된다].

만약 어떤 방식으로든 이 개념 정의가 "파벌"을 이루는 "한 무리의 시민들"을 모든 여타 시민들의 무리와 구별하는 데 도움이 된다면, 이 개념 정의는 동의 반복 그 이상이 될 것이다. 그런 구별을 할 수 없는 한, 그것을 기초로 하는 중요한 후속 명제들은 의미가 없다. 과연 파벌임을 알 수 있는 낙인 같은 것이 있는가?

"다른 시민들의 권리"나 "공동체의 영구적이고 집합적인 이익"이 무엇인지 모르는 한 우리가 어찌 해 볼 도리가 없다는 점은 쉽게 알 수 있다. 이런 어려움에 처할 때 좀 다른 접근 방식을 시도해 볼 수도 있다. 파벌을 정의하는 특징들을 찾으려고 하는 대신, 파벌을 규정해야 하는 상황이 발생했을 때 어떤 정치적 과정을 통해 그렇게 할 수 있는지를 그려 보는 것이다. 이는 매디슨이 염두에 두었던 방식이 아니라는 점은 인정하지만, 그 자신이 우리에게 어떤 길잡이도 남겨 두지 않았기 때문에, 이 길을 따라가 보는 것이 도움이 될 수도 있다.

이제 어떤 구체적인 행동이 "다른 시민들의 권리에 반하는지 혹은 공동체의 영구적이고 집합적인 이익에 반하는"지에 관해 모든 사람이 늘 합의한다고 가정해 보자. 그럼 파벌은 만장일치로 규정될 수 있다. 그러나 이 기준은 둘 다 매우 모호하며, 따라서 만장일치란 거의 불가능하다. 정부의 거의 모든 행동은 어떤 개인들로부터 보유하고 있던 법적 권리를 박탈한다. 그리고 거의 모든 정치 집단은 어떤 개인들에게서 현존하는 특정 법적 권리들을 박탈해 버리는 특정 종류의 정부 행동을 끌어내고자 한다. 따라서 권리는 자연권을 의미하는 것으로 이해되어야 하지만 우리가 이미 보았듯이, 어떤 종류의 행위가 자연권에 포함되는지에 관해서는 (특히 구체적인 사례로 들어가면) 합의가 존재하지 않는다. "공동체의 영구적이고 집합적인 이익"과 관련해서도, 내가 아는 한 그 어떤 정치 집단도 자신들은 이에 반대한다고 인정한 적이 단 한 번도 없다.

그러나 만장일치가 필요하지 않다면 그보다는 덜 엄격한 다수결로 충분해야 할 것이다. 하지만 만약 무엇이 파벌이라 할 수 있는지를 다수에게 결정하게 하고, 그 파벌에 대항해 적절한 조치를 취할 수 있도록 허용한다고 하자. 이 경우 현실적으로 다수는 결코 파벌일 수가 없다. 예를 들어, 실제로 입법 다수파에게 어떤 정책이 "다른 시민들의 권리나 공동체의 영속적이고 집합적인 이익에 반하는"지 결정하도록 허용할 수도 있다. 그렇게 되면 이 다수파는 파벌적인 정책이 제안되자마자 투표로 간단히 거부해 버릴 수 있다. 하지만 어떤 특정 정책을 선호하는 입법 다수파가 자신의 정책을 파벌적이라고 판단하고 투표를 통해 거부하는 일은 거의 일어나지 않을 것이다. 사실, 그런 행동은 정치 행위에 관한 매디슨주의 논리 체계에서나, 그 어떤 체계에서도 거의 생각해 볼 수 없다. 따라서 매디슨과 그 당대의 추종자들이 고집하듯이 다수 파벌이 진정한 위협이라면, 다수 스스로 파벌의 의미를 결정한다는 것은 매디슨주의의 맥락 안에서 이 파벌 개념을 쓸모없게 만들 것이다.

만장일치와 다수결에 의한 결정 모두를 배제하고 나면, 유일하게 남는 대안은 어떤 소수가 이 문제를 결정하는 것이라는 결론에 다다른다. 하지만 이런 힘을 다수에게 부여하는 것에 반대하는 앞서의 논지는 분명 그 어떤 소수에게도 마찬가지로 적용된다. 따라서 만약 가설 1이 옳다면, 이런 힘을 부여 받은 그 어떤 소수도, 최선의 경우 그 힘을 자신들에게 유리한 방향으로 사용할 것이고, 최악의 경우 여타 소수들과 모든 다수에게 전제적으로 행동할 것임을 예상해야 한다.

XII

매디슨주의적 시각의 모든 세세한 측면을 검토하는 것은 내가 목표한 바가 전혀 아니다. 그렇다 해도 매우 중요한 주장 하나는 더 검토할 가치가 있다.

파벌을 방지하고 그 결과로 전제정을 막기 위해 두 가지 조건이 필요하다는 것을 독자들은 기억할 것이다.

가설 8: 만약 파벌이 수적으로 다수에 미치지 않으면, 입법기관에서 투표의 "공화주의 원칙", 즉 다수는 소수를 투표로 제압할 수 있다는 원칙에 따라 파벌을 통제할 수 있다.

가설 9: 전체 유권자의 수가 아주 많고, 널리 퍼져 있고, 이해관계가 다양해지면, 다수 파벌의 발달은 제한될 수 있다.

지금까지 보았듯이 "파벌"과 "전제정"이라는 용어가 그 어떤 구체적인 의미도 갖지 않기 때문에, 그 자체로 보자면 이 두 가지 가설 또한 구체적인 의미를 갖지 않는다. 즉, 타당성을 검증할 수 있는 그 어떤 방법도 생각해 낼 수 없다. 결국 이들은 그저 검증 불가능한 주장에 머문다.

하지만 이 가설들을 이런 식으로 매몰차게 대해 버리는 것은 나도 그렇지만 독자들도 만족스럽지 않을 것이다. 왜냐하면 그 핵심 용어들의 결함을 해결하기 위해 이 가설들을 어떤 식으로든 재구성할 수 있다면, 이들은 적어도 검토할 가치가 있는 것이 아닐까 하는 느낌을 떨칠 수 없기 때문이다. 가설 8과 9를 어떻게든 검증해 볼 수 있게 만들려면, 이 가설들의 의미를 어떤 식으로 바꿀 수 있을까?

다음과 같은 방식이라면 어려움을 피할 수도 있을 것 같다. 우선 자유의 박탈은 최소화되어야 한다고 가정하자. 그리고 외부의 제약 없이 자신의 목표를 달성할 수 있는 기회를 개인의 "자유"라고 정의하자. 이제 우리는 다음과 같은 규칙을 제안해 볼 수 있다. 정부의 정책 결정 과정은 "상당한" 크기를 가진 모든 집단이 자신의 자유를 박탈하는 위협을 거부할 기회를 가질 수 있게 구성될 것이다. 이렇게 해 두면, 몰라서라든지 속임수에 넘어가서가 아닌 한, 그 어떤 집단의 자유도 제약되지 않을 것이다.

이런 정식화에는 여러 가지 문제점이 있다. 특히 가장 중요한 문제점 가운데 하나는, 상당한 크기의 모든 집단에 거부권을 부여하는 것이 합당하다고 생각할 사람은 아마도 거의 없으리라는 것이다. 대부분의 사람들은, 예를 들어, 설령 범죄자들이 상당한 크기의 집단이라 하더라도 그들에게 거부권을 주지는 않을 것이다. 일단 예외가 허용되면, 여러 개인들이 예외로 치부될 것이다. 그래서 결국 우리는 전제정과 파벌에 관한 앞서의 논의들에서 보았던 그 딜레마의 미로에 갇힌 자신을 발견하게 된다.

하지만 이 문제를 어떤 식으로든 해결해서 매디슨주의 원칙들과 모순되지 않게 만들 수 있고, 따라서 모든 소수가 아니라 일부 소수에게만 효과적인 거부권을 부여할 수 있다고 가정해 보자. (5장에서 보게 되겠지만, 이와 비슷한 방식이 실제로 미국 정치체제에서 운용되고 있는 것으로 보인다.) 이제 우리는 가설 8의 타당성을 검증해 볼 수 있다. 이 가설에 따르면, 어떤 다수를 심하게 억압하겠다고 작정한 소수는 간단히 입법기관에서의 투표를 통해 제압될 수 있다. 그렇다면 그 어떤 소수도 결코 정부 조치를 통해 다수의 자유를 제약할 수 없다.

다수는 정책 결정 단계에서 쟁점들에 관해 정치적으로 소극적이라 할 수 있는데, 그로 인해 발생하는 문제점들을 일단 제쳐 두면, 아주 좁게 해석하는 한 가설 8은 타당하다. 여기서 좁게 해석한다는 의미는, 이 가설이 다수는 소수보다 단 한 사람이라도 많으면 충분하다고 명확하게 밝혀 두어야 한다는 것이다. 만약 법안을 통과하기 위해 가중 다수결qualified majority — 즉, 3분의 2나 4분의 3의 다수처럼, 소수보다 단 한 사람이 아니라 그보다 훨씬 많은 다수 — 이 요구된다고 가정해 보자. 이 가정하에서, 가설 8은 다수의 이익에 영향을 끼치는 정부 정책이 제안되는 상황에서, 다수에 대한 위협이라는 곤란에 직면하게 된다. 왜냐하면 정책을 실제로 법률로 제정하기 위해 가중 다수가 필요하다면, 이에 맞는 적절한 크기의 소수도 자신들이 원하지 않는 어떤 정책이든 거부할 수 있기 때문이다. 어떤 다수의 자유가 이미 심각하게 제약되어 있으며, 오직 적극적인 정부 조치만이 이를 되돌릴 수 있다고 가정해 보자. 그런데 다수의 자유를 증대할 목적으로 제안된 그 조치를 거부권을 가진 소수가 싫어한다고 가정해 보자. 이 경우 소수는 이 거부권을 사용해 다수의 자유에 대한 박탈을 온존시킬 수 있고, 결국 다수에 대해 전제적으로 행동할 수 있다.[35]

아동노동, 저임금, 열악한 주거 상황, 게다가 제대로 된 노동조합이나 사회보장 정책, 빈민가 재개발 사업 등의 부재 등, 이 모든 문제는 자신들의 자유가 심각하게 박탈되어 있다는 사실을 보여 준다고 다수는 믿을지도 모른다. 이 경우 직접적으로 박탈하는 이들은 정부 공직자들이 아니라 사적 개인들일 것이다. 따라서 정부 공직자들의 조치가 아동노동, 저임금, 열악한 주거 환경을 개선하고 제대로 된 노동조합, 사회보장, 살 만한 주거 환경을 만들기 위한 필요조건의 하나라고 가정해 보자. 나아가 만약 이를테면 고용주들(또는 고용주들에게 순응하거나 호의적인 공직자들)로 구성된 소수가 이런 사적 영역에서의 박탈을 철폐하고자 의도된 모든 정부 조치를 거부할 수 있다고 가정해 보자. 그렇다면 가설 8은 오류다. 왜냐하면 이 경우에는 "공화주의 원칙"이, 소수가 다수를 박탈하는 것을 방지하기에 충분하지 않을 것이기 때문이다.

XIII

가설 9는 전체 유권자가 아주 많고, 널리 퍼져 있으며, 다양한 이해관계를 갖고 있다면 다수 파벌의 폐해는 통제될 수 있다고 주장한다. 여기에서도 마찬가지로, 파벌이라는 용어가 그 어떤 뚜렷한 의미도 갖고 있지 않으므로 이런 예측을 제대로 검증하기 어렵다. 하지만 매디슨 자신이 이 가설의 타당성을 입증하기 위해 사용했던 주장을 검토해 보면, 분명히 이 가설은 다음과 같은 의미로 해석되어야 한다. 즉, 전체 유권자가 아주 많고, 널리 퍼져 있고, 다양한 이해관계를 갖고 있다면, 어떤 다수이건 그 효력은 크게 제한된다. 이런 제약은 그 다수가 파벌적이든 아니든 상관없이 동일하게 적용된다. 게다가 내가 아는 한 그 어떤 현대판 매디슨도, 다원주의적 사회의 현실이 다수의 효력에 가하는 제약이 "나쁜" 다수에게만 작동하고 "좋은" 다수에게는 작동하지 않는다는 것을 입증한 적이 없다. 그리고 고백하건대, 참으로 독창적이라 할 그런 주장이 제대로 확립될 수 있다고는 생각되지 않는다.[36]

결국 가설 9의 순수한 취지는 다음과 같은 주장인 것으로 보인다. 즉, 규모가 크고 다원주의적인 사회에서 다수는 불안정하고 잠정적일 것이므로 정치적으로 무력할 것이며, 바로 이 점이 다수가 소수를 착취하지 못하게 하는 기본적인 방어책이 된다. 물론 이 결론은, 매디슨주의 사고방식의 전형적인 특징인, 다수의 전제에 관한 강박관념과는 좀처럼 맞아 떨어지지 않는다.

XIV

"다수의 전제"와 "파벌" 같은 개념들이 매디슨주의 사고방식에서 핵심적으로 중요하면서도 구체적인 의미를 갖지 않고 있다 보니, 매디슨주의는 논리적으로 설명되기보다 과거의 시대적 맥락에서 태생적으로 결정된 것으로 설명되어 버리는, 다소 비틀린 정치 이론이 되어 버렸다. 소수는 다수에 의해 자신의 권리가 박탈될 수 있다는 두려움 때문에 그런 정책들을 거부할 수 있는 기회를 자신들에게 제공하는 정치체제를 요구해 왔는데, 태생적으로 매디슨주의 이데올로기는 바로 이런 모든 소수들의 주장을 합리화하는 데 기여해 왔다.[37]

헌법 제정 당시에 매디슨주의의 주장은, 자신들의 첨예한 적대자들 ― 즉, 부·지위·권력에서 열등하지만 스스로 "민중의 다수"를 구성한다고 생각했던 기능공과 농부 들 ― 을 불신하고 두려워하고 있던, 부·지위·권력을 가진 소수에게 만족스럽고 설득력 있고 보호해 줄 수 있는 이데올로기를 제공했다. 하지만 오늘날에는 (역사적으로 납득이 가는 이유들 때문에) 정치적으로 적극적인 압도적 숫자의 미국인들이, 적어도 어떤 시기에는 자신들도 하나 또는 그 이상의 소수 ― 더욱이 헌법상 보장된 다수의 권위가 법률적으로 제한되지 않으면 자신들의 목표가 위협받을 수도 있는 소수 ― 에 속하게 된다고 믿고 있을 개연성이 크다. 따라서 논리, 개념 정의, 과학적 유용성이라는 측면에서의 결함들에도 불구하고, 매디슨주의 이데올로기는 "미국식"이라고 이름 붙일 법한 모든 사고 양식들 속에 가장 지배적이고 깊이 뿌리내린 채 남아 있을 가능성이 크다. 이 이론이 비논리적이라는 사실을 알고 나면 많은 사람들이 이를 더 이상 받아들이지 않으리라 믿는 것은 어리석은 일이다. 이데올로기들은 학자연하는 사람들이 요구하는 과학적 타당성을 뛰어 넘어 다양한 ― 심리적·사회경제적·정치적 선전 선동을 위한 ― 목적에 기여한다.

그렇다 해도 이데올로기로서가 아닌 정치학으로서 매디슨주의의 논리 체계는 분명 자격 미달이다. 되돌아보면 매디슨의 논리적·경험적 결함들은 대부분 두 가지 상이한 목표를 그가 조화시킬 수 없었기 때문에 생겨난 것으로 보인다. 한편에서 보면, 매디슨은 공화정의 모든 성인 시민들은, 정부 정책의 일반적인 방향을 결정하는 권리를 포함해, 동등한 권리를 부여 받아야 한다는 개념을 실질적으로 받아들였다. 이런 의미에서 다수 지배는 "공화주의 원칙"이다. 다른 한편으로 매디슨은 헌법상 제약되지 않는 다수는 아마도 지위·권력·부에서 갖는 특정 소수의 우위를 무기한 허용하지는 않을 것이라고 생각했으며, 그 소수의 자유를 보장할 정치체제를 세우고 싶어 했다. 따라서 다수는 헌법상 억제되어야 했다. 역사적으로도 그리고 현재에도, 매디슨주의는 이들 두 가지 충돌하는 목표 간의 타협이다. 지금까지 나는 이 타협의 명시적인 그리고 암묵적인 조건들 모두가 철저한 검증을 이겨내지 못한다는 점을 보여 주었다고 생각한다. 아마도 검증을 버텨 내리라고 기대하는 것이 어리석을 것이다.

어떤 검증에도 단단히 견뎌 낼 수 있는 민주주의 이론을 찾다 보면, 두 가지 대안이 떠오른다. 이들 각각은 매디슨의 타협으로 너무나도 위태롭게 결합된 두 가지 기본 목표 가운데 하나를 성취하는 데 집중한다. 첫 번째 대안은, 매디슨이 걱정했던 것에 초점을 맞춘다. 즉, 다수는 소수(혹은 특별히 존중할 만한 소수)가, 재산이든 지위든 권력이든 인류를 구원할 기회든, 그것들을 획득할 "권리"를 갖지 못하게 할 것이라는 걱정 말이다. 이런 식의 사고를 따라가 보면 다음과 같은 전제를 만난다. 어떤 특정 집단의 개인들이 가진 목표는 본질적으로 정당하거나 좋은 것이고, 따라서 의사 결정 과정은 반드시 이 목표들의 최대화를 보장해야 한다는 전제 말이다. 흔한 믿음과는 달리, 다수로부터의 위험에 대한 걱정은 귀족주의적인 엘리트들뿐만 아니라 온갖 종류의 정치적 모험가, 열성분자, 전체주의자 들도 공유해 왔다. 그 결과 이런 식의 사고는 다양한 형태를 띠며 플라톤과 레닌만큼이나 서로 다른 옹호자들을 갖고 있다. 매디슨 주장의 한 가지 측면을 그 논리적 극단으로까지 끌고 가면, 우리는 쉽사리 그를 위대한 반민주주의 이론가들 진영에 놓을 수 있다. 그러나 매디슨은 그 가정들을 극단까지 밀어 붙이는 것에서 후퇴했었기 때문에, 그의 주장을 그렇게까지 억지로 끌고 가는 것은 부당하며 어리석고, 별 의미가 없을 것이다. 게다가 이 반민주주의 이론가들이 제안했던 이러저러한 정치체제들이 바람직한지에 대해 각자가 어떻게 생각하건, 여러 유용한 정치체제 구분 방법들을 제거해 버릴 요량이 아니라면, 다수 지배를 막겠다는 목표에 초점을 맞춘 이런 정치체제들을 민주적이라고 간주할 수는 없다고 나는 생각한다. 매디슨은 민주주의의 영역 안에 여전히 머무르면서 가능한 한 최대한 멀리 나간 것으로 보인다. 이런 이유로 나는 매디슨의 주장에서 파생되어 발전해 온 이 대안은 더 논의하지 않을 작정이다.

두 번째 대안은 정치적 평등을, 극대화할 목표로 삼는 것, 즉 공화정의 모든 성인 시민이 정부 정책을 결정하는 데 동등한 가치를 갖는다고 가정하는 것이다. 이런 목적을 달성하기 위해 정부가 결정을 내리려면 어떤 기본 조건들이 존재해야 하는가? 이것이 이제 우리가 살펴볼 대안이다.

부록 : 매디슨주의적 민주주의 요약

I. 기본 개념 정의

개념 정의 1 : '외부의 견제'란, 그 자신(당사자)이 아닌 타인이 보상과 처벌을 부과하는 것, 혹은 부과할 것이라는 예측으로 이루어져 있다.

개념 정의 2 : "전제정"은 자연권에 대한 모든 종류의 심대한 박탈이다.

개념 정의 3 : 공화정은 ⓐ 정부의 모든 권력이 직접적이든 간접적이든 대다수의 민중에게서 나오고, ⓑ 민중이 원하는 기간만큼, 미리 정해진 임기 동안, 혹은 좋은 통치행위를 보여 주는 동안 공직을 맡은 이들이 운영하는 정부이다.

개념 정의 4 : 파벌은 "다른 시민들의 권리나 공동체의 영속적이고 집합적인 이익에 반하는 어떤 정념이나 이해관계 등과 같은 공통의 욕구에 의해 결합해 행동하는, 상당수의 시민들"이다.

II. 기본 공리

적어도 미국에서, 반드시 성취되어야 할 목표는 비전제적 공화정이다.

III. 주장

가설 1 : 외부의 견제를 받지 않는 한, 어떤 개인이든 집단이든 타인들에게 전제적으로 행동할 것이다.

가설 2 : 입법, 행정, 사법의 모든 권력이 동일한 세력에 집중된다는 것은 외부 견제가 제거되는 것을 의미한다.

가설 3: 외부의 견제에 의해 제약받지 않는다면 소수의 개인들은 다수의 개인들을 억압할 것이다.

가설 4: 외부의 견제에 의해 제약받지 않는다면, 다수의 개인들은 소수의 개인들을 억압할 것이다.

가설 5: 비전제적 공화정이 존재하기 위해서는 적어도 두 가지 조건이 필수적이다.

    조건 1: 입법과 행정과 사법의 모든 권한이, 한 명이든, 소수이든, 다수이든, 또는 세습이든, 스스로에 의해 임명되든, 선출되든 상관없이, 동일한 세력에게 집적되는 것은 반드시 피해야 한다.

    조건 2: 파벌들은 다른 시민들의 권리나 공동체의 영속적이고 집합적인 이익에 반하게 행동할 수 없도록 반드시 통제되어야 한다.

가설 6: 빈번하게 치러지는 보통선거는 전제정을 방지할 만큼 충분한 외부 견제를 제공하지 못할 것이다.

가설 7: 만약 파벌을 통제하고 전제정을 피하고자 한다면, 이는 파벌의 폐해를 통제함으로써 성취되어야 한다.

가설 8: 만약 파벌이 수적으로 다수에 미치지 않으면, 입법기관에서 투표의 "공화주의 원칙", 즉 다수는 소수를 투표로 제압할 수 있다는 원칙에 따라 파벌을 통제할 수 있다.

가설 9: 전체 유권자의 수가 아주 많고, 널리 퍼져 있고, 이해관계가 다양해지면, 다수 파벌majority faction의 발달은 제한될 수 있다.

가설 10: 전체 유권자의 수가 아주 많고 널리 퍼져 있으며, 다양한 이해관계를 갖는 한, 다수 파벌이 존재할 가능성은 낮고, 그리고 설사 존재하더라도 하나의 통일체로 행동할 가능성이 낮다.

2

민중 민주주의

I

매디슨은 다수결을 "공화주의 원칙"이라고 얘기했다. 이는, 우리가 보았듯이, 그의 위대한 타협의 한 부분이었다. 민주주의 이론의 전체 역사를 관통하는 것은 이렇게 "민주주의"를 정치적 평등, 인민주권, 다수에 의한 지배와 동일시하는 것이다. 예를 들어, 아리스토텔레스의 『정치학』*Politics*을 보자.

> 민주정체의 첫 번째 유형은 무엇보다도 평등의 원칙에 근거하는 유형이다. 이런 유형에서 법은, 빈민이든 부자든 어느 쪽도 우선권을 갖고 다른 쪽을 지배하지 못하고 양쪽이 대등한 것이 평등이라고 생각한다. 몇몇 사람들이 생각하듯 자유와 평등이 주로 민주정체에서 발견될 수 있는 것이라면, 모두가 가능한 한 똑같이 국정에 참여할 수 있을 때 자유와 평등이 가장 잘 발견될 수 있을 것이기 때문이다. 그러나 모두가 국정에 참여하더라도 민중이 다수이고 다수의 결정이 최고 권력을 가지므로 이런 정체는 민주정체일 수밖에 없다. 따라서 이것이 민주정체의 한 유형이다. •

• 아리스토텔레스 지음, 천병희 옮김, 『정치학』(숲, 2020), 211쪽.

그리고 다른 많은 이들도 같은 생각으로 저술해 왔다. 다음의 예들을 보라.

그 이유는 그 숫자와 상관없이 일정한 수의 사람들이 각각 개별적인 동의에 의해서 공동체를 결성했을 때, 그들은 그 행위를 통해서 그 공동체를 한 단체one body로 만들었기 때문이다. 그 결과 공동체는 일체one body로서 행동할 수 있는 권력을 가지게 되며, 그 권력은 오직 다수의 의지와 결정에 따르게 된다. ……・

인간이 처음으로 결합하여 사회를 형성하자마자 자연히 공동체의 모든 권력을 장악한 다수는 그 모든 권력을 공동체를 위해서 수시로 법률을 제정하는 데 …… 사용할 수 있다[로크, 『통치론』].・・

그 본성상 만장일치의 동의를 필요로 하는 법은 단 하나다. 그것은 사회계약이다. ……

이 최초의 계약을 제외하면, 언제나 다수의 의견이 다른 모든 의견을 구속한다. ……

그렇다, 이것은 일반의지의 모든 특징이 어쨌든 다수성에 있음을 상정한다. 그것이 더 이상 그렇지 않다면, 어떻게 결정되든 자유는 없다[루소, 『사회계약론』].・・・

・ 존 로크 지음, 강정인·문지영 옮김, 『통치론』(까치, 1996), 93-94쪽.
・・ 존 로크 지음, 앞의 책, 125쪽.
・・・ 장 자크 루소 지음, 김영욱 옮김, 『사회계약론』(후마니타스, 2018), 131-132쪽.

모두는, 또한, 다음의 신성한 원칙을 명심해야 할 것입니다, 그것은 모든 경우 다수의 의지가 지배해야 하지만, 그 의지가 정당하려면 반드시 이치에 맞아야 한다는 것입니다[제퍼슨, 초선 때의 대통령 취임사, 1801년 3월 4일].

공화주의의 첫 번째 원칙은, 다수에 의한 통치 lex-majoris partis야말로 동등한 권리를 갖는 개인들로 이루어진 모든 사회의 근본적인 법도라는 것이다. 단 한 표 차이의 다수가 표명한 그 사회의 의지조차 마치 만장일치에 의한 것처럼 신성하게 여기는 것이 모든 교훈 중에서 첫 번째로 중요하다. ……[제퍼슨, 홈볼트 경에게 보낸 편지, 1817년]

만장일치는 불가능합니다. 그리고 소수 지배는, 영구적인 제도로서는, 전혀 용납될 수 없습니다. 따라서 만약 다수결의 원칙을 거부해 버리면 무정부 상황이나 독재정치밖에 남지 않습니다[링컨, 초선 때의 대통령 취임사, 1861년 3월 4일].

민주주의 정부의 핵심은 다수의 절대 주권에 있다. 왜냐하면 민주주의 국가에서 그 어떤 것도 이를 거스를 수 없기 때문이다[토크빌, 『미국의 민주주의』]. •

• 알렉시스 드 토크빌 지음, 임효선·박지동 옮김, 『미국의 민주주의Ⅰ』(한길사), 331쪽.

민주주의 정부의 운영에 관한 이런 처방이나 묘사는 매디슨주의 관점과는 분명히 입장을 달리한다. 그러나 실제로 민주주의를 다수의 무제한적 권력과 동일시하려는 시도는 대개 그와 동시에 다수를 제약해야 한다는 개념도 그 민주주의의 정의 속에 포함시키고자 했다. 로크는 자신의 주장을 아주 모호한 채로 남겨 두었기 때문에, 무제한적 다수 정부와 제한적 정부 두 가지 모두의 옹호자로 여겨질 수 있었다. 제퍼슨은 결국은 "매디슨주의자"였으며 따라서 자신이 파리에 있는 동안 확립된 미국의 입헌 체제를 지지했다. 링컨은 1861년에 남부의 분리주의와 칼훈의 협력적 다수 두 가지 모두에 대한 대안으로서 다수의 신성한 권리를 강조하는 것이 유용하다는 사실을 깨달았다. 그러면서도 링컨은 자신이 지켜 내고자 애쓰던 그 매디슨주의적 입헌 체제에 대해서는 근본적으로 이의가 없었다. 다수의 절대 주권에 대해 언급할 때, 토크빌이 암시하고 있던 곳은 미국, 즉 매디슨주의의 본고장이었다. 앞쪽에서 인용한 그의 글은 "미국에서 다수의 무제한적 권력과 그 결과"라는 제목이 붙은 장의 첫 문장이다.

이렇게 서로 모순적인 다양한 주장들을 검토하다 보면 두 가지 결론이 나온다. 첫째, "다수의 절대 주권"을 주장하건 "소수의 절대 권리"를 주장하건 감당하기 힘든 많은 반대에 부딪치게 된다. 이에 대해 이데올로그들은 논리적 일관성을 희생하더라도 두 입장이 모두 유지되는 데 여러 모로 역할을 해 왔다. 특히 미국에서는 이로 인한 논리적 혼란이 믿기지 않을 만큼 심각하다. 그런 상태인데도 이런 주장이 계속되는 것을 보면 이는 뿌리 깊은 어떤 사회적인 요구를 충족시키고 있음을 암시한다. 미국에서 이런 사회적 요구는 아마도 심각한 갈등의 최소화일 것이다.

둘째, 내가 아는 한, 다수는 하고 싶은 대로 무엇이든 다 할 것이라거나 다 해야 한다고 공공연히 주장한 사람은 없다. 또한 민주주의의 적들을 제외하면 그 누구도 민주주의를 그런 의미로 정의 내린 적이 없다. 내가 아는 민주주의의 옹호자들 모두와 민주주의에 호의적인 개념 정의들 모두는 다수를 제약해야 한다는 개념을 갖고 있다. 그러나 한 가지 핵심 쟁점은 다음 중 어떤 것이 주요 제약인가 혹은 주요 제약이어야 하는가이다. 즉, ① 양심이라든지 여타 사회적 교화의 산물 같은, 개인적인 행위 체계 속의 내면화된 제약, ② 여러 종류의 사회적 견제와 균형, ③ 헌법에 규정된 견제. 서구에서 "민주주의"라는 용어가 흔히 적용되는 정치체제들 간의 한 가지 중요한 차이는, ①과 ②에 주로 의존하느냐 아니면 미국처럼 ③까지도 채택하느냐이다.

II

지금부터 나는 (토크빌의 용어를 쓰자면) "다수의 절대 주권"의 효시로 종종 여겨지는 어떤 주장을 정리해서 제시해 보겠다. 그런 다음 나름 평가도 해 볼 것이다. 매디슨주의의 주장을 다룰 때에도 그랬지만 그때보다 더욱더, 여기에서 우리의 과제는 보통은 넌지시 암시되었거나 부차적으로 치부되어 버리는 특정 가정과 추론 과정을 명백하게 밝히는 것이다. 그렇기 때문에 이 과정에서 어떤 특정 이론가에게 초점을 두지는 않을 것이다.[1] 그러므로 앞으로의 논의는 다수가 무제한의 주권을 가져야 한다는 명제를 추론하는 여러 방식들 중 하나에 불과하다고 생각해도 된다. 그렇기는 해도 민주주의 이론들에서 꽤 자주 암시되고 있는 방식임을 강조해 두고 싶다.

개념 정의 1: 정부 정책에 도달하는 과정이 인민주권의 조건 및 정치적 평등의 조건과 양립할 수 있다면 그리고 오직 그럴 수 있을 때에만 그 조직은 민주적이다.

개념 정의 2: 인민주권이라는 조건은, 선택할 수 있는 여러 정책 대안 가운데 항상 구성원들이 가장 선호하는 방안이 정부 정책으로 선택되고 실행되는 경우, 그리고 오직 그 경우에만 충족된다.

개념 정의 3: 정치적 평등이라는 조건은, 정부 결정에 대한 통제가 공유되고 있어서, 여러 정책 대안이 존재한다고 여겨질 때마다, 정부 정책으로 어떤 대안을 실행해야 하는가와 관련해 각 구성원이 가진 선호에 동등한 가치가 부여된다면, 그리고 오직 그 경우에만 충족된다.

명제 1: 민중 민주주의[2]에서의 의사 결정에 부합하는 유일한 규칙은 다수의 원칙 majority principle 이다.[3]

개념 정의 4: 〈규칙〉: 다수 지배의 원칙은, 여러 대안 중에서 고를 때 더 많은 수가 선호하는 방안을 선택해야 한다고 규정한다. 즉, x, y 등 둘 이상의 대안이 있을 때, 다른 대안보다 x를 선호하는 사람이, x보다는 그 어떤 다른 대안을 선호하는 사람보다 많아야 한다는 것이, x가 정부 정책이 되기 위한 필요충분조건이다.

명제 2: 민중 민주주의는 성인 시민들 사이에서, 적어도 정부 정책을 결정하는 데 있어, 다른 특정 절차들을 모두 거친 다음의 최후 수단으로서 바람직하다("최종 결정권"the last say의 조건).

개념 정의 4는 편의상 앞으로 계속 〈규칙〉이라고 부르겠다. 이는 정부 결정이 내려질 때 그 체제에 있는 개인들의 행위를 실제로 좌우하는 규범이라고 생각할 수 있다. 헌법에도 그렇게 되어 있어야 하는지 아닌지는 정할 필요가 없다. 헌법상의 규정이, 그 내용이 어떻건, 〈규칙〉에 어긋나는 행위를 불러와서는 안 된다는 것만 확실히 해 두면 된다. 마찬가지로 개인들이 〈규칙〉에 동의하는지 혹은 동의한다면 얼마나 동의하는지도 정할 필요가 없다. 다시 강조하지만, 동의의 상태가 어떻든 〈규칙〉에 어긋나게 행동하는 결과를 낳아서는 안 된다는 것만 확실히 해 두겠다. 따라서 명제 1이 주장하는 바는 다음과 같다. 인민주권과 정치적 평등의 조건이 충족되려면, 그 정치체제의 개인들은 반드시 〈규칙〉에 맞게 행동해야 한다. 이렇게 해 두면 여러 까다로운 문제들을 피할 수 있으며, 이 주장의 핵심 논점들을 바로 다룰 수 있다.

III

민주주의에 대한 이런 접근에 제기되는 반론들을, 다소 자의적이지만 기술적·윤리적·경험적 반론, 이렇게 세 가지 종류로 나눌 수 있다.

기술적 반론으로 네 가지를 검토해 보자. 첫째, 앞 장의 주장은 각 시민이 특정 대안에 대한 선호를 갖고 있다고 가정하지만, 사실 많은 시민들은 선호가 없을 수도 있고 대개는 없다며 반박할 수 있다. 하지만 사실 이는 제대로 된 반론이라 할 수 없다. 왜냐하면 명제 1의 가정에 따르면, 이렇게 무관심한 시민은 무시하는 것이 타당하고 오직 선호를 가진 이들만을 고려할 필요가 있기 때문이다.[4] 즉, 이 명제는 선호를 가진 개인들에게만 적용되며 선호가 없는 개인들에게는 적용되지 않는다. 그러므로 많은 시민들이 대안에 대해 선호가 없다는 사실은 이 주장의 논리에 영향을 주지 않는다. 〈규칙〉을 충족시키기 위해서는, 각 대안을 선호하는 이들이 얼마나 되는지를 아는 것으로 충분하다. 왜냐하면 선호가 없는 이들의 선호를 더해 봐야 결과에 결코 영향을 주지 않을 것이기 때문이다.[5]

두 번째 기술적 반론, 즉 각 대안을 선호(혹은 지지 투표)하는 시민들의 수가 똑같을 경우에 다수결의 원칙은 해결책이 없다는 것은 올바른 지적이다. 개념 정의 4를 잘 보면 이것이 사실임을 알 수 있다. 그런 모든 경우에 정부는 선호가 없거나 교착상태가 된다는 것이 명제 1에 대한 적절한 해석이다. 확실히 그 밖의 어떤 다른 해결책도 형식 이론상 〈규칙〉과 부합할 수 없다.[6]

그렇기는 해도 이는 "선호가 없다"라는 말 때문에 오해하기 쉬운데, 인간 심리를 볼 때, 공동체의 구성원들이, 그리고 결국은 공동체가 결코 결과에 무관심하지는 않을 것이기 때문이다. 각각의 열혈 지지자들이 매우 높게 평가하고 있는 두 대안 사이에서 교착상태가 발생한다면, 그 결과는 아마 폭력과 내전의 발생일 것이다. 역사적으로 볼 때 이것이 1850~60년에 미국에서 실제로 전개된 상황이었을 수도 있다. 그 당시에 노예제도에 대한 일정한 입장을 갖고 있던 상당수의 개인들은 상호 배타적인 두 대안을 중심으로 양극화되었다. 즉, 새로운 영토에 노예제를 허용할 것인가 금지할 것인가. 교착상태는 유지될 수 없었고, 결국 링컨의 당선과 남북전쟁을 통해 타파되었다.

그러므로 시민들이, 대략 비슷한 수로 이루어진 집단들로 나뉘어 자기 집단의 대안을 선호하고 상대 집단의 대안을 거부하는 것이 사회 평화, 폭력의 회피, 국가적 결속 등과 같은 가치들보다 더 중요하다고 여기는 상황이라면, 〈규칙〉에 부합하는 그 어떤 해결책도 불가능하다. 왜냐하면 이 경우에 교착상태(형식 이론상 유일하게 양립하는 조건)는 받아들일 수 없으므로, 할 수 있는 어떤 수단을 동원해서라도 한 쪽이 다른 쪽에 자신의 선호를 강요하려고 할 것이기 때문이다. 그러므로 이 경우 다수결 원칙은 뒷전으로 물러나게 될 것 같다.

하지만 이런 반론은 일어날 가능성이 거의 없는 사례를 기반으로 하므로 거의 무의미한 것이 아니냐고 누군가 말할지도 모르겠다.[7] 그렇기는 해도 이 반론은 몇 가지 중요한 결론을 시사한다. 우선, 〈규칙〉은 구체적으로 명시하지는 않지만 특정한 경험적 조건들(예를 들면, 〈규칙〉 자체에 대한 강한 합의)의 존재를 미리 가정하고 있다. 이런 조건들이 충족되지 않으면 〈규칙〉은 무의미하다. 그래서 만약 예를 들어 미국에서 〈규칙〉을 실행하기에는 이 조건들이 충분하지 않다고 믿는다면, 다음과 같이 주장해야 전혀 모순이 없을 것이다. 즉, 미국에서 인민주권과 정치적 평등이라는 목표는, 엄밀하게 말하면 미국에서는 어차피 성취될 수 없지만 어쨌든, 아마도 다수결의 원칙이 아닌 어떤 다른 대안을 통해 가장 가깝게 근접할 수 있다.

게다가 현실에서는, 심지어 (프랑스처럼) 다수결의 원칙에 기반을 둔 입헌 체제에서도, 정확하게 동일한 규모의 두 집단 없이도 교착상태나 폭력이 분명 발생한다.

　마지막으로, 앞서 말한 조건들하에서 〈규칙〉에 부합하는 유일한 해결책이 교착상태라면, 어떤 집단이 정확하게 양분된 상태에 가까울수록 그 속에서 다수결의 원칙은 타당성을 더욱더 잃게 될 것이라는 주장도 이 반론 안에서는 가능해진다. 하지만 다수결 원칙의 개념 정의에서 필연적으로 추론할 수 있는 것은, 설사 다수가 소수를 한 표 차이로 앞서더라도 다수결 원칙은 적용된다는 것이다. 따라서 집단은 크고 차이는 매우 적은 그런 극단적인 사례에서 다수결 원칙을 논의하는 이 반론은 최악의 경우 교조적인 해석이며 최선의 경우라도 단순히 편의상 그런다는 인상을 줄 수 있다.

　〈규칙〉에 대한 세 번째 기술적인 반론은, 시민들 사이에서 선호가 균등하게 분할된 경우, 〈규칙〉과 양립하는 유일한 해결책은 정부에서의 교착상태라는, 방금 보았던 두 번째 반론에서 유래한다. 즉 선호가 균등하게 대립하는 특정 사례들에서는 심지어 이 해결책조차 자기 모순적이다. x가 현 정책이고 y는 정부 행동을 요하는, x의 대안이라고 가정해 보자. 예를 들어 x는 흑인에 대한 집단 폭력 사례들에 대한 연방 정부의 불개입 정책이고 y는 연방 정부의 개입을 요구하는 법안이다. 만약 교착상태라는 해결책을 따르면, 결과적으로 정부는 아무 행동도 하지 않게 된다. 그러나 만약 정부가 아무것도 하지 않는다면 사실상 x가 정부 정책인 것이다. 결국 선호(투표수)가 균등하게 분할된 경우에 교착상태를 처방함으로써 실제로 우리는 정책 결정 과정을 편향되게 만들고 있다. 즉, 정부가 아무 행동도 하지 않도록 하는 정책을 선호하는 이들 모두에게는 유리하고, 반대로 정부가 행동하도록 하는 정책을 선호하는 이들 모두에게는 불리하게 말이다. 하지만 만약 이 교착상태라는 해결책을 따르지 않으면 그 결과가 무엇이든 똑같이 자의적일 것이다. 따라서 이런 경우 이 교착상태라는 해결책은 자기 모순적이며 어떤 결과도 명제 1 그리고 〈규칙〉과 양립할 수 없다.

다시 말하자면 주요 실천적 결론은 이렇다. 어떤 집단이 균등한 분할 상태에 가까워질수록, 명제 1의 근간을 이루는 가치들을 놓고 생각해 볼 때, 그 어떤 결정의 규칙이든 점점 더 그때그때 편의에 따라 단순히 정해진 것으로 보인다.

이 세 번째 반론은 일반화해서 선호(투표수)가 동등한 집단들 사이에 배분되어 있는 모든 사례에 적용할 수 있다.[8] 그런 모든 사례에서 〈규칙〉은 무의미할 뿐만 아니라 인민주권 및 정치적 평등의 조건들과 잘 맞는 그 어떤 만족스러운 규칙도 생각해 낼 수 없다.[9]

네 번째 반론은 이렇다. 설사 다수가 존재하더라도, 즉 더 많은 시민 혹은 의원이 어떤 대안을 다른 대안보다 선호하더라도, 〈규칙〉을 만족시키는 동시에 특정한 구체적 요구 조건들도 충족시키는 투표 방식을 찾기란 불가능할 수 있다. 여러 투표 방식의 문제점은 다른 이들이 이미 철저하게 검토했기 때문에[10] 여기에서 굳이 설명하지는 않겠다. 다만 두 가지 이상의 대안이 있는 경우, 다수의 선호에 위배되는 집단적 선택을 만들어 낼 가능성은 다음에 예시되는 투표 방식 모두에 있다는 점만 밝혀 두겠다.[11] 각 투표자가 가장 선호하는 단 하나를 선택해서 한 표를 행사하는 단일 투표 방식, 단일 투표 후 가장 많이 선택된 대안들 간의 결선투표, 각 투표자가 두 가지 대안에 투표하고 최고 투표수를 얻은 대안이 선택되는 이중 투표double-vote 방식, 각 선거인이 세 표를 가지고 두 표는 한 대안에 한 표는 또 다른 대안에 던지는 보르다Borda 방식.

〈규칙〉을 충족시키려면 투표 방식은 기본적으로 다음의 조건을 만족해야 한다. 투표자가 시민이든 의원이든 위원회 위원이든, 하나의 대안을 또 다른 대안과 짝지어 놓고, 다수가 가장 선호하는 대안을 (만약 있다면) 골라낼 수 있을 때까지 충분히 계속해서 투표할 수 있는 기회를 반드시 가져야 한다. 어떤 경우에는 대안들을 짝지어 놓은 것 모두에 대해 실제로 투표해 봐야 할 수도 있다.[12]

입법부나 위원회에서 발의된 것들 중에서 고를 때든 선거 때든, 찾을 수 있는 대안들은 모두 짝 지워 투표해 봐야 한다는 요구 조건은 민주적인 조직을 실제로 운영할 때는 거의 지켜지지 않는다. 〈규칙〉을 완전히 충족하기 위해 필요한 기술적인 조건들은 시간·인내심·이해심·합의 등 큰 비용을 부과하는데, 이런 비용은 현실에서 생각할 수 있는 이득을 능가할 가능성이 크다. 하지만 비례대표제를 제외하면, 다수결의 원칙을 달성하는 데 필요한 규칙을 실제로 적용하는 것은 지난 반세기 동안 정치학자들이나 여타 전문가들의 주요 관심사가 아니었다고 말해도 틀리지 않다. 좀 더 연구하면 네 번째 반론을 해결해 줄 수 있는 몇몇 현실적인 방법들이 나타날지도 모른다.

IV

민중주의 이론에 대한 윤리적 차원에서의 반론 몇 가지를 살펴보기 전에, 이를 매디슨주의의 주장과 간략하게 비교해 보자. 이 장에서 묘사하고 있는 민중주의 이론의 근본 주장은 다음과 같다. 인민주권과 정치적 평등이 유일한 목표임을 고려할 때, 정부 정책이 되기 위한 필요충분조건은 더 많은 수의 시민(투표자 또는 의원)의 선호와 일치해야 한다는 것이다. 이에 맞서 매디슨주의의 주장은 자신의 기본적인 가정들로부터 윤리적으로 추론해 이렇게 단언한다. 더 많은 수의 시민이 선호하는 것이 정부 정책이 되어야 하는 것은 필요조건이지만 충분조건은 결코 아니다. 즉, 다수가 어떤 정책을, 알려진 모든 대안보다 선호한다고 해서 정부가 실제로 그 정책을 채택하는 것은 아니다. 왜냐하면 다수에 대한 외부의 견제가 그 대안이 정부 정책으로 실행되지 못하도록 막을 수도 있기 때문이다.

이제 매디슨의 명제에 맞서 〈규칙〉이 바람직하다는 점을 어떤 근거로 방어해 낼 수 있는가? 사실 이 질문은 다음과 같다. 정치적 평등과 인민주권은 왜 바람직한가? 이런 윤리적인 질문을 철저하게 연구하려면 결국 윤리적 명제들을 입증할 수 있는 어떤 이론이 필요한데 이는 여기에서 내가 목적한 바를 넘어선다. 왜냐하면 대안적인 민주주의 이론을 검토하는 것보다 대안적인 윤리적 이론을 일반적으로 비평하는 일이 곧 더 주가 되어 버릴 것이기 때문이다. 그래도 그런 비평의 대략적인 그림이라도 그려 보는 게 나을 수도 있겠다.

역사적으로 정치적 평등과 인민주권의 논거는 일반적으로 자연권에 대한 믿음에서 나왔다. 그러나 자연권의 개념을 지적으로 방어할 수 있게 했던 가정들이 근대에 와서 약화되는 경향이 있다. 자연권의 논리가 함축적이라서 정확한 용어로 제시될 수 없는 한, 어떤 초월론적 관점, 즉 이 권리는 신이 직접적 혹은 간접적으로 의도한 것이기 때문에 "자연적"natural 이라는 관점을 필요로 하는 것 같다. 신이 의도하는 자연권은, 인간이 사회 속에서 행사할 수 있도록 그 동료들이 허용해야 하는(그러나 반드시 허용하고 있는 것은 아닌) 그런 권리다. 이런 식의 주장에는 불가피하게 여러 다양한 가정들이 필요하다. 그런 가정들을 실증적이거나 회의적인 성향을 가진 모든 사람을 만족시킬 정도로 입증하기란 최선의 경우 어렵고 최악의 경우 불가능할 것임은 쉽게 알 수 있다.

정치적 평등과 인민주권이 바람직하다는 사실을 초자연적 윤리관을 통해 (누구도 반박할 수 없을 만큼) 완벽하게 증명하는 것은 어렵기 때문에, 도구주의적 증명 방식에 의존해야 할 수도 있다. 이 경우, 비록 궁극적인 정당화가 필요하다고 믿는 사람들을 납득시키지는 못하지만, 이 궁극적인 정당화의 문제를 최소한 미루어 둘 수는 있다.

예를 들어 다음과 같이 가정해 보자. 사회적으로 그렇게 교화된 탓에 사람들은 정치적으로 불평등한 상황에서 불안감을 느낀다. 민중 민주주의는 이 불안감을 해소시켜 주지 그보다 더한 다른 불안감을 조성하지는 않는다. 그리고 사람들은 평온함을 불안함보다 선호한다. 이 경우 민중 민주주의를 매디슨주의적 민주주의(또는 당연히 독재나 그 어떤 다른 위계적인 체제)보다 선호하는 것이 합리적이다. 이런 식의 쾌락주의hedonism는, 심지어 미국 문화에서도, 초자연적 윤리관이 갖고 있는 심리적인 권위나 수용성을 갖지 못하는 것으로 보이기 때문에, 많은 사람들이 이를 받아들이지 않을 것이다. 그리고 기본적인 윤리적 질문들을 곧 다시 불러 오게 될 것이다.

한편 다음과 같은 도구주의적 주장도 가능하다. 어떤 특정한 시대와 사회에서는, 역사적·문화적 이유 때문에, 오직 인민주권과 정치적 평등의 윤리적 규칙들만이 정부 결정에 정당성을 부여할 것이다. 그리고 만약 정부 결정의 정당성이 체제 안정을 포함한 다양한 목표에 필수적임을 증명할 수 있다면, 민중 민주주의는 도구적으로 필수적일 것이다. 그러나 우리가 가정해 온 대로 만약에 매디슨주의적 민주주의가 미국에서 지배적인 관점이라면, 앞서의 주장을 미국에 적용하기는 아주 어려울 것이다. 다만 이렇게는 주장할 수 있을 것이다. 즉, 미국인들은 매디슨주의적 민주주의와 민중 민주주의 모두를 신봉하도록 교화되어 왔지만, 이 둘을 완전히 조화시키지 못해서 정부 결정은 상당 정도 정당성을 잃었다. 하지만 민중 민주주의로 완전히 전환하면 정부 결정의 정당성이 증가할 것이라는 점을 입증하기는 여전히 어려울 것이다.[13]

세 번째 도구주의적 주장은 다양한 목표를 성취하려는 폭넓은 전략을 바탕으로 한다. 이는 적어도 자신이나 자신이 지지하는 집단에 있어, 아주 중요한 여러 다양한 목표를 최대한 달성할 수 있는 확률이 그 어떤 대안적 민주주의보다 민중 민주주의에서 높으리라는 예측에서 비롯된다. 물론 이는 '1956년의 미국'과 같은 식으로 어떤 시간과 장소를 한정하고, 인상에 기초한 데이터든 다른 종류의 데이터든 어떤 데이터를 바탕으로 대략이라도 그 확률을 추정한다. 따라서 이 경우 민중 민주주의에 대한 지지는, 논리적인 관점에서 보자면 완전히 잠정적이다. 즉 이는 특정 결과가 도출되는가(혹은 도출될 수 있는가)에 달려 있다. 그러나 실제로 민주주의가 지속가능하려면 의심의 여지없이 광범위한 사회적 교화와 습관화가 필요할 것이다.[14] 따라서 비록 지적인 차원에서는 이런 지지가 잠정적이라고 생각할 수 있지만, 행위의 차원에서는 매우 안정적이고 무의식 속에 단단히 뿌리박고 있어야 할 것이다. 그리고 십중팔구 대부분의 사람들에게는 그럴 것이다. 따라서 실제로 이는 논리적으로 잠정적이지만 행태적으로는 훨씬 더 고정적일 것이다.

 이 세 번째 주장을 좀 더 따라가 보자. 우리가 했던 질문을 이번에는 이런 식으로 바꿔 보자. 우선 이를테면 미국에서 정부가 결정을 내릴 때 실제로 사용될 가능성이 있는 어떤 규칙을 명제 1이 제공한다고 가정해 보자. 다음으로, 어떤 규칙을 채택하는 유일한 기준은 그 규칙이 우리의 목표나 어떤 다른 집단의 목표에 미치는 예상 효과라고 가정하자. 이제 매디슨주의적 민주주의에 적합한 규칙들에서 드러나는 "제한적 인민주권"보다 인민주권과 정치적 평등을 최대화하고 있는 규칙이 더 바람직한지를 어떻게 하면 합리적으로 결정할 수 있는가? 이에 답하기 위해서는 무엇보다 각 규칙이 낳을 실제 결과에 대해 방대한 분량의 예측이 필요하다. 그러나 개념 정의 1-3과 명제 1을 가지고 했던 논의들은 순수하게 논리적 관계에 대한 것들이라서, 이를 바탕으로 실제 예측을 하는 것은 불가능하다. 다시 말해, 지금까지 우리는 아무리 논리적으로 말이 된다고 한 들 현실 세계에 대해서는 아무 것도 얘기하지 않는 그런 논리 체계를 구축해 본 것에 불과하다. 그러나 현실에서 어떤 특정 시기에 어떤 특정 집단에 각 대안을 적용했을 때 나타날 것 같은 결과를 추정해 보지 않으면, 민중 민주주의를 매디슨주의적 민주주의보다 선호해야 할지 아닐지를 현명하게 판단할 수 없다. 결국 해답을 얻기 위해서는 경험적인 관찰에 주목할 수밖에 없다. 그러나 경험적 관찰에 주목하면 이 문제 전체는 순수하게 논리적인 관계를 세워 보는 것에서 경험적인 관계도 확립하는 것으로 바뀌게 된다. 이 점은 5절에서 다시 다루겠다.

 분명 철학자들은 명제 1이 바람직하다는 것을 전적으로 경험적인 명제들에 의존해 증명할 수는 없다고 얘기할 것이다 — 결국에는 몇몇 기본적인 윤리적 가정을 할 수밖에 없다고 말할 것이다. 그렇긴 해도 정치적 평등과 인민주권의 궁극적 윤리관까지 다 살펴볼 생각은 없다. 그 대신 앞서 했던 몇 가지 질문들로 돌아가 보자.

V

앞의 마지막 주장이 제시한 접근법이 타당하다고 가정하더라도, 민중 민주주의에 대한 한 가지 반론은 선호의 강도intensity에서의 차이를 무시한다는 것이다. 경제학 용어로 말하자면 개인 간의 효용 비교를 거부한다는 것이다. 선호의 강도를 측정하거나 아니면 적어도 순위를 매길 수 있다고 생각해 보자. 또한 다수는 x를 y보다 약간 선호하고 소수는 y를 x보다 강하게 선호한다고 해 보자. 정치적 평등의 개념 정의는 이런 사실을 고려하지 않으며, 〈규칙〉은 이를 무시해 버린다. 따라서 이런 경우에, 심지어 다수와 소수의 차이가 단 한 명에 불과해도, 민중 민주주의는 우리가 보았듯이 그래도 다수의 선택이 정부 정책이 되어야 한다고 요구할 것이다. 심지어 가장 열렬한 미국 민주주의자들조차 자주 매디슨주의적 민주주의를 민중 민주주의보다 선호하는데, 아마도 그 이유는 아주 중요한 정책 목표가 때때로 확신도 없는 다수에 의해 좌우지될지도 모른다는 걱정 때문이다 — 적어도 미국에서는.

이 문제를 다루기 위해서는 지금까지는 내버려 두었던 명제 2에 잠시 주목해야 한다. 이 명제, 즉 "최종 결정권"의 조건은 "민중 민주주의는 성인 시민들 사이에서, 적어도 정부 정책을 결정하는 데 있어, 다른 특정 절차들을 모두 거친 다음의 최후 수단으로서 바람직하다."라고 믿는다.

이 조건이 필요하다는 근거는 다음과 같다. 민중 민주주의의 규칙들을 많은 형태의 조직들로 확장할 수 있지만 그래도 정부가 가장 중요한 조직이다. 따라서 이 조건이 의도하는 바는 민중 민주주의를 적어도 정부에는 적용하도록 보장하는 것이다. 정부를 강조하는 이유는 정부의 통제력이 다른 어떤 조직의 그것보다 강력하기 때문이다. 굉장히 다양한 상황에서, 정부 통제와 다른 통제가 경쟁한다면 정부 통제가 더 결정적이라는 사실이 아마도 드러날 것이다. 물론 정부 통제의 효력도 분명 제한적인데, 우리가 그 비교상의 우위를 과장하는 것일 수 있다. 그렇다 하더라도 정치의 역사는 우리가 정부라고 부르는 통제 수단을 장악하려는 격렬하고 종종 피비린내 나는 투쟁의 기록이다. 다양한 정책 결정 상황에서, 정부 결정을 통제하는 개인들이 그렇지 않은 이들보다 정책에 대해 훨씬 더 큰 통제력을 갖는다고 가정하는 것이 이치에 맞다. 따라서 민중 민주주의를 선호한다는 것은 적어도 원래는 정부 내에서의 민중 민주주의를 선호한다는 것을 의미한다.

그러나 "정부 내에서의 민중 민주주의"라는 문구가 오해를 불러올 수 있다. "정부"는 많은 형태의 사회적 과정을 포함한다. 예를 들어, 정부 부처들은 위계질서가 있고, 그중 몇몇은 시장 논리에 따라 운영되며 위계를 따르지 않고 지도자들끼리 협상하는 경우도 흔하다. 민중 민주주의를 선호한다고 해서 정부 내의 이런 대안적 통제 과정들을 모두 없애라는 것은 아니다. 사회 내부에서 정부가 가장 중요한 통제 체계인 것처럼, 정부 내부에서는 정책에 관한 거의 최종적인 논의가 이루어지는 과정이 가장 중요하다 할 수 있다. 그러므로 민중 민주주의가 필요하다는 주장은, 정부 내부에서 "최종 결정권"이 이런 결정적 과정들에서 행사될 것임을 의미한다.

"최종 결정권"을 성인에게만 한정하는 것도 다양한 이유에서 변호된다. 가장 바람직한 연령 하한선이 몇 살인가는 다소 논쟁이 되지만, 이 기본 원칙에 대해서는 이론이 거의 없기 때문에 그 논거를 검토하자고는 않겠다.

이제 다시 강도의 문제로 돌아가 보자. 어떤 이는, 욕구의 강도가 다수와 소수에 속한 개인들에서 대략 같다고 자신이 믿는 사례들에서 〈규칙〉이 합리적이라고 생각한다. 하지만 이런 사람조차 앞에서 거론한 종류의 사례에서는 이를 받아들이기 어렵다고 생각할지도 모른다. 즉, 절반을 가까스로 넘은 다수는 x를 약간 선호할 뿐이고, 절반에 약간 모자란 소수는 y를 매우 강하게 선호하는 사례 말이다. 사실, 〈규칙〉을 모든 상황에서 옹호하는 사람은 아마 없을 것이다. 정말 물어봐야 하는 것은 ⓐ 정부에서, ⓑ 최종 수단으로, ⓒ 성인들이 이를 옹호하는가, 다시 말해 "최종 결정"에서라면 이를 원하는가의 여부다.

〈규칙〉이 선호의 강도를 적절히 반영하지 않는다는 이유로, 누군가가 최종 결정이라는 조건에서조차 타당성을 부정한다고 생각해 보자. 〈규칙〉을 거부하는 것은 다음 중 하나를 얘기하는 것이다. 즉, 어떤 규칙도 타당하지 않거나 (물론 그렇게 말하는 것은 현실에서는 거의 도움이 되지 않을 것이다) 정반대의 규칙이 타당하다고. 정반대의 규칙이라면 이렇게 주장해야 할 것이다. y를 향한 소수의 욕구가 x를 향한 다수의 욕구보다 더 강렬한 몇몇 경우에는, 정부 정책은 다수의 선호 대신 소수의 선호를 따라야 한다(조건부 소수 지배the Qualified Minority Rule).

이런 규칙을 실제 사용하려면 언제 특정한 사례가 그 범주에 해당하는지를 결정할 수 있는 방법이 구체적으로 있어야 할 것이다. 다수에게 이를 결정하게 한다고 가정해 보자. 언뜻 보면 이는 말이 안 되고 사실 논리적으로도 모순된다. 그러나 실제로 이들이 매디슨주의 규칙을 따르고 있건 다수 지배 원칙 같은 규칙을 운용하고 있건, 민주주의 국가들에서는 자주 그렇게 하고 있다. 어떤 정책에 대해 처음에 약한 선호를 보인 다수가 왜 결국 열렬한 소수의 요구에 응하게 되는지에는 다양한 이유가 있다. 이를테면 많은 사람들, 특히 많은 정치 지도자들은 자신의 정책 선호를 결정할 때 다른 사람들의 욕구의 강도가 어떤지, 그리고 그로부터 어떤 정치 행동이 나타날지를 고려하곤 한다.

그러나 여전히 다수가 [언제 조건부 소수 지배를 따르게 될지를] 최종 결정을 하게 되므로, (〈규칙〉과 전혀 모순되지 않는) 이런 종류의 해법이 타당하지 않다고 가정해 보자. 그렇다면 조건부 소수 지배는 다음과 같은 경우에만 작동할 수 있다. 즉, 특정 조건이 충족되는 상황에서만 자신에게 부여된 소수 지배의 권력을 행사하리라 믿을 만한 그런 소수집단을 구체적으로 명시할 수 있어야 한다. 그리고 그 특정 조건이란 y에 대한 소수 선호의 강도가 x에 대한 다수 선호의 강도보다 두드러지게 커야 한다는 것이다. 불행히도, 4장에서 보게 되겠지만, 현실 세계에서 그런 조건에 맞는 공식 조직을 의도적으로 만들어 내기란 어렵다. 철인哲人왕이란 참 찾기 어려운 법이다.

VI

민중 민주주의 이론에 대한 마지막이자 내가 믿기에 타당한 윤리적 반론은 다음과 같다. 이 이론은 극대화해야 할 두 가지 목표만을 상정한다. 즉, 정치적 평등과 인민주권. 하지만 아마도 극단주의자를 제외하면 어느 누구도 다른 모든 목표를 희생하면서 이 두 가지 목표를 최대화하기를 바라지는 않는다. 그러므로 한 가지 혹은 두 가지 목표의 달성에만 적합한 규칙들을 확립하는 그 어떤 정치 윤리이건 이는 우리 대다수에게 적절하지 않다.

우리 대다수는 (그리고 이는 오랜 기간 동안 민주주의를 그럭저럭 운용해 온 국가들에서 특히 사실일지도 모르는데) 다른 목표들을 희생하면서 어떤 한두 가지를 추구하는 비용이 과도하다고 생각한다. 우리 대다수는 한계효용론자다. 일반적으로 우리는 어떤 한 가지 목표를 달성하면 할수록 한계효용이 감소하는 것을 경험한다. 또는 현대 심리학의 언어로, 목표 성취는 자극의 추동 가치를 감소시킨다. 정치적 평등과 인민주권은 절대적인 목표가 아니다. 따라서 자신에게 반드시 이렇게 질문해 보아야 한다. 정치적 평등을 더 확대하기 위해 여가·사생활·합의·안정·수입·안전·발전·지위, 그리고 그 밖에도 아마 많은 목표들을 어느 정도까지 포기할 준비가 되어 있냐고. 정치적 평등과 인민주권이 이런 다른 목표들을 무제한 희생할 만큼의 가치가 있다고 여기는 사람은 거의 없다는 사실은 쉽게 알 수 있다.

민중 민주주의는, 이를테면 위에서 열거한 목표들을 성취하는 데 어떤 비용을 부과할 것인가? 이것이 바로 이 이론이 결코 답하지 못하는 질문이다. 분명한 것은, 예상 이득과 예상 비용을 비교해서 보여 주지 못하는 이론은 너무 불완전해서 현실 세계에서 크게 도움이 되지 않는다는 점이다.

VII

바로 앞의 언급은 앞서 이미 지적했던 바를 상기시킨다. 즉, 민중 민주주의 이론은 경험적인 체계가 아니다. 이는 오로지 윤리적 공리들 간의 논리적인 관계로만 구성된다. 이는 현실 세계에 관해 우리에게 아무 것도 얘기해 주지 않는다. 이로부터 우리는 그 어떤 행위도 전혀 예측할 수 없다.

이것이 바로 이 이론을 평가할 때 가장 중요한 지점이다. 왜냐하면 지금까지 본 것처럼, 현실 세계에서 〈규칙〉을 채택할 경우 나타나게 될 결과를 예측하기 전에는 어떤 규칙이 더 따를 만할지를 결정하기가 여러 가지 점에서 힘들거나 불가능하기 때문이다. 그러나 여기에서 민중 민주주의 이론은 전혀 도움이 되지 못한다. 이 이론은 어떻게 하면 현실 세계에서 인민주권과 정치적 평등에 가까워질 것인가 혹은 그것을 최대화할 것인가를 얘기하지 않는다. 이들 조건이 달성 가능하다고 가정하면서, 이를 완벽하게 달성하기 위해서는 〈규칙〉을 추구할 필요가 있다고만 얘기할 뿐이다. 하지만 이는 현실에서 윤리적 문제를 해결하는 방식이 거의 아니며, 특히 정치에서는 결코 아니라고 나는 믿는다.

현실 세계에서 어떤 종류의 정치적 규칙들을 따르고 싶은지를 합리적으로 결정할 수 있으려면 그 전에 알고 있거나 추측은 하고 있어야 하는 아주 다양한 경험적 사실들이 있다. 게다가 실제 상황은 때에 따라 사회조직마다 다를 것이다. 따라서 설사 목표들(가치들)이 그대로라고 하더라도, 어떤 상황에서 이들 목표를 최대로 달성하게 해 줄 일련의 규칙들이 다른 상황에서는 전적으로 부적합할 수도 있다. 모든 문화, 사회, 시대에서 민중 민주주의가 자신의 목표들(혹은 다른 이들의 목표들)을 최대화할 것이라고 생각할 선험적인 이유는 전혀 없다. 그러므로 정치적 평등과 인민주권이 (그중에서도) 바람직한 목표라고 믿는다 해도 적절한 질문은 다음과 같은 식으로 제기되어야 한다. 어떤 구체적인 방안(예를 들어, 위헌법률심사권의 제거, 혹은 중앙당 권한의 강화, 공직 임기의 변동, 의회 중심제의 도입 등)이 이를 테면 오늘날의 미국에서 채택된다고 해 보자. 이 구체적인 방안은, 현존하는 또는 다른 대안적 정치제도들보다 이 두 가지 목표에 더 가까워지게 하는 동시에 다른 가치들에는 과도한 비용을 부과하지 않을 것인가? 이런 질문에 대답하기 위해 분명한 것은 민중 민주주의 이론을 넘어 경험적 정치학으로 가야 한다는 것이다.

3장에서 (적어도 서구에서) 민주적이라고 불리는 정치체제들에서 나타나는 가장 중요한 경험적 관계들 가운데 몇몇을 검토하겠다. 이 장의 나머지에서는 민중 민주주의 이론에 대해 중요한 경험적 질문을 제기하는 세 가지 반론에 관심을 가져 보겠다.

첫째, 이 이론은 정치적 평등, 인민주권, 〈규칙〉을 적용할 정치체제 속에 어떤 개인들 혹은 집단들이 포함되어야 하는지에 대해 얘기하지 않는다. 물론 민중 민주주의의 일부 옹호자들은 모든 인류가 그런 체제에서 사는 것을 보고 싶어 한다. 그러나 내가 아는 한 그 어떤 정치 이론가도 단일하고 전 세계적인 민중 민주주의 체제를 주창한 적이 없다. 역사적으로 근대 민주주의와 민족주의는 대략 같은 시기 동안 발달했고, 근대 민주주의 이론가들은 민족국가에 알맞은 체제를 대개는 명시적으로 혹은 암묵적으로 제안해 왔다. 루소 같은 몇몇 사람들은 이를 스위스의 자치주 canton 정도 규모의 작은 집단들에 적합하다고 봤던 것으로 보인다. 제퍼슨은 분명히 정치적 평등과 인민주권이, 실제로 자신이 매디슨주의적 체계를 받아들였던 연방 정부에서보다, 주 단위에서 더 잘 실행될 수 있다고 생각했다. 하지만 질문은 여전히 그대로인데, 개인들의 어떤 무리는 포함시키고 다른 무리는 포함시키지 않아야 하는가? 내가 아는 한, 그 어떤 민주주의 이론가도 이 문제에 대한 체계적인 답변을 제시한 적이 없다.

〈규칙〉에 동의하는 개인들만을 포함하는 것이 적절한 경계가 될 수 있다고 누군가 주장할 수도 있겠다. 그러나 그런 방식은 현실 세계에서 전혀 실행될 수 없다. 그 이유를 보자. 분명 지리적인 경계선은 현실적으로 필요하지만, 〈규칙〉에 동의하는 개인들만을 포함하는 유의미한 지리적 영역이 가능한가? 그렇다면 경계선은 〈규칙〉에 동의하는 이들이 다수를 차지하는 집단들을 포함해야 한다고 주장할 수 있겠지만, 이 주장도 실제로 운용하는 데 도움이 되는 원칙이라 할 수 없다. 현실 세계에서 이 주장대로 한다는 것이 가능할까? 이런 상황을 가정해 보자. 위스테리아라는 지역 전체에는 〈규칙〉에 동의하는 성인들이 다수이지만, 〈규칙〉에 반대하는 소수가 위스테리아 남부 지역에 모여 살면서 이 지역의 다수를 구성하고 있다고 말이다. 이 주장대로 실행하려면 우리는 위스테리아 전체 주위로 경계선을 확정하는 동시에 위스테리아 남부를 배제해야 하는데, 이는 명백히 자기 모순적인 목표다.

지리적인 행정구역상의 편입과 배제의 경계는, 현실 세계의 정치적 현상 가운데 가장 변하지 않는 편에 속한다. 그 증거를 대기 위해 민족국가의 경험을 들 필요도 없다. 도시 재정비에 대한 제안들이 거의 항상 통과될 수 없게 가로막는 어려움들을 떠올리는 것으로 충분하다. 모든 사람은 자신이 살고 있는 정치적 세계의 경계가 이전 전통과 역사적 사건들에 의해 주어졌다는 사실을 대체로 받아들일 수밖에 없다. 그런 경계선이 합리적 근거로 바뀌는 경우는 드물다.

설사 그런 경계선이 합리적으로 변경될 수 있더라도, 정치적 평등과 인민주권만이 아니라 여러 가치들을 원하는 개인이라면 누구든 다음과 같은 규칙을 따르는 것이 가장 합리적일 것이다. 즉, 당신과 아주 유사한 목표를 가진 사람들을 포함하고 있어서 당신의 핵심 가치들을 최대화할 수 있는 정치사회를 선택하라. 정치적 평등과 인민주권은 여러 가치 가운데 두 가지에 불과하므로 어떤 개인이 이들을 약간 희생해서 다른 것들을 얻을 수 있다면 그렇게 하는 것은 상당히 합리적일 것이다. 이런 까닭에 그런 사람은, 매디슨주의적 민주주의나 심지어 어떤 다른 대안적 정치체제를 선호하는 사람들도 포함될, 아마도 그들이 다수가 될, 경계선을 선택하는 것도 합리적일 수 있다고 당연히 생각한다. 그러므로 정치적 평등을 아주 중요하게 생각해서, 크기가 다른 주들이 모두 동등하게 2명의 상원의원을 갖고 있는 것에 크게 반대하는 미국인들에게도 [상원에서 각 주가 동등하게 대표되도록 한] 코네티컷 타협Connecticut Compromise이 반드시 말도 안 되는 타협인 것은 아니다. 왜냐하면 이는 현실 세계에서 미국인이 얻을 수 있는 단연코 최선의 협정이기 때문이다. 즉, 그 어떤 현실적 대안도 이보다는 덜 만족스러울 것이다.

그게 사실이냐 아니냐를 내가 여기서 주장하고 있는 것은 아니다. 핵심은 민중 민주주의 이론이, 누가 그 체제 속에 포함되어야 하는가를 결정하는 그 어떤 만족스러운 기준도 제공하지 않는다는 것이다. 그런 만족할 만한 기준을 개발하기 위해서는 다수의 경험적 사실들에 대한 세심한 주의가 필요하다. 그런 경험적 사실들이 이 이론 체계에서는 구체적으로 명시되어 있지 않으며, 사실 이를 순수 논리 체계에서 경험적 이론으로 바꾸지 않고서는 구체적으로 밝힐 수도 없다.

VIII

두 번째 경험적 문제는 가에타노 모스카Gaetano Mosca가 제기하는데, 그의 반론은 다음과 같이 바꿔서 얘기할 수 있다. 모든 사회에는 지배계급이 나타난다. 대중이 사실상 모든 것을 결정한다(그런 점에서 다수가 지배한다)는 것은 불가능하다. 그러나 지배계급이 얼마나 대중의 욕구에 민감하고 선거 결과에 순응하는지는 입헌 체제, 지배적인 이데올로기, 사회적 교화에 어느 정도 달려 있다. 절대적 인민주권과 다수 지배를 규정하는 교리라든가 헌법상의 절차야말로 지배자들에 대한 모든 견제 장치 중에서도 가장 약한 것들이다. 왜냐하면 다수는 어떤 경우에도 지배하지 않을 것이기 때문에, 이런 종류의 교리와 절차는 실제로는, 다수를 대변한다고 늘 주창하는 소수 지배층에게 무제한의 권력을 허용한다. 그러므로 전제정이 될 가능성이 가장 높은 곳은 다름 아니라 입헌 체제와 지배적인 이데올로기가 다수의 무제한적 헌법상 권력을 정당화하는 사회다.

위 모스카의 반론이 민중 민주주의에 대한 매디슨주의 비평가들에게도 그리 위안이 될 수 없다는 점을 지적해야겠다. 왜냐하면 이 반론은 다수의 전제 개념 전체가 터무니없다는 뚜렷한 가정에 기반을 두고 있기 때문이다. 다수는 결코 지배하지 않으며, 그렇기 때문에 결코 전제적으로 행동할 수 없다. 오직 소수만이 지배하며, 그렇기 때문에 전제는 오직 소수에 의해서만 실행된다.

이 장에서[15] 모스카의 반론이 타당한지 아닌지를 결정하려고 하지 않겠다. 중요한 점은 모스카의 반론이, 민중 민주주의 이론이 결코 해결하지 못하는 많은 경험적 문제를 제기한다는 것이다.

IX

세 번째 경험적 문제는 상당한 지적 혼란의 원인이 되어 왔는데, 아마도 주로 용어상의 모호함・ 때문이다. 이 문제는 다음과 같은 반론에서 나온다. 인민주권, 정치적 평등, 다수 지배의 체제하에서 다수가 그 체제를 파괴할 행동을 할 가능성이 높고, 따라서 이를 방지하기 위해 어떤 방식의 소수 거부권minority veto이 필요할 수도 있다는 것이다. 미국에서는 입헌 체제 속의 다양한 요소들이 소수 거부권을 제공해 왔는데, [대통령이나 의회와 달리 선거를 거치지 않는] 대법원, [크기가 다른 주들이 모두 동등하게 대표되는] 상원의 구성 방식, 의회의 위원회 구조, 의사 진행 방해, 그리고 아마도 가끔씩은 대통령제[새롭게 선출된 의회의 다수와 대립하는 경우 등]가 포함된다.[16]

x^*를 정치적 평등과 인민주권을 위한 어떤 핵심 선결 요건, 이를테면 언론의 자유를 위한 어떤 조치라고 생각해 보자. y는 인민주권이 불가능하고 과두정이 불가피한[17] 정도로까지 언론의 자유를 감소시키게 될 어떤 방안이라고 가정하자. y가 실행되어 민중 민주주의 그 자체는 물론이거니와 현실에서 이에 가깝게 실현된 체제까지도 파괴하는 것을 막기 위해서는 소수 거부권이 필요하다고 주장될 수도 있다.

이 시점에서 민중의 선호가 정부 정책으로 전환되는 데 필요한 시간을 고려해 봐야 하는데 그 때문에 이 문제가 복잡해진다. 민중 민주주의의 옹호자 중에서 내가 아는 한, 다수의 선호를 즉각적으로 정부 정책으

・ 다르지만 같은 것으로 착각될 수 있는 소수 거부권과 과두정 사이의 모호함을 의미한다. 미주16을 참조할 것.

로 전환해야 한다고 주장하는 사람은 없다. 즉, 다수 선호가 최초로 형성되고 정부가 이를 실행에 옮겨 행동하는 데에는 어느 정도 시간차가 존재한다고 가정된다. 일반적으로 민주주의의 주창자들은 다수가 내리는 선택은 사려 깊은 선택이어야 한다고 믿어 왔다. 왜냐하면 합리적 선택은 자신이 중요시하는 가치들에 대한 지식, 대안들에 대한 기술적인 지식, 각 대안의 예상 결과들에 대한 지식을 필요로 하기 때문이다. 그런 지식을 갖기 위해서는 논쟁·토의·공청회 등 긴 시간이 필요하다고 전통적으로 믿어 왔다.

어느 정도의 시간차가 〈규칙〉과 양립될 수 있는가? 민중 민주주의 이론은 아무 답도 제공하지 않는다. 이는 정적인 이론 체계이며, 시간의 흐름을 고려하며 세워진 것이 아니다. 만약 한 달이 가능하다면 두 달은 안 되는가? 일 년, 이 년, 십 년은 안 되는가? 합리적 선택이 만들어질 수 있을 정도로 시간이 충분해야 한다는 답변은 전혀 소용이 없다. 왜냐하면 이는 그저 완전을 기하라는 조언이거나, 그것이 아니어도 조작적인 의미를 전혀 갖지 않기 때문이다. 그렇기는 해도 그 답변은 여러 종류의 상황을 생각해 볼 수 있게 하는데, 우리 논의를 더 완전하게 하려면 이 상황들에 대한 설명이 필요하다.

한 가지 상황은 y를 선호하는 여론이 다수였다가 서서히 소수로 감소할 때 발생한다. 또 다른 상황은 여론이 유동적일 때 일어난다 — y를 선호하는 다수가 금세 바뀔 때. 세 번째는 y를 선호하는 여론이 서서히 시간이 흐름에 따라 증가할 때다. 〈그림 1〉은 이 세 가지 가능성을 보여준다.

이제 만약 y(과두정으로 이어질 정책)를 선호하는 여론이 감소하는

그림 1_대안 Y에 관해 가능한 세 가지 여론의 추이

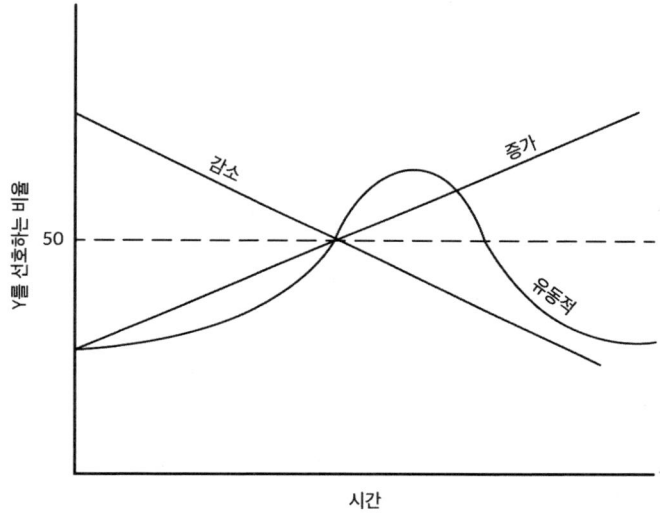

추세에 있거나 유동적인 상태라면, x^*를 지지하며 행사된 소수 거부권은 단기적으로 [다수의 선호와 배치되는 소수의 결정이라는 점에서] 과두정을 낳은 셈이지만, 장기적으로는 꼭 그렇지 않다.[18] 만약 심사숙고 끝에 다수가 자신들이 오해했었고 정말로 y보다 x^*를 선호한다는 결론을 내리게 된다면, 소수 거부권 덕분에 다수는 소수 거부권 체제하에서도 자신들의 권한을 계속 유지할 수 있게 되는데, 이는 분명 [다수의 선호를 배반하는 소수의 지배를 뜻하는] 과두정과는 거리가 멀다.[19]

그러나 만약 y를 선호하는 여론이 오랜 시간에 걸쳐 증가하는 추세라면, 그때에는 어떤 해결책이든 과두정으로 이어진다. 우선 민중 민주

주의가 작동했을 때 과두정을 낳을 것인데, 그 이유는 우리 가정에서는 y가 **사실상** 과두정을 낳게 될 정책이기 때문이다. 반대로 소수 거부권이 행사될 경우에도 이는 [소수가 다수의 선호와 배치되는 정책을 결정했다는 의미에서] 과두정으로 이어질 것이다.[20]

하지만 한 가지 경우에는 모든 정부 결정에서 과두정을 낳을 수도 있지만, 다른 경우에는 과두정의 조건이 특정 사례에만 한정될지도 모른다는 점은 분명히 강조되어야 한다. 분명히 이 둘 사이에는 중요한 차이가 있다. 비록 어느 쪽도 민중 민주주의는 아니지만.

지금까지는 현실과 거리를 두고 이 주장을 검토해 왔다. 하지만 여기서 제시된 반론을 평가할 수 있으려면, 소수 거부권이 효과적으로 방어해 낸다고 하는 상황이 현실에서 얼마나 가능한지를 예측해 보아야 한다. 게다가 소수가 그런 상황에서만 거부권을 행사할 뿐, 현상 유지가 도전 받는 상황에 처할 때마다 거부권을 이용해 과두정을 세우려 하지는 않을 것인지에 대해서도 밝혀 보고 싶다. 이런 예측은 분석적으로 추론될 수 있는 것이 아니다. 특정한 문화·시간·장소에 대한 경험적 연구가 필요하다.

미국인들은 대법원이 미국 민주주의가 스스로 붕괴되지 않도록 정기적으로 지켜 내는 데우스 엑스 마키나deus ex machina[긴박한 상황을 타개할 초자연적 장치]라고 믿는 경향이 있다. 그러나 대법원의 실제 판결을 보면 그렇지 않다. 대법원이 위헌법률심사권을 통해 일부 필수 불가결한 기능을 수행하지만 전국 차원의 다수가 정치적 민주주의의 핵심 선결 조건들을 파괴하지 못하도록 막지는 못한다. 나는 "정치적 평등과 인민주권을 위한 핵심 선결 조건들"이 투표권, 표현의 자유, 집회의 자유, 언론의 자유라고 생각한다. 대법원은 그 전체 역사를 통틀어 77건의 사례에서 의회의 결정이 위헌이라고 판결했다. 그중 12건만이 경제와 무관한 시민적 자유에 관한 것으로 볼 수 있다. 이 가운데 여섯 건은 의회가 흑인의 권리를 보호하고 확장하려던 시도와 관련이 있는데, 대법원은 해방된 노예들에게 백인 시민들이 누리던 것과 거의 동일한 공식적 권리를 부여하려는 시도를 거부했다. 그리고 12건 중에서 오로지 네 건만이 위에서 언급한 핵심 선결 조건들 중 하나 혹은 그 이상과 관련된 것이라고 무리 없이 해석될 수 있다. 이 네 건 모두는 흑인의 권리에 관한 사례였다. 대법원의 전체 역사를 통틀어 이 네 건에서만 앞서의 핵심 선결 조건들을 다루는 법률이 위헌이라고 결정되었는데, 이 판결들은 의회가 기본권을 파괴하는 것을 막은 것이 아니라 확장하는 것을 막았다. 결국 미국 역사에서 대법원이 정치적 평등과 인민주권을 위한 핵심 선결 조건들을, 확장하기보다는 축소하려 했던 연방 법률을 무효화한 적이 단 한 건도 없다.[21]

이번 사례에서도, 현실에 관한 정보가 필요한 다른 모든 사례에서 그랬던 것처럼, 민중 민주주의 이론은 현실 세계에 대한 지식을 전혀 제공하지 않는다. 나는 사실 불평등보다는 정치적 평등이, 과두정보다는 인민주권이 더 낫다고 생각한다. "끊임없이 이어지는, 폭력적인 죽음에 대한 두려움과 위험" 속에서 살아야 하는 사회보다는 살인 없는 사회를 더 좋아하듯이 말이다. 그러나 현실 세계에서 가능한 거의 모든 일에 대해 예측해 보기 전까지는, 내가 가진 선호만 갖고서, 우리 사회에서 폭력적인 죽음을 줄이기 위해 도대체 무엇을 해야 할지를 결정하기란 어려울 것이다. 또한 내 선호만 갖고서는 대안적인 정치제도들 중에서 합리적인 선택을 내리기도 어려울 것이다. 그런 제도들 중 어떤 것은 정치적 평등과 인민주권에 영향을 끼칠 수도 있는데 말이다.

그렇다면 이는 이제 정치적 평등을 포기해도 된다는 의미인가? 잘 살펴보면 민주주의 이론의 상당 부분은 현실 세계와 괴리되어 있는데, 결국 정치적 평등은 공허한 목표에 불과한가? 분명 그렇지 않다.

매디슨식 타협이 만족스럽지 않다고 해서, 행동 지침으로서 거의 무용지물인 공리적 이론을 어쩔 수 없이 받아들여야 할 필요는 없다. 정치적 평등 개념의 본질적인 요소들은 모두 현실적인 의미를 갖고 있기 때문이다.

부록

1. 명제 1의 증명

다수 지배의 원칙(명제 1)이 민중 민주주의의 정의(개념 정의 1-3) 속에 이미 포함되어 있다는 것은 직관적으로 명백해 보인다. 사실 관련 있는 논리적 관계들을 기본적으로 별 의미 없이 보여 줄 뿐일 수도 있음을 기꺼이 감수하고 다음의 증명을 제시해 보겠다.

미주에서의 기호 표시법을 따르면, 앞에서도 보았듯이 〈규칙〉의 개념 정의(개념 정의 4)가 다음과 같이 표현될 수 있다.

$$\text{개념 정의 4}: NP(x,y) > NP(y,x) \leftrightarrow x\, Pg\, y$$

이제 우리가 해야 할 일이 무엇인지 살펴보자. 우리는 인민주권과 정치적 평등의 조건들이 서로 양립 가능하도록 이들을 어떤 식으로든 해석해야만 한다. 개념 정의 2는, 인민주권의 조건이 충족되는 것은 다음의 경우라고 얘기한다.

$$x\, Pc\, y \leftrightarrow x\, Pg\, y \tag{1}$$

여기에서 Pc 는 "구성원에 의해 선호된다"는 것을 의미한다.

하지만 어떤 대안이 구성원에 의해 "선호되는지" 혹은 "가장 선호되는지"를 어떻게 결정할 것인가? ($x\, Pc\, y$)라는 표현 혹은 "구성원들에 의해 가장 선호되는 대안"이라는 개념에 [서론에서 정의했던 의미에서의] 조작적인 의미를 부여하려면 어떤 규칙을 따라야 하는가? 예를 들어, 선호의 상이한 강도를 고려할 수 있는가? 선호의 강도를 고려할 경우 얼마나 많은 어려움이 발생하는지 우리는 4장에서 보게 될 것이다. 한편,

우리가 (1)에 부여하는 해석이 정치적 평등의 조건과 반드시 일관되어야 한다는 것은 분명한데, 그렇지 않으면 우리는 두 가지 조건 모두를 충족시킬 수 없을 것이다. 시민들은 선호에 일정한 가치를 부여하고 셈할 수 있는 방식으로, 어떻게든 선호를 개별적으로 표시할 수 있어야 한다. 이 점은 정치적 평등의 조건에 일관되고, 사실 이에 필수적인 것으로 보인다. 역사적으로 볼 때 투표 행위는 개인적 선호의 적절한 지표로 받아들여져 왔다. 그러나 만약 투표가 혹은 어떤 다른 개인적 행동이 선호의 표현으로 받아들여진다면 이 표들은 어떻게 셀 수 있는가? 여기에서 정치적 평등의 조건은 분명히 이렇게 요구한다. 각 구성원의 선호는 동일한 값을 부여 받기 때문에 우리는 강도를 무시해야 한다. 즉, 우리는 표를 이런 식으로 세야 한다.

$$V' = V'' = V''' \cdots\cdots \text{등등} \qquad (2)$$

여기에서 V'는 한 개인의 표, V''는 또 다른 개인의 표 등을 의미한다. 그러나 이 규칙을 따르려면, 실수real numbers의 일반적인 속성이 적용되어야 하며, 그 결과 표를 세는 과정은 다음의 조건을 만족한다.

$$1V < 2V < 3V < 4V \cdots\cdots \text{등등} \qquad (3)$$

$$nV < (n+1)V \qquad (4)$$

$$\frac{nV}{2} < \frac{nV}{2} + 1V, \text{ 그리고 } \frac{nV}{2} < \frac{(n+1)V}{2} \qquad (5)$$

즉, 개념 정의 3에 부합하려면, "가장 선호됨"은 반드시 (2)부터 (5)까지의 조건에 부합해야 한다. 따라서

$$NP(x, y) > NP(y, x) \leftrightarrow x \, Pc \, y \qquad (6)$$

그러나 (1)에 의해서,

$$x \, Pc \, y \leftrightarrow x \, Pg \, y$$

이므로 대입해 보면,

$$NP(x, y) > NP(y, x) \leftrightarrow x \, Pg \, y \tag{7}$$

그러나 (7)은 정확하게 개념 정의 4와 4'와 같은 것이다.

2. 다수의 개념 정의

만약 (7)이 모든 상황에서 지켜진다면, 그렇다면 심지어 과반을 가까스로 넘는 다수만으로도 정부 정책을 수립하는 데 충분할 것임은 특별히 언급할 가치가 있다. 즉,

$$\frac{N+1}{2} P(x,y) \text{ 그리고 } \frac{N-1}{2} P(x,y) \rightarrow x \, Pg \, y$$

현실과 일치하려면, 과반을 가까스로 넘는 다수는 시민(혹은 표)의 전체 숫자가 짝수인지 홀수인지에 따라 다르게 정의될 수 있다. 따라서 "다수"를 다음의 의미로 정의하는 것이 용이하다.

N이 짝수인 모든 경우 $\frac{N}{2}+1$ 또는 이보다 크다.
N이 홀수인 모든 경우 $\frac{N+1}{2}$ 또는 이보다 크다.

3

다두제 민주주의

3

Polyarchal Democracy

I

　　매디슨주의 이론과 민중 민주주의 이론을 검토해 본 결과 민주주의 이론을 구축하기 위해 적어도 두 가지 방법이 가능하다는 것을 알게 되었다. 첫 번째 방식은 최대화의 방식인데, 그것은 최대화해야 할 일련의 목표들을 구체적으로 제시하는 것이다. 따라서 민주주의는 이런 목표들이나 그중 일부를 최대화하기 위해 필요한 구체적인 정부의 절차들과 관련해서 정의될 수 있다. 우리가 지금까지 살펴본 두 가지 이론은 본질적으로 여기에 속한다. 즉, 매디슨주의 이론은 비전제적 공화정을 최대화할 목표로 가정하고, 민중 민주주의 이론은 인민주권과 정치적 평등을 주장한다. 두 번째 방식은 ― 이는 서술적인 방식이라고 부를 수 있는데 ― 정치학자들이 공통적으로 민주적이라고 범주화하는 민족국가와 사회조직 모두를 어떤 단일한 부류의 현상으로 간주한 다음, 이 부류에 속하는 것들을 조사해서 첫째, 그들만이 공유하고 있는 특징, 둘째, 그런 특징을 갖는 사회조직이 존재하기 위한 필요충분조건을 발견해 내는 것이다.

　　하지만 이 두 방식이 상호 배타적이지는 않다. 그리고 첫 번째 방식으로 시작한다 해도 곧 두 번째와 상당히 유사한 방식 역시 채택해야 할 것임을 우리는 앞으로 보게 될 것이다.

II

　민중 민주주의의 목표와 그로부터 추론한 간단한 〈규칙〉이 완벽한 이론 같은 것이 될 수 없음을 우리는 2장에서 알게 되었다. 이 이론의 한 가지 근본적인 결점은 다음과 같다. 이 이론은 정치적 평등과 인민주권을 완벽하게 혹은 이상적으로 달성하기 위해 필요한 절차적 규칙을 공식으로 재정의할 뿐이다. 그러나 이 이론은 공리론axiomatics을 한번 펼쳐 본 것에 불과하기 때문에 현실 세계에 대해서는 아무 것도 얘기해 주지 않는다. 하지만 핵심 질문을 이제 약간 다른 형태로 제기해 보자. 현실 세계에서 민주주의를 최대화하기 위한 필요충분조건은 무엇인가? "현실 세계에서"라는 몇 글자로 이 문제가 근본적으로 바뀐다는 점을 알아보자.

　우선 정확한 의미를 꼼꼼하게 밝혀 보자. "민주주의를 최대화한다"라고 할 때 우리가 의미하는 것은 무엇인가? 민중 민주주의 이론에서처럼 분명히 여기서도, 우선 민주주의를 어떤 극한limit•의 현상으로 간주해야 한다. 그리고 그 극한에 가까워지는 모든 행동은 최대화하는 행동일 것이다. 그런데 이 극한의 현상으로서의 민주주의를 어떻게 묘사해야 할 것인가?

　민중 민주주의의 모델에서 다음 세 가지 특징을 찾을 수 있는데, 이들의 조작적인 의미에 대해 검토해 볼 생각이다. ① 선택할 수 있는 정책

• 저자는 수학 용어를 빌어 민주주의를 설명하고 있는데, 민주주의는 어떤 함수의 극한값limit이고 이 함수의 변수는 민주주의를 가능케 하는 여러 요소들이다. 즉, 변수[민주주의의 요소들]가 일정한 값에 한없이 가까워질 때[최대화될수록] 함수의 값은 극한값[민주주의]에 한없이 가까워진다. 이 책에서는 좀 더 자연스럽게 표현하고자 문맥에 따라 limit을 극한이나 최댓값으로 번역했다.

이 여럿일 때, 구성원들이 가장 선호하는 방안이 언제나 정부 정책으로 선택되어 실행된다. ② 선택할 수 있는 정책이 여럿일 때, 정부 정책으로 실행할 방안을 고르는 과정에서 언제나 각 구성원의 선호는 동일한 가치를 갖는다. ③ 〈규칙〉: 여러 방안들 중에서 고를 때 더 많은 수가 선호하는 방안이 선택된다.

①이 조작적인 의미를 가지려면 개인들 간에 선호의 강도가 상이하다는 문제를 무시해야 한다. 그렇게 하지 않으면 관찰과 비교가 너무 어려워서 그런 특징이 실제로 존재하는지의 여부에 대해 얘기하는 것조차 거의 불가능해질 것이다. 4장에서 이 문제를 다시 논하겠다. 그러나 만약 강도를 무시한다면 그때에는 실질적으로 ②, 즉 각 구성원의 선호는 동일한 가치를 부여받는다는 것을 기준으로 삼아야 한다. 언뜻 보면 한 조직에서 개별 구성원의 선호가 동일한 가치를 부여받는지 아닌지는 어느 정도 쉽게 관찰할 수 있을 것 같다. 마찬가지로 ③, 즉 〈규칙〉도 관찰 가능해야 한다. 그런데 〈규칙〉은 ①과 ②로부터 논리적으로 도출될 수 있다는 점에서 보면, 한 사회조직에서 〈규칙〉이 어느 정도까지 준수되는지 아닌지를 살펴보는 것만으로 충분하지 않을까? 다시 말해, 민주주의의 극한에 대한 적절한 개념정의가 〈규칙〉에 있다고 할 수 있지 않을까? 다수가 x를 y보다 선호하는데 마침 x가 정부 정책으로도 선택되었다고 가정해 보자. 그렇지만 우연히도 독재자가 그 다수 쪽 입장에 있던 것일 수도 있다. 왜냐하면 독재자가 소수 쪽 입장이었다면 그때는 y가 선택되었을 것이기 때문이다. 정치적 평등의 조건은 명백히 "상호 교환 가능성"interchangeability을 요구한다. 즉, 동일한 수의 개인들을 양쪽이 서로 맞바꾼다고 해도 최종 결정에 영향을 주지 않아야 한다. 그러나 상호 교

환 가능성이 현재 존재하는지는 어떻게 관찰할 수 있는가? 분명히 결정 사례 하나만으로는 전혀 충분한 정보가 되지 않는다. 왜냐하면 한 가지 사례로는 기껏해야 그 결정이 내려지는 동안에 한해서 〈규칙〉이 준수되지 않았고 따라서 정치적으로도 불평등했다는 이야기만 가능하기 때문이다. 수많은 사례들을 검토한 후에야 우리는 상호 교환 가능성을 추측할 수 있다. 그런데 이 수많은 결정에서 실제로 관찰할 수 있는 것은 과연 무엇일까?

A가 다수와 함께할 때에는 다수의 선택이 그 조직의 정책으로 결정되고, A가 소수와 함께할 때에는 소수의 선택이 정책이 되는 것을 관찰했다고 가정해 보자. 분명 상호 교환성은 위배되었다. 그런데 방금 우리가 관찰한 것은 〈규칙〉이 하나 이상의 사례에서 실제로 어느 정도 채택되었는지의 여부에 불과하다. 그렇다면 지금까지의 논의로는 "정치적 평등" 개념은 〈규칙〉이 준수되는지 아닌지를 판단하기 위해 필요한 관찰들이 어떤 것인가를 제시하고 있을 뿐이다.

이번에는 A가 언제나 다수와 함께하고 있고 다수의 선택이 항상 정책으로 실행된다고 가정해 보자. 그러나 만약이라도 A가 소수와 함께한다면 소수의 선택이 실행될 것이라고 우리는 의심하고 있다. 이런 직감이 맞는지 아닌지를 결정하려면 이제 무엇을 관찰해야 하는가? 여기에서 우리는 다음과 같은 중요한 결론에 도달하게 된다. 만약 우리가 투표 결과와 같은 어떤 구체적인 행동을 선호의 만족할 만한 지표로서 받아들인다면, 〈규칙〉이 준수되고 있는지 아닌지를 판단하기 위해 필요한 조작적 검증 외에, 정치적 평등의 여부를 결정할 수 있는 방법은 존재하지 않는다. 다시 말해, 선호가 적절하게 표현되었다고 가정하더라도, 정치적 평등을 조작적으로 검증할 수 있는 유일한 방법은 많은 사례들에서 〈규칙〉이 어느 정도 준수되고 있는가를 확인하는 것이다. 따라서 표출된 선호가 거짓이 아니라 진짜라고 가정할 때, 어떤 특정한 한 가지 결정만으로 "민주적"이라고 얘기하는 것은 적절하지 않으며, 여러 일련의 결정들을 살펴봐야만 그렇게 얘기할 수 있다(물론 반대로 어떤 특정한 한 가지 결정에 대해 비민주적이라고 규정할 수는 있다). 결국 우리의 핵심 질문은 이제 이렇게 된다. 한 조직에서 〈규칙〉이 얼마나 지켜지는지를 알기 위해 우리가 현실 세계에서 반드시 관찰해야 하는 것은 무엇인가?

불행하게도, "선호가 표현되었다고 가정한다"라는 앞서의 구절은 몇 가지 심각한 문제점들을 감추고 있다. 어떤 종류의 행동을 선호의 지표로 받아들일 것인가? 한쪽 끝에는, 투표를 하거나 의견을 표출하는 것과 같은, 어떤 명시적인 선택 행동이 있다.[1] 다른 쪽 끝에는, 심도 있고 조심스러운 조사를 통해 심리적 증거를 찾아내고자 할 수도 있다. 첫 번째는 좀 안일한 방법이고, 두 번째는 충분히 해보기가 불가능하다. 실제로 우리 대다수는 두 방식의 중간 정도를 채택하고서, 특정 선호가 어떤 환경에서 가장 잘 표출되는지를 이해의 관건으로 삼는다. 그런데 우리는 어떤 환경에서는 투표라는 공공연한 행위를 불완전하기는 하나 적절한 지표로 받아들이지만, 또 다른 환경에서는 전적으로 거부해 버린다.

따라서 선호의 표현을 주어진 것으로 받아들이자고 할 때 그것이 결정 과정의 어떤 단계에서인지를 명백히 하는 것이 극히 중요하다. 어떤 단계에서 〈규칙〉이 채택되고 따라서 그 단계에서 이루어진 결정은 개념 정의상 "민주적"이라고 말하면서, 동시에 또 다른 단계에서 〈규칙〉은 채택되지 않고 그 단계에서의 결정이 민주적이지 않다고 말하는 것은 전혀 모순이 없다. 미국 정부 정치가 실제로 돌아가는 것을 보면, 〈규칙〉에 조금이라도 가까워지는 유일한 단계는 선거 시기와 입법부에서 표를 셀 때인 것 같다. 투표 이전prevoting 단계에서는 월등한 부와 조직상의 자원에 대한 통제와 같은 많은 요인의 영향력이 다수에 비해 소수의 권력을 지나치게 부풀리다 보니 투표 과정 직전까지의 사회적 과정들이, 독재정치에서보다는 덜해도 매우 불평등하고 비민주적이라고 말해도 타당할 정도다.² 따라서 민주주의 이론에서도, 결정 과정에서 발생하는, 다른 단계로의 제한적 퇴행에 대해 논의할 수 있다. 하지만 어떤 단계를 서술하고 있는지를 아주 분명하게 한다면, 흔히 나타나는 모호한 점들 중 일부는 피할 수 있다.

III

지금까지의 주장은 결국 핵심 질문을 둘로 나눈 것이다. ① 결정 과정의 각 단계에서, 개인적 선호의 표출이라 하기에 충분한 행동들은 무엇인가? ② 이런 행동들을 선호의 표출로 받아들일 때, 우리가 검토하고 있는 조직에서 〈규칙〉이 어느 정도 채택되는지를 판단하기 위해 반드시 관찰해야 할 일은 어떤 것들인가? 우리는 여전히, 도달해야 할 극한의 조건들을 찾고 있다는 점을 기억해 두자.

최소한 두 단계는 구별할 필요가 있다. 선거 단계³ 그리고 선거와 선거 사이 단계. 선거 단계는 다시 투표 시기, 투표 이전 시기, 투표 이후 시기, 적어도 세 시기로 구성되는데, 이렇게 구분해 두는 것이 도움이 된다. (특정 사례들을 바탕으로 이런 시기들의 지속 기간을 좀 더 정확하게 정의할 수 있지만, 이를 일반화해서는 그리 도움이 되지 않을 것이다. 따라서 이어지는 논의에서 각각의 지속 기간은 명시되지 않는다.)

투표 시기 동안 적어도 세 가지 조건이 어느 정도 존재하는지를 관찰할 필요가 있을 것이다.

1. 조직의 모든 구성원은 정해진 후보 대안들 사이에서의 선호를 표현하는 행동을 한다. 예를 들어, 투표.
2. 이렇게 표현된 선호(표)를 모아서 계산할 때, 각 개인의 선택에 주어지는 가중치는 동일하다.
3. 가장 많은 표를 받은 대안이 승리한 것으로 선언된다.

이들 세 가지 조건과 〈규칙〉의 관계는 자명하다. 선호를 표출하는 행위를 당연한 것으로 가정하면, 이들 조건은 투표 시기 동안 〈규칙〉을 운영하기 위한 필요충분조건으로 보인다.[4] 하지만 마찬가지로 자명한 점은 우리가 지금까지 핵심 질문들 중 첫 번째를 회피해 왔다는 것이다. 전체주의 체제에서의 국민투표는, 대부분의 서구 정치학자들이 민주적이라고 부를 국가들에서 일반 선거나 입법부를 통해 이루어지는 결정보다 이 세 가지 조건을 더 잘 충족할지도 모른다 — 그리고 분명 실제로 많은 경우 그랬다. 이 문제의 핵심은 우리의 첫 번째 질문, 즉, 개인적 선호의 표출이라고 볼 수 있는 행동은 무엇인가에 있다. 독재 정권에 지지표를 행사하는 농민은 자신이 생각하기에 선택 가능한 대안들 중에서 선호를 표출하고 있다고 정말 말할 수 없는가? 왜냐하면 아마도 그가 선택할 수 있는 대안은 독재 정권을 위해 투표하든지 아니면 시베리아로 유형을 가는 것이기 때문이다. 즉, 어떤 의미에서, 인간의 모든 결정은 그 행위자가 인식한 대안들 가운데 가장 선호하는 것을 의식적 혹은 무의식적으로 선택하는 것이라고 할 수 있다. 마찬가지로 미국에서 가장 부패한 도시의 정치 머신political machines• 도, 구역 담당자들이 투표함을 부정표로 채워 놓는다든가 득표수를 임의로 조작하는 경우를 제외하면, 종종 이 조건들을 충족하고 있다. 왜냐하면 정치 머신은 그 주위를 비양심적으로 어슬렁거리는 많은 사람들을 손쉽게 유혹할 수 있기 때문이다. 즉, 우리 후보에게 투표하면 돈 몇 푼을 손에 쥘 수 있지만 다른 쪽에 투표하면 아무 것도 없다는 식으로.

거칠게 얘기해서, 모든 경쟁적 정치의 본질은 정치인들이 유권자들을 매수하는 것이다. 그렇다면 우리는 어떻게 하면 소비에트 농민이나 매수된 부랑자의 투표를, 고가의 농산물 가격 유지를 약속한 후보자를 지지하는 농민, 법인세 인하 주창자를 지지하는 사업가, 혹은 매출세에 반대하는

• 19세기부터 20세기 초반까지 미국 지방 정치를 무대로 이권을 제공하고 그 대가로 지지표를 얻는 활동을 주로 했던 비공식 정치조직을 일컫는다. 정치 머신의 활동이 두드러졌던 시기는 산업화와 함께 이민자들이 미국으로 대거 유입되고 농촌인구가 급속히 도시로 이주했던 때로, 당시 도시의 행정 체계는 이에 적절히 대응할 만한 조건을 갖추지 못하고 있었다. 이런 상황에서 정치 머신은 이민자나 하층민에게 직장을 알선해 주거나 집세를 대신 흥정해 주는 등의 편의를 제공하는 대가로 선거에서 자신들을 지지해 줄 것을 요구했다. 이런 방식을 통해 정치 머신은 하층민이 정치에 참여할 수 있는 주요 통로 역할을 담당했다. 이들 정치 머신은 비민주적인 조직이었지만 최소한 유권자의 요구에 반응하고자 했으며, 부패했지만 거대 이익집단들의 요구를 통제하는 기능을 수행하기도 했다. 대표적인 정치 머신으로는 뉴욕의 태머니홀(Tammany Hall) 머신과 시카고의 데일리(Daley) 머신을 들 수 있다. E.E. 샤츠슈나이더 지음, 현재호·박수형 옮김, 『절반의 인민주권』(후마니타스, 2008), 28쪽 옮긴이 주.

후보에 표를 던지는 소비자의 그것과 구별할 것인가? 내 생각에 우리는 앞의 선호가 표출되는 것은 배제하지만 뒤의 선호는 포함하기를 바란다. 만약 앞의 선호를 배제하지 않으면 전체주의적 체제와 민주주의적 체제를 구별하는 의미가 없기 때문이다. 하지만 뒤의 선호를 배제하면, 민주주의는 물론이고 이와 비슷한 사례조차 찾을 수 없게 된다. 사실 뒤쪽에 해당하지 않을 사람이 민주주의 정치에 얼마나 있겠느냐는 점에서 말이다.

이는 세밀한 구분을 요하는 문제이지만, 관련 문헌들에서 많이 다루어지지 않은 것으로 알고 있다. 우리가 찾고 있는 구분 기준은 선택의 차이에서 생기는 보상이나 손실의 크기가 분명 아니다. 부랑자가 얻는 이익은 사실 얼마 되지 않으며, 거대 기업의 주주가 얻는 이득과 비교해 보면 눈에 띄지도 않는다. 만약 단순하게, 잘못된 선택 때문에 생길 수 있는 손실의 크기를 기준으로 삼는다면,5 러시아 농민이 인식했던 대안들 가운데 하나[시베리아로 유형을 가는 것]는 분명 인간의 몸과 마음이 견뎌 낼 수 없을 만치 가혹한 것임이 분명하다. 그러나 이와 비교할 때, 후보자를 선택하는 문제가 핵전쟁 아니면 냉전 평화라고 인식하는 서구 투표자들 또한 러시아 농민이 처한 곤경과 그리 동떨어진 상황은 아니다.

소비에트 시민의 투표를 선호의 표출로 받아들이는 데 있어서 우리가 주저하는 이유가 있다. 어떤 의미에서 외부 관찰자인 우리가 보기에 어쩌면 그가 선택할 수도 있을 대안들이 있지만, 실제로 그는 그런 모든 대안 가운데 선택하는 것이 용인되지 않기 때문이다. 만약 그가 이런 선택에 처해 있다고 해보자. 즉, 지배층의 후보들에 투표하는 x의 선택, 또는 지배층에 반대해 투표하고 나서 수용소에서 죽음을 경험하며 살게 되는 y의 선택이 그것이다. 그가 x를 y보다 선호하는 것은 어느 곳 어떤 선거에서 우리가 찾을 수 있는 어떤 선호만큼이나 진심이다. 그런데 그 시민이 어떤 처벌도 예상되지 않는 상황에서 지배층 후보에 반대해 투표하는 대안 z를 포함하도록 투표 대상이 되는 대안들을 짤 수 있다고 해보자. 이 경우 비록 이 일군의 대안들이 우리가 보기에는 전혀 완벽하지 않더라도 우리는 그 대안들 중에서 그가 선택한 결과를 받아들일 가능성이 훨씬 크다. 이제 우리는 그가 z를 x보다, x를 y보다 선호하기를 기대할지도 모른다. 그러나 만약 그가 고집스럽게 x를 z보다 선호한다면, 이 국민투표의 결과를 거부할 만한 합리적인 근거가 더 이상 우리에게는 없다. 그 결과가 위에서 제시한 세 가지 조건에 일치하는 한 말이다.

그렇다면 방금 우리가 논의한 것은 네 번째 극한의 조건, 즉 투표 시기에 제시될 대안들을 정하는 일을 관장하는, 투표 이전 시기에 어떤 조건이 반드시 있어야 하는지를 공식화할 수 있다.

4. 자신이 생각하는 일군의 대안들 가운데 적어도 하나는 곧 투표에 부쳐질 그 어떤 후보 대안들보다 낫다고 여기는 구성원이라면, 누구나 자신이 선호하는 대안(들)을 투표가 예정된 대안들에 추가할 수 있다.

조건 4를 추가해도 문제가 전부 해결되는 것은 아니다. 이렇게 가정해 보자. 어떤 투표자 집단이 x를 y보다, y를 z보다 선호하는 것으로 알려져 있다. 그런데 y를 z보다, z를 x보다 선호하는 A가 정보를 독점하고서 x가 선택 불가능하거나 타당하지 않다고 다른 투표자들을 설득한다. 그래서 아무도 x를 제안하지 않고 투표자들은 y를 선택한다. 네 가지 조건 모두가 준수되고 있지만, 우리 대다수는 이런 식의 정보 독점과 통제에 의해 관장되는 투표 이전 시기를 용인하지 않을 것이다. 따라서 투표 이전 시기에 작동하는 다섯 번째 조건을 반드시 확립해야 한다.

5. 모든 개인은 대안들에 대해 동일한 정보를 보유하고 있다.

아마도 세 가지 점이 언급될 필요가 있다. 만약 조건 4와 5가 너무 유토피아적이라 당황스럽다면, 우리가 현실 세계의 성취를 실제로 측정할 수 있게 하는 척도로서의 극한과 관련된 조건들을 찾고 있다는 점을 다시 상기할 필요가 있다. 더욱이 설사 조건 5가 완전하게 충족된다 해도, 투표자들은 만약 더 많은 정보를 가졌더라면 거부했을 대안을 선택할 수도 있다. 즉, 조건 5는 분명히 무한한 합리성을 보장하는 것은 결코 아니다. 기껏해야 이는 어떤 한 사람 혹은 한 집단의 정보 통제 때문에 선택이 조작된 적은 없다고 얘기할 수 있도록 해 줄 뿐이다. 마지막으로 조건 4와 5는 처음의 세 가지 조건만큼 쉽게 관찰될 수 없다는 점을 인정해야 한다. 현실에서 관찰자는 마지막 두 가지 조건의 존재와 관련해서 몇 가지 조잡한 지표들을 받아들일 수밖에 없을 것이다. 아울러 그러는 한, 우리가 애초 관찰 가능하리라 간주했던 극한의 조건들은 여전히 또 다른 관찰 가능한 어떤 현상들을 통해 해석할 수밖에 없다.

얼핏 봐서는 이들 다섯 가지 조건만 충족되면 〈규칙〉이 충분히 작동할 것이라고 생각할 수도 있다. 그러나 적어도 이론적으로, 어떤 정치체제는 투표 이전 시기와 투표 시기에 걸쳐 이들 조건이 실행되도록 허용하고는 그 결과를 간단히 무시해 버릴 수도 있다. 따라서 투표 이후 시기에 해당하는 최소한 두 가지 조건을 더 가정해야 한다. 이들은 아주 명백해서 따로 논의할 필요는 없다.

   6. 가장 많은 표를 받은 대안(지도자나 정책)이 더 적은 표를 받은 대안(지도자나 정책)을 대체한다.
   7. 선출된 공직자들의 지시는 집행된다.

 이상이 선거 단계에서 〈규칙〉이 최대한 작동되고 있다는 증거로 받아들일 만한, 대체로 관찰 가능한 극한의 조건들을 구성한다. 이는 다시 정치적 평등과 인민주권이 최대로 달성되고 있다는 증거로 여겨진다. 선거와 선거 사이 단계는 어떠한가? 만약 지금까지의 우리 주장이 옳다면, 선거와 선거 사이 단계에서 정치적 평등과 인민주권을 최대화하기 위해서는 다음 조건이 필요할 것이다.

   8.1. 선거와 선거 사이에 만들어진 모든 결정은 선거 시기에 이루어진 결정들보다 하위에 있거나 그 결정들을 보고 나서 집행 여부가 정해진다. 즉, 어떤 의미에서 선거는 지배적이다.
   8.2. 또는 선거와 선거 사이 기간 동안 새로운 결정은 앞서의 일곱 가지 조건들에 의거해서 만들어지는데, 단 이 조건들은 다소 상이한 제도적 환경하에서 작동된다.
   8.3. 또는 이 두 가지 모두.

IV

단 몇 명으로 구성된 조직이 아니고서야 이 여덟 가지 조건을 충족시킨 적이 있거나 충족시킬 수 있는 인간 조직은 결코 없다는 데는 논란의 여지가 없을 것이다. 물론 조건 2, 3, 6의 경우 여러 조직에서 꽤 완벽하게 충족되고 있긴 하다. 비록 미국에서는 정치 부패의 관행 때문에 때로는 이조차 제대로 지켜지지 않지만 말이다. 하지만 다른 조건들의 경우에는 기껏해야 대충 흉내를 내는 정도에 불과하다.

조건 1과 관련해, 분명 모든 인간 조직에는 정치적 결정에 참여하는 데 있어 중요한 편차가 있다. 그리고 이 편차는 미국의 경우 관심을 갖거나 참여하는 정도, 정치적 기량, 정치 자원에 접근할 수 있는 능력, 사회경제적 지위, 교육, 주거, 연령, 인종적·종교적 정체성, 그리고 많이 연구되지는 않았지만 몇몇 성격상의 특징 등의 변수와 기능적으로 관련 있는 것 같다. 잘 알려져 있듯이, 연방 선거의 경우 평균적으로 미국 전체 성인의 대략 절반 정도가 투표에 참여한다. 투표 외에 다른 활동도 하는 이들은 전체의 4분의 1 정도인데, 예를 들자면 이들은 자기 지역의 하원의원에게 편지를 보낸다거나, 선거운동에 기부를 한다거나, 자신의 정치적 견해를 택하도록 다른 이들을 설득하려고 한다.[6] 전국 단위의 한 여론조사를 보면, 1952년 선거에서 전체 성인의 11퍼센트만이 정당을 재정적으로 후원했거나, 정당 회합에 참석했거나, 특정 정당이나 후보를 위해 일했다. 그리고 특정 정당이나 후보자에게 투표하도록 다른 사람들을 설득해 본 사람은 27퍼센트에 불과했다.[7] 따라서 성공적인 정치 엘리트들은 투표에 참여하는 정치적으로 적극적인 시민들의 집단이 보일 반응을 예측하고 그 예측에 따라 설정된, 가끔씩은 엄밀하고 잘 정의되지만, 대개는 막연하고 개괄적인 한계 안에서 일한다. 이는 정치적 평등이 이미 그 공식 헌장에 규정되어 있는, 이를테면 노동조합 같은, 조직들에서도 거의 마찬가지다. 이들 조직에서는 엘리트들과 정치적으로 적극적인 구성원들이 전체 구성원에서 차지하는 비율이 심지어 더 낮은데도 말이다.[8]

내가 아는 그 어떤 조직에서도 조건 4는 충족되지 않는다. 이 조건에 가장 가까워지는 것은 아마도 규모가 매우 작은 집단들에서일 것이다. 우리가 조금이라도 데이터를 갖고 있는 모든 대규모 집단의 경우, 정보 전달 과정에 대한 통제력이 매우 불균등하게 배분되어 있어서, 투표에 부칠 대안을 정할 때 어떤 이들은 다른 이들보다 훨씬 큰 영향력을 가진다. 이를 어떻게 수량화해서 측정할 수 있을지 모르겠지만, 만약 측정할 수 있다면, 연방 선거에서 어떤 대안에 대해 논쟁하고 결정할지에 관해 [당시 미국의 언론 재벌이었던] 헨리 루스 씨가 나보다 천 배나 만 배 더 큰 통제력을 갖는다고 얘기해도 과언은 아닐 것이다. 이는 내가 아는 한 지금까지 결코 제대로 분석된 적이 없을 만큼 매우 어려운 문제이긴 하지만 대부분의 조직에서, 선택의 대상이 되는 대안을 통제하는 사람들의 숫자는 전체 구성원의 극소수에 불과하다고 예비적으로 추론해도 무방할 것이다. 심지어 가장 민주적인 조직이라 해도 그 규모가 큰 편이라면 마찬가지일 것이다.

거의 같은 주장이 조건 5에도 적용된다. 정치 엘리트들과 (소극적인 구성원들은 말할 것도 없고) 적극적인 구성원들 간의 정보 격차는 거의 항상 의심의 여지없이 매우 크다. 최근 들어 이 격차는 기술적 복합성이 증가하고 보안상의 규제가 급속히 확산되면서 중앙정부들에서 더욱 확대되고 있다. 조건 7은, 관료제를 연구하는 사람이라면 누구나 알겠지만,

여러 심각한 문제들의 근원이다. 그런데도 이 조건이 제법 충족되고 있다는 사실이, 우리가 객관적으로 각 조건의 달성 정도를 측정해 본 결과 중에서도 특히 신기할 따름이다.

선거가 시장처럼 언제나 열린다면 조건 8은 필요하지 않을 것이다. 하지만 선거는 정해진 시기에만 열린다. 선거와 선거 사이 기간에 정책 결정 과정에 가해지는 압력 또한 일종의 선거로 볼 수 있다는 주장도 가끔 있는데, 아무리 양보해도 그렇게 비유하면 큰 오해를 불러 올 수 있다. 자체적인 정교한 장치, 미리 규정된 법률 조항, 사법적으로 강제할 수 있는 기회를 갖고 있는 선거조차 (여러 다른 이유들뿐만 아니라) 여기에서 살펴본 이유들 때문에 정치적 평등과 인민주권을 실제로 최대화하지 못하고 있는데, 선거와 선거 사이 기간에 이루어지는 정치과정이, 이 목표들을 선거만큼이나 최대화한다고 주장하는 건 맞지 않다고 생각한다.

인간 조직은 이들 여덟 가지 조건에 의해 설정된 극한에 좀체 아니 어쩌면 결코 도달하지 못할 것이다. 그렇다면 이들 조건 각각을 연속선이나 눈금의 한쪽 끝이라 보고 그 위에서 어떤 조직이 어디에 위치하는지를 측정해 볼 필요가 있다. 아쉽게도 아직까지는 이 여덟 가지 조건들 중에 어떤 것이 얼마나 더 중요시되어야 하는지에 대해 알 방법이 없다. 하지만 그걸 몰라도, 만약 여덟 가지 조건 각각을 계량화할 수 있다면[9] 자의적이기는 하지만 제법 의미 있는 몇 가지 부류로 인간 조직을 나눌 수 있고, 이는 매우 유용할 것이다. 이 부류들에서 상위에 해당하는 조직들을 '다두제'polyarchies[10]라고 부를 수 있다.

하지만 방금 내가 말한 것은 아직까지 누구도 시도해 본 적이 없다는 점에서 향후를 위한 연구 계획에 불과하다. 따라서 여기에서는 간단히 다음 소견만을 제시하고자 한다. 조직들은 실제로 이 여덟 가지 조건의 최댓값에 얼마나 접근하는가에 있어 뚜렷한 차이를 보인다. 게다가 이 '다두제'에는 서구 정치학자들이 대개 민주적이라고 부를 만한 온갖 종류의 조직들이 포함된다. 예를 들어 미국, 영국, (아마 남아프리카공화국을 제외한) 영연방 자치령들, 스칸디나비아 국가들, 멕시코, 이탈리아, 프랑스와 같은 민족국가의 정부, 미국이나 캐나다의 주와 같은 지방 단위, 숱한 도시와 소도시, 몇몇 노동조합, 교사학부모 모임이나 여성투표자연맹의 지부들 혹은 일부 종교 집단들 같은 다수의 결사체, 그리고 몇몇 부족 공동체들도 포함된다. 결론적으로 다두제 조직은 그 수가 매우 많다. (평등주의적egalitarian 다두제 조직은 이보다 적거나 어쩌면 전혀 없을 수도 있다.) 백 개, 아니 천 개 이상일 것이다. 하지만 정치학자들은 그중에서도 아주 극소수만을 연구해 왔는데, 그것이 바로 모든 것을 통틀어 제일 어렵다는 민족국가의 정부들, 그리고 드물게는 그 하위 정부 단위들이다.

특정 유형의 다두제, 예컨대 민족국가와 노동조합은 너무 달라서 이들을 같은 부류에 포함시키는 것은 유용하지 않다고 성급하게 주장하는 사람도 있을 것이다. 하지만 우리가 그런 결론에 이를 만큼 충분한 정보를 갖고 있다고는 생각지 않는다. 어떤 경우든, 살펴볼 수 있는 사례들이 넘치도록 많다는 것을 고려할 때, 원칙적으로 우리는 다음 질문에 대답할 수 있어야 한다. 다두제가 존재하기 위한 필요충분조건은 무엇인가?

드디어 우리는 민주주의 이론을 구축하는 첫 번째 방법, 즉 1장에서 묘사한 '최대화의 방법'과 내가 '서술적 방법'이라고 불렀던 것이 여기에서 합쳐지는 것을 보게 된다. 우리는 인민주권과 정치적 평등을 가능한 한 최대화하기 위한, 현실에서의 필요충분조건들을 찾는 것에서 시작했었다. 〈규칙〉이 어떤 조직에서 채택되는 정도를 측정함으로써 이 질문에 대답할 수 있음을 우리는 알게 되었다. 그러나 〈규칙〉이 채택되는 정도를 측정하기 위해 우리는 제법 관찰 가능한 여덟 가지 조건을 세워야 했다. 우리는 먼저 이 조건들을 극한으로 해석했다. 즉, 현실 세계에서 달성되지 않거나 십중팔구 달성되기 어렵다고 보았다. 그런 다음 우리는 이를 여덟 개의 연속선 혹은 눈금의 최댓값으로 재해석했고, 따라서 측정에 사용할 수도 있다고 제안했다. 이제 우리는 앞 문단에서 했던 질문을 다음과 같이 바꿔야 한다. 우리가 최소한 다두제라고 부를 수 있을 만큼, 현실 세계에서 이 여덟 가지 조건이 존재하기 위한 필요충분조건은 어떤 것들인가? 이 질문에 대답하려면 현실에 존재하는 꽤 많은 조직들을 분류하고 연구해야 할 것이다. 이렇게 해서 우리는 최대화의 방법과 서술적 방법 간의 간격을 좁히게 된다.

V

이상의 연구 계획을 철저하게 실행해 내는 것은 이 글의 범위를 훨씬 넘어설 뿐만 아니라 아마도 현재 정치학의 범위조차 넘어서는 작업일 것이다. 그러나 이미 제법 입증된 몇 가지 가설을 제시해 볼 수는 있다.

우선 여덟 가지 조건들 각각은 규칙이나 (혹시 독자가 선호한다면) 규범으로 공식화할 수 있다. 예컨대, 조건 1에서 우리는 모든 구성원은 자신의 선호를 표출할 기회를 가져야 한다는 취지의 규범을 끌어 낼 수 있다. 만약 어떤 조직의 모든 구성원이 이 여덟 가지 조건을 규정하는 규범들에 반대한다면 이 조건들이 존재하지 않을 것임은 너무나도 자명하다.

달리 말해, 다두제의 정도는 이 규범들을 바람직한 것으로 받아들이는 정도와 관련이 있다. 만약 이 여덟 가지 기본 규범들에 대해 동의(합의)하는 정도를 측정할 수 있다면, 정치학 문헌에서 흔히 볼 수 있듯이, 다음과 같은 가설들을 세워 볼 수 있다.

1. 관련 규범에 대한 동의(혹은 합의)의 정도가 높을수록 다두제의 각 조건들이 좀 더 잘 갖추어진다.
2. 다두제는, 다른 모든 것이 동일하다면, 여덟 가지 규범에 대한 합의의 함수다.[11]

이는 그리 단순한 가설이 절대 아닌데, 이를테면 합의에는 적어도 다음과 같은 세 가지 차원이 있다. 동의하는 개인들의 숫자, 그들 신념의 강도나 깊이, 실제 행동이 신념과 일치하는 정도. 언뜻 보면 순수한 개념 정의 차원의, 혹은 그리 중요하지 않은 차이 같지만, 이에 대해 명확하게 살펴볼 필요가 있다. 왜냐하면 정치학자들이 이 가설들의 중요성을 오랫동안 찬양해 왔지만 흥미롭게도, 내가 아는 한 그 누구도 가설의 타당성을 예비적으로라도 확인하기 위해 필요한 경험적 데이터를 모은 적이 없기 때문이다. 8개 규범에 대한 동의가 이를테면 영국보다 독일에서 작다는 것을 입증할 만한 제법 간접적인 증거가 넘쳐 나지만, 우리의 핵심 가설들을 그렇게 안일한 증거에만 맡겨 두는 것은 매우 자의적인 태도로 보인다.

동의의 정도는 다시 가족, 학교, 교회, 회원 단체, 문학, 신문 등이 이 규범을 사회적으로 훈련하기 위한 다양한 과정들을 얼마나 채택하는지에 달려 있다. 이 과정들이 채택되는 정도가 측정될 수 있다면, 다음과 같이 가설을 세워 볼 수 있다.

> 3. 여덟 가지 규범들 각각에 대한 동의(합의)의 정도는 그 규범을 사회적으로 훈련하는 정도에 따라 증가한다.
> 4. 따라서 합의는 이 모든 규범에 대한 사회적 훈련의 총합과 함수관계를 갖는다.

또한 앞서의 가설들로부터 당연히 다음이 따른다.

> 5. 다두제는 이 모든 규범에 대한 사회적 훈련의 총합과 함수관계를 갖는다.[12]

합의의 개념처럼, "훈련"training이라는 변수도 매우 복잡한 개념이다. 적어도 훈련을 긍정적이거나 보충적인, 양립적인(혹은 중립적인), 부정적인 것으로 구분할 필요가 있다. 전부는 아니더라도 대부분의 다두제적 조직과 추측컨대 여러 위계적 조직에서 이 세 가지 훈련 모두가 이루어지고 있다고 보는 것이 당연해 보이는데, 이에 대한 믿을 만한 연구는 아주 미미하다.[13]

그래도 원론적인 차원에서 훈련과 다두제의 관계에 대해 계속 논의할 수 있다. 이렇게 생각해 보자. 왜 어떤 사회조직은 규범을 광범위하게 훈련시키고 다른 조직들은 거의 혹은 전혀 하지 않는가? 역사적인 경험이 천차만별이다 보니 맞는 답변을 찾기 어렵지만, 다음과 같은 꽤 유용한 부속 가설이 떠오른다. 즉, 이들 규범에 대한 훈련이 이루어지는 정도는 정책 대안들 중에서 무엇을 선택할지에 대한 동의의 정도와 무관하지 않다.[14] 정책으로 무엇을 선택할지에 대한 동의가 적으면 적을수록 어느 조직이든 구성원들에게 여덟 가지 규범을 훈련시키기가 점점 어려워질 것이다. 왜냐하면 이 규칙들을 운용할 때 일부 구성원은 이익을 얻지만, 또 어떤 이들은 심한 제약을 받을 것이기 때문이다. 만약 이 규칙들의 적용이 상대적으로 많은 이들에게 가혹한 결과를 가져온다면, 이 때문에 고통 받는 이들은 규칙들에 반대할 것이며, 그것을 훈련하는 데 저항할 것이다. 따라서

6. 여덟 가지 규범에 대한 사회적 훈련은 정책 대안들 가운데 어떤 대안을 선택할지에 대해 합의 혹은 동의하는 정도에 따라 증가한다.

가설 5와 6으로부터 다음 가설이 도출된다.

7. 정책 대안에 대한 합의가 클수록 다두제의 조건이 더 잘 갖추어진다.

덧붙여 가설 6은 가설 4의 역도 참이라는 것을 시사한다. 규범에 대한 사회적 훈련이 얼마나 잘 되는가 자체는 규범에 대해 이미 얼마나 동의하고 있는가에 달려 있음을 예상할 수 있다. 규범들에 대한 의견의 차이가 클수록, 사회적 훈련의 수단들 중 몇몇(특히 가족과 학교)은 서로 충돌하는 규범들을 함께 가르칠 가능성이 커진다. 따라서 사회적 훈련과 합의의 관계는 닭이 먼저냐 달걀이 먼저냐 하는 문제와 같다. 그러므로

8. 여덟 가지 규범 각각에 대한 사회적 훈련의 정도 역시 그 규범에 대한 동의의 정도에 따라 증가한다.

때때로 혼동을 불러일으키는 것이 다두제와 사회적 다양성의 관계다. 이런 얘기를 자주 듣는다. "민주주의는 의견의 다양성을 필요로 한다." 분명히 실제 인간 사회에는 의견의 다양성이 존재하기 마련이고, 모든 구성원이 모든 정책에 항상 동의하는 사회는 존재하지 않는다. 바로 이 때문에 모든 사회조직은 갈등을 해결하기 위한 (그것이 얼마나 원시적이든 상관없이) 방법을 가져야 한다. 심지어 모든 인간 조직에서 목표를 둘러싼 갈등은 불가피하기 때문에, 인류의 복지(만일 이 용어가 적절하게 정의될 수 있다면)를 최대화하기 위해 다두제가 반드시 필요하다고 주장될 수도 있다. 많은 사람들은 다양성 그 자체가 미적·감성적·지적 가치를 갖는다고까지 막연하게 주장한다. 또는 존 스튜어트 밀이 주장했듯이, 어느 정도 의견의 다양성은 정책 대안들에 대한 합리적 계산을 위한 필수 조건일지 모른다. 그러나 이런 주장들 각각은 분명, 의견의 다양성 혹은 목표를 둘러싼 갈등이 다두제의 필수 조건[15]이라는 주장과는 다른 얘기다. 만약 지금까지의 우리 논의가 옳다면 다두제가, 여덟 가지 기본 규범의 타당성에 대해서나 특정 공공 정책들에 대한 이견을 필요로 한다는 것은 전혀 참일 수 없기 때문이다. 어찌 되었든 다두제와 다양성 간의 관계는 간단한 것이 아니다.

미국에서 우리는 역사적으로 필연적이었던 것들을 고결한 것으로 찬양해 왔다(계속 그러기를 나는 희망한다). 그래서 [미국의 인종적 다양성 같은] 다양성을 고결한 것으로 보는 것은 당연하지만 그런 관점이 이 중요한 사회적 관계에 대한 우리 시각을 흐리게 해서는 안 된다. 그렇다면 미국의 전통적인 관점에는 이와 관련된 언급이 없을까? 자주 인용되는 매디슨의 『페더럴리스트』 10번 논설에 나오는 가설은 어떨까?

> 범위를 확대하면 엄청나게 다양한 당파와 집단이 들어오게 되고, 다른 시민의 권리를 침해하려는 동기를 전체 중의 다수파가 공통으로 갖게 될 개연성은 아주 희박해질 것이다. 또는 만일 그런 공통의 동기가 존재하더라도, 그것을 가진 사람들 모두가 자신들의 힘을 발견하고 서로 일치단결해 행동하기가 더 어려워질 것이다.

다양성과 민주주의 간에 어떤 관계가 존재한다면, 그 관계에 대한 질문과 씨름하기 위해, 우리는 두 가지 꽤 상이한 범주 혹은 (내가 선호하는 이해 방식으로는) 연속선을 조심스럽게 구별해 볼 필요가 있다.

(a) 하나는 목표에 대한 동의와 의견 불일치를 잇는 연속선이다. 나아가 정치적 목표에 대한 동의와 비정치적 목표에 대한 동의를 구별해야 한다. 개인들이 정부16를 움직여서 추구하거나 저지하려는 것은 모두 정치적 목표에 해당된다. 가설 1부터 5에서 사실상 우리는 두 가지 종류의 정치적 목표를 구분해 왔다. 즉, 여덟 가지 기본 규범으로 구현된 목표 그리고 정책 목표. 지금까지의 주장은, 다두제는 두 종류의 정치적 목표 모두에 대해 상대적으로 높은 수준의 동의를 요구한다는 것이다.

(b) 또 다른 하나는 자율성과 통제를 잇는 연속선이다. 그 자신의 정책이 외부에 있는 개인들에 의해 통제되지 않는 만큼 그 집단은 자율적이다.

사실상 매디슨의 주장은 다음과 같다. 집단의 자율성이 높고 목표에 대한 의견의 차이가 클 때 이는, 우리가 생각할 수 있는 어떤 다수가 됐든 정부 정책을 통제하는 그들의 능력을 제한할 것이다. 그러나 우리처럼 〈규칙〉의 존재를 최대화할 수 있는 조건들에 관심이 있다면, 이는 그리 만족스런 답변이라 할 수 없다. 그러므로 우리는 매디슨의 주장을 재구성할 필요가 있다. 매디슨이라면 나보다 훨씬 우아하고 설득력 있고 정확하게 재구성해 냈을 테지만, 어쨌든 그가 내 분석에 이견을 제기하리라 생각지 않는다.

두 집단을 상상해 보자. 집단 A는 정책 x를 정책 y보다 선호하며, 집단 B은 y를 x보다 선호한다. 한 집단이 완전한 사회적 자율성을 갖는다는 것은 (개념 정의상) 외부의 그 어떤 개인이나 집단으로부터 전혀 통제받지 않는 것을 의미한다. 이제 만약 집단 A와 집단 B가 모든 정책에 있어 서로 완전히 자율적이라면, 그들 간에는 어떤 통치 관계도 존재하지 않으며, 따라서 그들은 동일한 다두제의 구성원일 수 없다. 이런 예외적인 조건에서는, 그들 간의 의견 차이로 인한 어떤 정치적인 문제도 발생하지 않을 것이다.[17] 이번에는 반대로 집단 A와 B의 구성원들이 x와 y를 포함하는 어떤 선택에서도 전혀 자율적이지 않다고 가정해 보자. 그래도 원칙적으로는 이들 간에 다두제가 가능하기는 하다. 다시 말해, x인가 y인가라는 문제를 해결하기 위해 〈규칙〉이 적용될 수도 있다. 여러 가지 반론이 가능하지만 일단 제쳐 두고, 자율성이 전혀 없고 x와 y에 대한 의견 차이가 매우 강한 이슈, 예컨대 사회구조와 이데올로기의 가장 본질적 요소들과 관련된, 노예제와 같은 문제를 생각해 보자. 이런 경우, 가설 4와 관련해 시사되었듯이, 다두제에 필수적인 여덟 가지 기본 규범에 대한 동의와 훈련은 틀림없이 급격하게 감소될 것이다. 다시 말해, 목표에 대한 의견 불일치, 그리고 이에 자율성의 부재가 더해질 때 다두제는 침식된다.

그러나 만약 두 집단이 적어도 x와 y 사이에서 선택할 때 서로부터 자율적이라면, 이때의 결정은 더 이상 다두제의 장치를 사용해야 하는 정치적인 결정이 아니다. 이는 종교적 관용처럼 비정치적인 문제가 되며, x와 y 사이에서 어떤 결정이건 다두제의 필수 기본 규범들에 대한 높은 수준의 동의 및 훈련과 양립할 수도 있다. 따라서 우리는 다음과 같은 가설을 만들 수 있다.

일정 수준을 넘어, 한 사회조직 내에서 정책에 대한 이견이 첨예해질수록, 그리고 이견을 가진 사람들이 전체 인구에서 차지하는 비중이 커질수록, 어떤 수준의 다두제든 그것이 존재하기 위해 필요한 사회적 자율성의 양이 커진다.

그런데 동의의 정도는 어떤 조직에서든 정치적 활동의 정도와 완전히 분리해서 생각할 수 없다. 다두제의 조건 가운데 몇몇(조건 1, 4, 5)이 충족되는 정도 역시 구성원들의 정치적 활동, 즉 일반 선거와 예비 선거에서 투표하고, 선거운동에 참여하며, 정보를 획득해 퍼뜨리고 선전하는 정도를 말한다. 따라서 개념 정의상,

9. 다두제는 구성원들의 정치적 활동의 함수다.[18]

정치적 활동과 관련된 변수들에 대해서는 지금도 많이 알려져 있지만, 이 관계들에 대한 꽤 정확한 설명들이 향후 10년 동안 쏟아져 나올 것이다. 현재 우리가 아는 바로는 (적어도 미국에서는) 정치적 활동이 소득, 사회경제적 지위, 교육과 같은 변수들과 상당히 높은 정관계를 갖고 있다. 또한 신념 체계, 기대, 성격 구조와도 복합적인 방식으로 관련된다. 매디슨과 그의 동료들이 매우 두려워했던 사람들, 즉 무지하고 재산이 없는 대중이, 잘 교육받고 부유한 사람들보다 정치적으로 훨씬 소극적이라는 사실을 우리는 이제 잘 알고 있다. 가난하고 교육 받지 못한 이들은 이처럼 정치적으로 수동적인 경향 때문에 스스로 선거권을 박탈하고 있다.[19] 그들은 또한 선거운동, 선거, 입법 결정, 행정상의 결정에서 매우 중요한 조직·재정·선전 상의 자원에 접근하기가 부자들보다 어렵다. 따라서 매디슨의 무산대중에게 정부 정책에 대한 동등한 통제권 행사 같은 것은 삼중으로 막혀 있다. 즉, 이들의 수동적 성향, 자원 접근에 대한 제약, 그리고 매디슨이 세밀하게 고안해 놓은 헌법상의 견제 장치가 이들을 막아서고 있다.

VI

그런데 이는 우리 정치학자들이 다른 사회과학자들의 도움을 받아 탐구할 필요가 있는 관계들 가운데 일부이며, 결정적 관계들 가운데서도 단 몇 가지에 지나지 않는다는 데 거의 이의가 없을 것이다. 예컨대, 한 사회에서 가능한 정치적 평등의 정도와, 소득·재산·지위 및 조직적 자원에 대한 통제권의 배분 상태 사이에는, 복잡하긴 하지만 분명 어떤 관계가 존재한다. 게다가 다두제의 정도와 조직 구성원들의 성격 유형 분포에도 어떤 관련이 있음이 점차 밝혀지고 있어서, 근래 권위주의적 성격 유형이나 민주주의적 성격 유형에 대해 꽤 논의되고 있다. 하지만 이 이론상의 유형과 이들이 실제로 여러 사회에 어떻게 분포되어 있는지에 대한 현재까지의 연구는 여전히 매우 단편적이라, 다두제와 특정 성격 유형의 존재 여부 간에 높은 상관관계가 확인되었다고 말하기에는 너무 이른 것 같다. 하지만 앞에서 언급한 기본 규범들에 대한 사회적 훈련의 효능은 그 개인의 가장 깊숙한 곳에 있는 성향에 따라 어느 정도 달라지는 것이 분명하다.

어떤 사회적 조건들이 어떤 정치 질서를 낳는가에 대한 관심은 정치에 대한 고민만큼이나 오래된 것이라, 이 장에 실린 가설들이 새로운 주장이라고 할 수는 없다. 나는 그저 흔히들 하는 것보다 때로 좀 더 엄밀하게, 소크라테스부터 현재에 이르기까지 여러 정치학자들이 암시하고 추론한, 혹은 많은 경우 뚜렷하게 밝힌 일군의 명제들을 펼쳐 보였을 뿐이다. 그렇지만 다두제 이론이 설사 매디슨주의적 민주주의 이론이나 민중민주주의 이론과, 정도의 차이에 불과하다 해도 어떻게 다른지 정리해 보는 것이 유용할 것 같다.

매디슨이 주창하는, 다수 권력과 소수 권력 사이의 타협은 대체로 다수의 행동에 대해 헌법상 제약이 존재하는지에 달려 있다. 매디슨의 이론과 달리, 다두제 이론은 주로 민주적 질서를 낳는 입헌상의 선결 조건이 아니라 사회적 선결 조건에 초점을 맞춘다. 이는 정도의 차이다. 우리가 보았듯이, 매디슨은 그의 비전제적 공화정을 위해 필수적인 사회적 조건에 무관심하지 않았다. 하지만 분명히 그의 주된 관심은 사회적 통제보다는 헌법상의 통제에, 사회적 견제와 균형보다는 입헌상의 견제와 균형에 있었다고 말하는 것이 맞을 것이다. 어쨌거나 헌법제정회의는 헌법을 설계해야 했을 뿐 사회를 설계할 수는 없었다. 헌법제정회의의 참석자들은 인간 본성과 사회구조를 대체로 당연시했다. 그들은 자신들의 임무가 인간 본성과 사회구조뿐만 아니라 자연권, 특히 상층계급과 소수의 자연권을 존중하는 공화정이라는 목표와도 거의 완전히 조화를 이루는 헌법을 만드는 것이라고 해석했었다.

그러나 헌법제정회의나 그 결과물에 대한 신격화 때문에 미국식 사상이 갖게 된 성향이, 민주주의의 필요조건을 현실적이고 정확하게 사고하는 데 방해하고 있다는 나는 믿는다. 섬터 요새·가 함락되던 바로 그 순간까지 북부와 남부 간의 분쟁이, 몇 안 되는 중요한 예외가 있긴 했지만 거의 전적으로 헌법의 해석을 둘러싸고 진행되었다는 점은 의미심장하다. 드레드 스캇Dred Scott 판결··의 비극은 그 판결의 결과도 있지만 그 판결이 드러냈던 [헌법을 통해 심대한 갈등을 해소할 수 있으리라는] 심리상태였다.

우리는 입헌상의 견제와 균형이 필요하다고 믿도록 교육받았기 때문에, 사회적 견제와 균형에 대해서는 별 신뢰를 갖지 않는 편이다. 또한

· 미국 남부의 노예 소유주들이 연방으로부터의 독립을 선언한 후 최초의 무력 갈등이 1861년 사우스캐롤라이나 주의 섬터 요새(Fort Sumter)에서 있었다. 이 요새가 남부군에게 함락되면서 미국 남북전쟁이 사실상 개시되었다고 할 수 있다.

·· 1857년 미 대법원은 노예에서 해방된 흑인이라도 미국 국민으로 볼 수 없다고 판결했는데, 이는 4년 후 미국 남북전쟁의 한 원인이 되었다. 1865년 북부 주들이 승리한 후 헌법을 개정함으로써 이 판결을 무력화시켰다.

다수와 소수를 제약하는 입헌적 권력분립의 효능은 높이 평가하지만, 사회적 권력분립이 가하는 제약의 중요성은 자주 무시한다. 그러나 다두제 이론이 어느 정도 타당하다면, 특정한 사회적 선결 조건들이 존재하지 않는 한 입헌적 장치들을 통해 비전제적 공화정을 만들어 내는 것은 불가능하다고 생각할 수밖에 없다. 수많은 라틴아메리카 국가들의 역사가 이를 충분히 증명하고 있다고 나는 생각한다. 그 반대로 민주주의를 강화하는 데 있어 어떤 특정한 입헌적 설계보다 사회적 선결 조건 가운데 하나가 심화되는 것이 훨씬 더 중요할 수도 있다. 소수의 전제든 다수의 전제든 정치학자들이 주목해야 할 우선적이고 결정적인 변수는 입헌적인 것이 아니라 사회적인 것임을 다두제 이론은 시사한다.

앞 장에서 살펴보았던 민중 민주주의 이론은 [이론적 개념들과 그들 간의 관계를 논리적·수학적으로 푼다는 의미에서] 형식 이론적formal이고 공리적이지만 현실 세계에 대한 정보를 담고 있지 않다는 것을 알 수 있었다. 정치적 평등과 인민주권의 완벽한 달성은 개념 정의상 오직 다수 지배의 원칙을 통해서만 가능하다는 주장은 전혀 쓸모없지는 않지만 그렇다고 크게 도움이 되는 것도 아니다. 왜냐하면 우리가 (정치적 평등에 관심이 있다면) 진심으로 알고 싶은 것은, 현재 조건하에서 그리고 현실에서 정치적 평등을 극대화하기 위해 무엇을 할 수 있는가이기 때문이다.

만약 무의미한 사실들이나 이에 따른 진부한 경험 논리에 빠지지 않고 복잡다단한 현실 세계를 이해하고 싶다면, 엄청나게 혼란스러운 수많은 사건을 정돈하는 데 도움이 될 이론이 필요하다. 다두제 이론은 민주주의에 대해 흔히 알려진 사실들을 불충분하고 불완전하게나마 재조합해 본 것이다. 그래도 이는 무질서와 동어반복 사이 어디쯤에선가 언젠가는 정치적 평등에 대한 만족할 만한 이론을 구축할 수 있으리라는 믿음으로 고안되었다.

부록

A. 다두제의 개념 정의상 특징들

다두제는 다음 조건들이 상당히 높은 수준으로 존재하는 정치체제라고 대략 정의된다.

투표 시기:
1. 조직의 모든 구성원은 정해진 후보 대안들 사이에서의 선호를 표현하는 행동을 수행한다. 예를 들어, 투표.
2. 이렇게 표현된 선호(표)를 모아서 계산할 때 각 개인의 선택에 주어지는 가중치는 동일하다.
3. 가장 많은 표를 받은 대안이 승리한 것으로 선언된다.

투표 이전 시기:
4. 자신이 생각하는 일군의 대안들 가운데 적어도 하나는 곧 투표에 부쳐질 그 어떤 후보 대안들보다 더 낫다고 여기는 구성원이라면, 누구나 자신이 선호하는 대안(들)을 투표가 예정된 대안들에 추가할 수 있다.
5. 모든 개인은 대안들에 대해 동일한 정보를 보유하고 있다.

투표 이후 시기:
6. 가장 많은 표를 받은 대안(지도자나 정책)이 더 적은 표를 받은

대안(지도자나 정책)을 대체한다.
7. 선출된 공직자들의 지시는 집행된다.

선거와 선거 사이 단계 동안 :

8.1. 선거와 선거 사이에 만들어진 모든 결정은 선거 시기에 이루어진 결정들보다 하위에 있거나 그 결정들을 보고 나서 집행 여부가 정해진다. 즉, 어떤 의미에서 선거는 지배적이다.
8.2. 또는 선거와 선거 사이 기간 동안 새로운 결정은 앞서의 일곱 가지 조건들에 의거해서 만들어지는데, 단 이 조건들은 다소 상이한 제도적 환경하에서 작동된다.
8.3. 또는 이 두 가지 모두.

B. 다두제의 측정

다두제를 계량적으로 측정할 척도를 얻기 위해, 이 여덟 조건 각각이 우리가 원칙적으로 직접 세어 볼 수 있는 어떤 구체적인 행동을 지칭한다고 간주할 수 있다. 이렇게 직접 세어 볼 수 있다면, 이 조건들을, 이를테면 100번에 몇 번과 같은 과거 빈도수나, 혹은 0에서 1 사이의 확률로 표현되는 미래의 예상 빈도수에 관한 진술로 전환할 수 있을 것이다. 따라서 조건 1은 이런 진술로 바꿀 수 있다. 다두제는 다음 변수의 함수다. 즉, 투표에 부쳐질 후보 대안들에 대한 자신의 선호를 행동으로 표현하는 전체 구성원의 비율(혹은 무작위로 선택된 구성원들이 그렇게 할 확률). (이 비율은 P_1으로 표시된다.) 그런데 이 조건 1의 경우, 대부분의 조직은, 의심의 여지없이 일반적으로 선호의 지표로 활용되는 행동인, 투표에 참여하는 정도에 대한 풍부한 자료를 갖고 있다는 점에서, 마침 손쉽게 이런 계량적 진술로 바꿀 수 있었다. 하지만 안타깝게도 이 여덟 가지 조건을 쭉 살펴보면 많은 문제점이 드러난다. 몇몇 조건은 이들에 대한 기존의 지식이 선거의 경우처럼 계량화되어 있지도 않고 그럴 것 같지도 않다. 예컨대, 조건 7과 관련한 빈도분포표는 존재하지 않을뿐더러 그 빈도를 측정해 보려는 시도조차 매우 어려울 것임이 분명하다. 이런 경우에는 관찰자 자신이 빈도나 확률을 직관적이고 다소 자의적인 방식으로 부여해야 할 것 같다. 게다가 이 조건들 가운데 몇몇은 결코 간단하지 않아서 그 내부의 복잡함을 무시하고 계량치를 단순 비교하는 것은 의미가 없을 것이다. 예를 들어, 조건 2에서 우리는 어떤 표나 투표자가 더 가중치를 받게 되는 빈도나 확률 그 이상까지도 고려하고 싶을 것이다. 최근까지도 영국에서는 (대학 졸업장을 가지고 있다든지 혹은 거주지와 다른 선거구에 사업체를 가지고 있다는 이유로) 약 37만5000명의 투표자들이 추가 표를 행사했고, 따라서 조건 2는 분명 선거 때마다 위반되었다고 할 수 있다. 그러나 전체 유권자의 크기를 고려할 때 이는 상대적으로 가벼운 위반인데, 1945년의 경우 추가 표를 가졌던 이들이 전체 유권자의 1.2퍼센트에 불과했기 때문이다. 그래도 이런 점 때문에 조건 2를 측정할 때, 지나치게 가중치를 받은 표나 투표자의 비율뿐만 아니라 상대적으로 어떤 가중치가 부과되었는지 모두를 분명 고려하고 싶을 것이다. 그런 요인까지 고려해서 척도를 설계하는 것이 가능할 수도 있다. 하지만 그렇게 설계할 수 있겠다고 내가 처음에 생각했던 여섯쯤 되는 조건들 모두가 결국 이런 저런 점에서 결점이 있는 것으로 판명 났다는 사실을 지적하고 싶다. 따라서 우리가 할 수 있는 최선은 아마 다음과 비슷할 것이다.

$$P_2 = 1 - \frac{\sum_{i=1}^{K} |\overline{W} - W_i| N_i}{\sum_{i=1}^{K} W_i N_i},$$

여기에서 W는 그 표의 가중치, N은 그 특정 표를 가진 시민이나 투표자의 수, $\overline{W}$는 가중 평균한 표이다. 이 공식은 가중치 간의 차이가 커지면 0에 가까워지고, 모든 시민이 동일한 가중치의 표를 가진 경우에는 1에 가까워지는 값을 만들어 낼 것이다. 위에서 언급한 영국의 경우에는, 그 결과가 약 0.98이 될 것이다.

조건 4와 5를 앞서와 같이 해 보는 것은 심지어 더 어려운데, 이 조건들이 전체적으로 충족되는지 아닌지를 간파하기는 아주 손쉬운 반면, 아마도 그리고 실제로 십중팔구 상이한 현상들을 그 연속선 위에서 비교해 나열하기란 너무나도 어려울 것이기 때문이다. 말할 것도 없이, 그렇게 나열한 데에 계량치를 부과하는 것은 더욱 어려울 것이며 사실 터무니없는 일이라고도 할 수 있다.

C. 다두제와 그 전제 조건들에 관련된 가설 함수들의 요약

다음 함수들의 구체적인 그래프 모양은 알려져 있지 않지만, 다른 모든 조건이 같을 때, 종속변수는 독립변수의 양의 증가함수라고 가정된다. 그렇다면 ↑ 기호가 이 관계를 나타낸다고 하자.

(1) P_1이 다두제를 정의하는 특징들 중 하나이고, G_1이 그 특징에 맞는

규범에 대한 합의일 때, 이는 $P_1 \uparrow C_1$라고 표현할 수 있다. 다른 각각의 조건들도 다음과 같이 표현된다.

$$P_2 \uparrow C_2$$
$$\cdots\cdots$$
$$P_8 \uparrow C_8$$

(2) X를 다두제를 가능하게 하는 모든 여타의 전제 조건이라고 할 때, $P \uparrow (C_1, C_2 \ldots C_8, X)$.

(3) S_1를 그 규범에 대한 사회적 훈련이라 하면, $C_1 \uparrow S_1$. 다른 조건들도 다음과 같이 표현된다.

$$C_2 \uparrow S_2$$
$$\cdots\cdots$$
$$C_8 \uparrow S_8$$

(4) $C \uparrow (S_1, S_2 \ldots S_8, X)$

(5) 이상에서 $P_1 \uparrow S_1$, $P_2 \uparrow S_2$ 등으로 이어지고, 그렇다면,

$$P \uparrow (S, X)$$

(6) C_a를 정책 대안들에 대한 합의라고 하면, $S \uparrow C_a$.

(7) $P \uparrow C_a$

(8) $S_1 \uparrow (C_a, C_1)$ 이며,

$$S_2 \uparrow (C_a, C_2)$$
$$\cdots\cdots$$
$$S_8 \uparrow (C_a, C_8)$$
이고 따라서
$$S \uparrow (C_a, C_1, C_2 \ldots C_8)$$

(9) A를 정치적 활동이라고 할 때, $P \uparrow (A, X)$.

(10) $P \uparrow (C_a, C_{1-8}, S, A, X)$

D. 다두제를 분류하는 한 가지 방식

1. 다두제는 여덟 조건 모두에서 0.5 이상을 얻는 조직으로 정의한다.
1.1. 평등주의적 다두제는 여덟 조건 모두에서 0.75 이상을 얻는 다두제로 정의한다.
1.2. 비평등주의적non-egalitarian 다두제는 여타의 모든 다두제로 정의한다.
2. 위계 정치hierarchies는 여덟 조건 모두에서 0.5 미만을 얻는 조직으로 정의한다.
2.1. 과두정치oligarchies는 몇몇 조건에서 0.25 이상을 얻는 위계 정치로 정의한다.
2.2. 독재정치dictatorship는 어떤 조건에서도 0.25를 얻지 못한 위계 정치로 정의한다.
3. 혼합 정치는 나머지 정치체제들, 다시 말해 적어도 하나의 조건에서는 0.5 이상을 얻지만 적어도 하나는 0.5 미만을 기록하는 조직으로 정의한다.

E. 동의와 정치적 활동 간의 관계에 대하여

내가 아는 한, 동의와 정치적 활동이 어떤 관계를 갖는지 그리고 앞에 있는 가설 (2), (7), (10)에 있는 변수들 간에는 어떤 관계가 있는지에 대한 믿을 만한 연구는 거의 없다. 프랜시스 윌슨 같은 이는 정치적 활동이 정책 대안에 대한 동의와 역관계를 갖는 경향이 있다고 주장했

다.[20] 기호로 표현하면

(11) $A \uparrow - C_a$

만약 우리 가설 (9)가 옳다면, 이로부터 다음이 따른다.

(12) $P \uparrow - C_a$

그러나 분명히 (7)과 (12)가 모두 사실일 수는 없는데, 왜냐하면 다두제가 합의 정도에 따라 함수 값 전체에 걸쳐 증가하면서 동시에 감소하기란 불가능하기 때문이다.

윌슨의 가설이 경험적 증거에 의해 뒷받침되지 않을뿐더러 오히려 그 반대가 더 잘 맞는다는 것을 V. O. 키의 연구가 잘 보여 준다고 생각한다. 따라서 성인 인구의 90퍼센트가 총선에서 투표하곤 하는 뉴질랜드가 50~60퍼센트만 투표하는 미국보다 합의 수준이 낮다고 주장하는 것은 합리적일 수 없다.

그렇긴 하지만 이렇게 생각해 볼 수도 있겠다. 어떤 특정한 국가나 다른 사회조직 내부에서 정치적 활동의 정도와 정책 대안들에 대한 의견 차이의 정도 간에는 시간이 흐름에 따라 식별 가능한 모종의 관계가 형성될 수도 있다라고. 단 두 가지 대안만 있는 가상의 상황에서, 가장 단순한 관계는 〈그림 3-1〉과 유사할 것이다.

물론 이렇게 직선으로 그은 것은 임의로 그런 것이고 곡선이 될 수도 있는데 그렇더라도 그 기울기가 항상 양인 한, 합의의 증가이든, 정치적 활동의 증가이든 다두제의 증가와 연결될 것임이 분명하다. 이제 합의가 매우 낮은 곳에서는, 즉, 그 어떤 대안에도 거의 합의하지 못하고 따라서 어떤 대안도 성취하기가 매우 어려운 곳에서는, 무관심이 나타날 수 있다고 당연히 생각할 수 있다. 마찬가지로, 합의가 매우 높은 곳에

그림 3-1

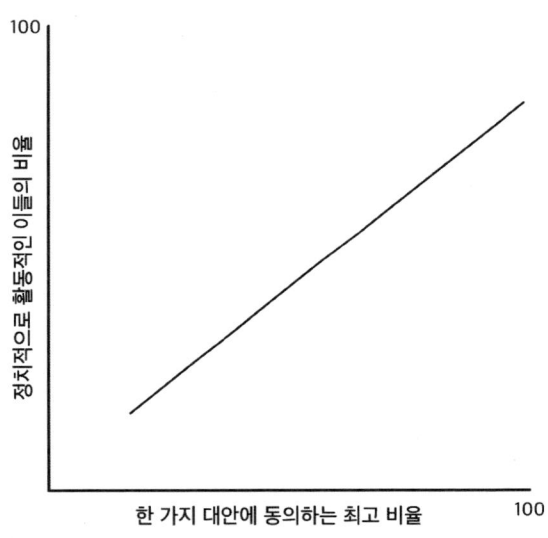

서는 다수 개인들이 투표할 필요성이나 다른 방식으로 정치적 결정에 영향을 행사할 필요성을 거의 느끼지 않을 것이다. 만약 이 추측이 옳다면, 〈그림 3-2〉에서처럼 어떤 순간까지는 동의가 증가하면 활동도 함께 증가하다가 그 이후에는 감소할 것이라고 예측할 수 있다.

[〈그림 3-2〉를 보면] A에서 B 구간에서는 아무 문제도 일어나지 않는다. 그러나 B에서 C로 갈 때, 정치적 활동은 정책에 대한 동의가 증가함에 따라 감소한다. 그런데 정치적 활동이 감소한다는 것은 P_1, P_4, P_5의 값이 떨어질 것임을, 즉, 다두제가 감소할 것임을 의미한다. 그러나

그림 3-2

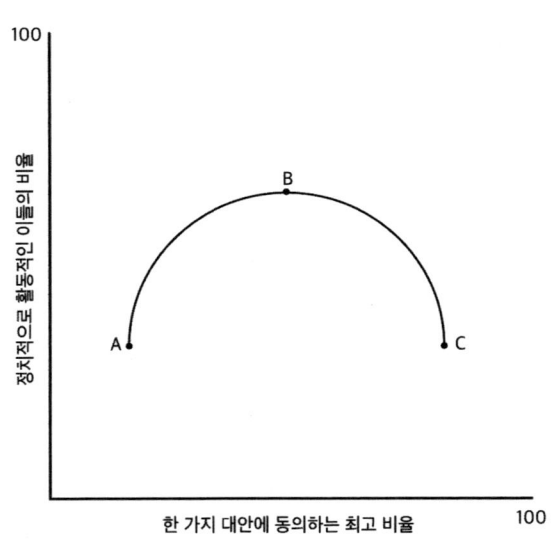

가설 (7)에 따르면 다두제는 증가하는 경향을 띨 것이다.

자료가 더 충분하다면 이런 모순이 해결될 수도 있을 것이다. 우선 다양한 함수들이 적용되는 정의역domain, 定義域의 범위를 특정하고, 다음으로는 이 가설들에서는 간과되고 있지만 분명 큰 중요성을 갖는 시간이라는 요인을 도입해 볼 수 있다. 이를테면 동의의 증가나 감소가, 사회적 훈련이 증가하거나 감소할 때는 천천히 나타나는 반면, 정치적 활동에서는 훨씬 더 빨리 나타날 수도 있다. 마지막으로, 이 관계가 그럴 필요는 없지만 혹시 역전 가능한지에 대해서도 알아볼 수 있다. 동의의 증가는 정치적 활동을 감소시킬 수도 있지만, 동의의 감소가 정치적 활동을 증가시키는 양만큼은 아닐 수도 있다. 하지만 부족한 경험적 증거를 모은다는 것은 아주 어려운 일이라 대충이라면 몰라도 거의 어렵다고 할 수 있다.

똑같은 문제점들이 다두제, 정치적 활동, 기본 규범에 대한 합의 간의 관계에도 적용된다. 그러나 여기서는 또 다른 문제가 추가된다. 현재까지의 증거에 따르면, 미국에서 사회경제적 계급이 낮은 사람일수록 권위주의적인 성향을 보이고 정치적으로도 소극적일 가능성이 높기 때문이다. 따라서 만약 정치적 활동의 증가가 권위주의적 심성을 가진 이들을 정치 영역으로 불러들인다면, 정치적으로 적극적인 이들 사이에서의 기본 규범들에 대한 합의는 분명히 감소하게 될 것이다. 합의가 감소하는 한, 가설 (1)[21]에 따르자면, 약간의 시차가 있겠지만, 결국 다두제가 감소하리라 우리는 예상하게 될 것이다.

지금까지의 모든 논의를 감안할 때 정치적 활동의 증가가, 가설 (9)[22]에서 제시된 것처럼 항상 다두제의 증가와 연결된다고 생각할 수는 없다. 분명 그 관계는 너무 복잡한 것이라서 훨씬 더 많은 신중한 연구와 이론의 구축이 필요하다 할 수 있다.

4

평등, 다양성, 강도

I

 매디슨이 씨름하면서 나름의 타협책을 내놓았던 그 문제 즉, 정치적 평등의 개념에 부합하면서 소수의 권리도 보호하는 정책을 만들어 내는 정치체제가 가능한가라는 질문에 대한 명쾌한 해결책은 전혀 없는가? 우리가 보았듯이, 매디슨의 해결책은 비판하면 쉽게 무너지는 가정과 주장으로 가득 차 있었다. 내가 민중 민주주의 이론이라고 부르기로 했던 이론에서(인민주권과 정치적 평등이라는 기본적인 가정으로부터 시작해서) 우리는 엄격히 논리적으로, 이 두 가지 목표에 부합하는 유일한 절차적 규칙은 다수결의 원칙이라는 점을 추론해 냈다. 하지만 "가장 선호되는"을 "가장 많은 수에 의해 선호되는"과 등치시키는 방식으로, 우리는 매우 중요한 문제를 일부러 회피했었다. 즉, 만약 소수가 자신의 대안을, 다수가 그 반대의 대안을 선호하는 것보다 훨씬 더 열정적으로 선호한다면 어떻게 되는가? 다수결의 원칙은 여전히 합리적인가?

 이것이 강도intensity의 문제다. 그리고 누구나 쉽게 알 수 있듯이, 강도는 사실 자연권을 심리상태의 관점에서 해석하는 현대적인 방식이라 할 수 있다. 왜냐하면 다수가 소수의 자연권을 침해하지 못하게 할 수 있는 방식으로 정부가 구성되어야 한다고 매디슨이 당시에 믿었던 것처럼, 현대의 매디슨이라면 상대적으로 무관심한 다수가 상대적으로 열정적인 소수에게 자신들의 정책을 강요하지 못하도록 정부가 설계되어야 한다고 주장할 것이기 때문이다.

II

아쉽지만 강도를 정의하기는 쉽지 않다. 예비적인 정의로, 이를 '어떤 대안을 원하거나 선호하는 정도'라고 해 두자.[1] 그런데 A가 x를 y보다 선호한다는 말을, 우리 자신이 관찰할 수 있는 것에만 한정한다면, 우리 모두는 어떻게 이해하는가? A를 존스, x를 "금발 여인과 시간 보내기", y를 "갈색 머리 여인과 시간 보내기"라고 할 때, 이는 존스에게 선택의 기회가 있다면 그는 갈색 머리보다 금발 여인과 시간을 보내는 쪽을 선택한다는 식으로 분명 이해할 것이다. 또는 최소한 우리가 관찰한 그의 행위 중 어떤 부분은(이 예에서는 아마도 존스가 자신에 대해 우리에게 얘기해 줬던 것) 그가 갈색 머리가 아니라 금발을 선택할 것임을 예상할 수 있게 해 준다.

우리는 존스가 금발을 갈색 머리보다 얼마나 더 선호하는지에 대해서는 얘기할 수 없다는 데 주목하자. 존스 스스로도 자신이 금발을 갈색 머리보다 얼마나 더 선호하는지에 대해 알 필요가 없다. 그러나 그가 지닌 선호의 강도를 우리가 측정할 수 없다는 이 기본적인 사실은 민주주의 이론에 대해 흥미롭지만 심각한 문제들을 제기한다. 존스가 금발을 갈색 머리보다 얼마나 선호하는지 혹은 스미스가 갈색 머리를 금발보다 얼마나 더 선호하는지를 측정할 수 없다면, 스미스가 갈색 머리를 금발보다 선호하는 것에 비해 존스는 금발을 갈색 머리보다 훨씬 더 선호한다고 말할 때, 이는 무엇을 의미하는가? 의외라고 생각할 수도 있겠지만, 이는 (이 사례에서만 그런 것이 아니라) 일반적으로도 굉장히 까다로운 질문이다.[2] 어떤 소수가 다수보다 자신의 대안을 더 강하게 선호한다는 것을 어떻게 알 수 있는가? 열정적인 소수와 무관심한 다수를 대조하는 것은 무의미한가?

이렇게 대조하는 것이 무의미하지는 않겠지만 그래도 별로 중요하지 않다고 주장할 수도 있다. 그러나 강도를 측정하는 일이 왜 중요한지 즉, 어떤 대안을 다수가 약간만 선호하는 반면, 어떤 소수가 극도로 혐오하는지의 여부를 알아야 하는 데는 두 가지 이유가 있다.

첫째는, 모든 이들이 다 중요하다고 생각하지는 않겠지만, 본질적으로 도덕 윤리적인 이유 때문이다. A가 x를 y보다 선호하고, B는 y를 x보다 선호하며, 둘 중 하나를 선택하는 것은 다른 것을 배제한다고 생각해 보자. 우리 대다수는 B가 y를 x보다 선호하는 것 이상으로 A는 x를 y보다 선호하는지의 여부를 알고 싶을 것이다. 다른 모든 조건이 동일하다면, 우리 대다수는 훨씬 더 강한 선호를 가진 A가 그 목표를 이뤄 내기를 바랄 것이다. 물론 다른 모든 조건이 동일한 경우는 자주 없기 때문에 강도에 대해서는 무시하고 싶을 수도 있다. 그러나 강도를 제외하고는 선택의 결과에 큰 차이가 없다면, 더 강한 선호를 가진 사람의 대안이 선택되어야 한다는 규칙을 세우는 것이 공평해 보일 수 있다.

집단적 결정, 즉 투표가 필요한 결정의 경우, 자신의 대안을 약간만 선호하는 무관심한 다수가, 자신의 대안을 강하게 선호하는 소수보다 우위를 점할 수 없도록 규칙을 만들 수 있는가? 그런 규칙이 바람직하다는 것을 굳이 증명할 생각은 없지만, 만약 그런 규칙이 고안될 수 있다면 분명히 이는 이런저런 이유로, 특히 미국에서, 자주 민주주의 이론가들을 괴롭혀 온 문제에 대한 해답이 될 것이다. 칼훈의 '협력적 다수' 개념이 요즘 다시 논의되는 것도 아마 그런 규칙과 이를 고안해 낼 수 있는 방식이 필요하다는 것을 입증하려는 노력의 일환일 것이다.

선호의 강도를 비교하는 것이 중요한 두 번째 이유는 민주주의 체제의 안정성을 예측하고, 나아가 이를 보장하는 규칙을 만들려는 희망에서 비롯된다. 우선 시민들이 어떤 대안을 선택하거나 거부해야 하는 단순한 양자택일 상황을 가정해 보자. 그리고 무관심층이나 무응답층을 제외한 정책 지지자와 반대자의 분포를 알아보기 위해 시민 여론에 대한 표본조사를 실시했다고 해 보자. 다시 이들을 강한 지지(반대), 지지(반대), 약한 지지(반대)로 구분해 보자. 이를 이용해 우리는 여섯 개의 분포 유형을 그려 볼 수 있다.

첫째는, 〈그림 2〉와 같이, 강한 선호를 가진 사람이 가장 많으면서 여론이 압도적으로 그 정책을 지지(혹은 반대)하는 경우다. 둘째, 〈그림 3〉처럼, 약하게 지지(또는 반대)하는 사람이 가장 많으면서 여론이 압도적으로 그 방안을 지지(혹은 반대)하는 경우다. 셋째, 〈그림 4〉와 〈그림 5〉처럼, 지지 여론과 반대 여론이 거의 비슷하지만, 압도적인 사람들이 자신들의 대안을 약하게 선호하는 경우다.

그림 2_강한 선호, 높은 합의

A: 강하게, B: 적당히, C: 약간만

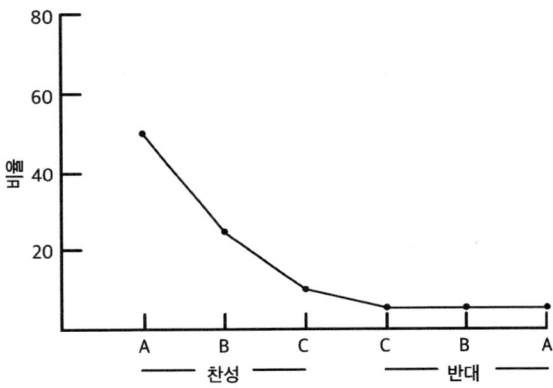

그림 3_약한 선호, 높은 합의

A: 강하게, B: 적당히, C: 약간만

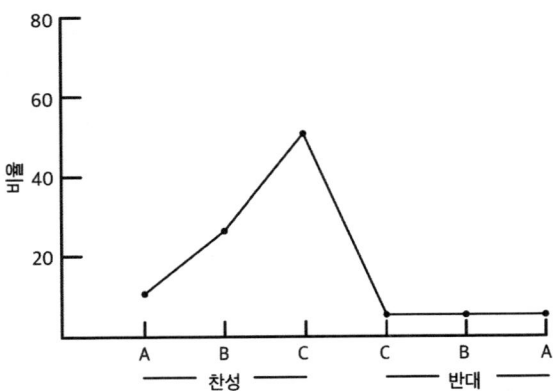

그림 4_온건한 의견 대립 : 대칭적

A: 강하게, B: 적당히, C: 약간만

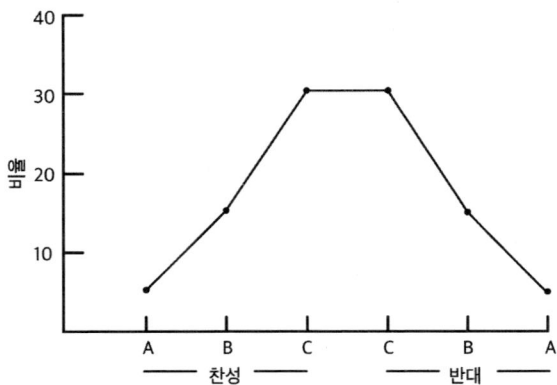

 이제 정책을 선택하는 과정에서 〈규칙〉을 사용하는 다두제적 사회 조직을 살펴보자. 이 경우 앞의 어떤 분포도 전혀 심각한 문제가 되지 않는다. 왜냐하면 강도의 분포 상태들을 잘 살펴보면, 〈규칙〉을 이들에 적용하는 것이 도덕적으로도 문제가 없고[3] 불안정을 만들어 낼 것 같지도 않기 때문이다.

 자료가 매우 단편적이기는 하지만, 안정된 다두제에서 주요 쟁점에 대한 여론이 이 네 가지 유형 사이에서 변화하는 경향이 있다는 가설은 합당하다. 1952년 선거· 직전 7주 동안 전국 표본을 대상으로 실시한 면접 조사에서 "이번 선거에서 민주당이 승리하느냐 공화당이 승리하느

그림 5_온건한 의견 대립 : 비대칭적

A: 강하게, B: 적당히, C: 약간만

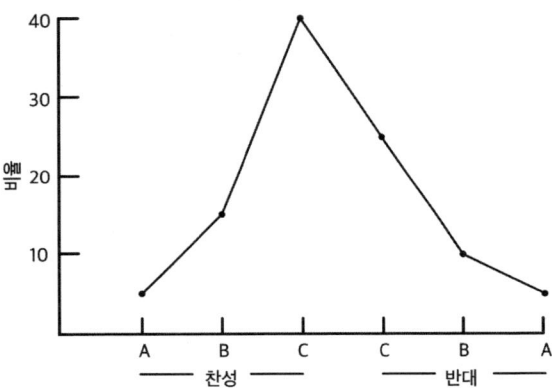

냐가 이 나라에 큰 차이를 가져올 것이라고 생각하십니까? …… 아니면 별 차이가 없을 것이라고 생각하십니까?"라는 질문을 던졌다. 그 결과 약 5분의 1만이 매우 큰 차이를 가져올 것이라고 대답했고, 대략 3분의 1은 아무런 차이가 없을 것이라고 대답했다. 이 응답의 분포는 〈그림 5〉의 가설상의 분포와 상당히 유사하다. 즉, 1952년 선거는 분명히 온건한 비대칭적 의견 대립의 사례였다(〈그림 6〉 참조). 하지만 많은 여론조사가 그렇지만 이 조사에서도, 어떻게 질문하느냐에 따라 결과는 크게 달라진다.

· 미국의 제34대 대통령 선거로, 공화당 드와이트 D. 아이젠하워 후보가 민주당 애들레이 E. 스티븐슨 후보를 상대로 48개 주 가운데 39개 주에서 승리하면서 압승을 거두었다.

4 평등, 다양성, 강도   147

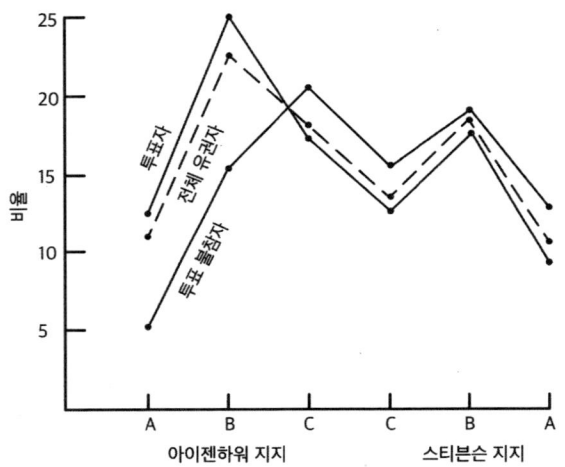

그림 6_1952년 대통령 선거 당시 유권자들의 선호

"이번 선거에서 민주당이 승리하느냐 공화당이 승리하느냐가 이 나라에 큰 차이를 가져올 것이라고 생각하십니까? ……, 아니면 별 차이가 없을 것이라고 생각하십니까?"라는 질문에 대한 답변.
A: 아주 많이, B: 다소, 약간, C: 차이 없음

주: "상황에 따라 다름"이라는 답변은 어떤 범주에서도 1퍼센트를 넘지 않았음. "모름 혹은 확인 불가능"은 4~11퍼센트를 차지했음. 이들 모두 <그림 6>에는 포함되지 않았음.
출처: Angus Campbell, Gerald Gurin, and Warren E. Miller, *The Voter Decides*, p. 38, <표 3.9>.

"이번 가을에 치러질 대통령 선거에서 어느 정당이 승리할 것인지에 큰 관심을 갖고 계십니까, 아니면 별 관심이 없으십니까?"라고 물었을 때 응답은 다른 분포를 나타낸다(<그림 7> 참조). 4분의 1을 약간 넘는 이들이 "매우 관심이 있다"라고 답변한 반면, 약 8분의 1은 "전혀 관심 없다"라고 답변한다. 그러나 "약간 관심 있다"라고 대답한 온건파(39퍼센트)가, 별 관심이 없거나 전혀 관심 없는 상대적으로 무관심한 이들과 더불어 여

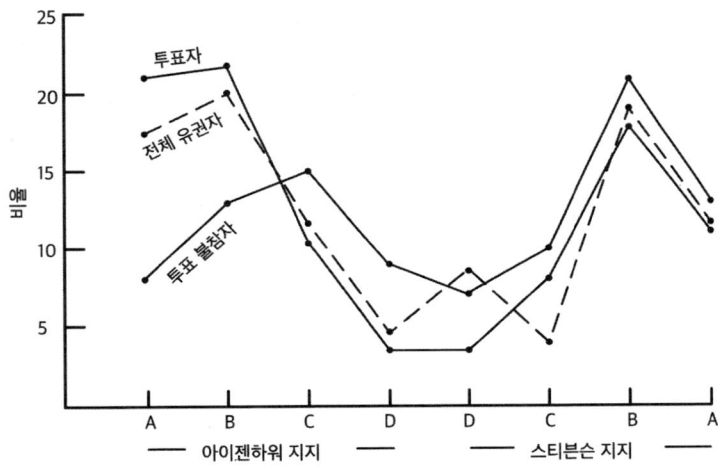

그림 7_1952년 대통령 선거 당시 유권자들의 선호

"이번 가을에 치러질 대통령 선거에서 어느 정당이 승리할 것인지에 큰 관심을 갖고 계십니까, 아니면 별 관심이 없으십니까?"

A: 매우, B: 약간, C: 별로, D: 전혀

주: "상황에 따라 다름"과 "모름 혹은 확인 불가능"은 세 가지 범주 모두에서 5퍼센트 이하를 차지하며 <그림 7>에는 포함되지 않았음.
출처: Angus Campbell et al, 앞의 책.

전히 전체의 3분의 2 이상을 차지한다. 선거 이후 나타날 수 있는 불만과 저항이 만약 있다면 이를 예측하는 데 있어서는 첫 번째 질문이 두 번째 질문보다 믿을 만하다고 볼 수 있지만, 어느 쪽 질문이건 그 극단적 응답의 비율이 증가할 때 선거 결과를 평화롭게 받아들일 가능성은 점점 낮아질 것임을 예상할 수 있다.

즉, 어느 한쪽이 다른 쪽의 승리를, 아주 중요한 어떤 가치에 대한 근

4 평등, 다양성, 강도

본적 위협으로 간주한다고 가정해 보자. 남북전쟁[1861~65년]이 발발하기 직전의 1850년대 동안 미국 내에서는 [아직 미연방에 정식으로 가입하지 않은] 서부 영토의 처리를 둘러싼 투쟁이 점점 격렬해졌다. 그 운명적인 10여 년이 시작될 때만 해도 타협의 해결책이 가능해 보였는데, 막바지에는 그 어떤 수용 가능한 타협안도 찾을 수 없었다. 노예제가 [연방에 새롭게 가입하려는] 영토들에서 금지되고 그 광대한 지역이 미연방에 노예해방 주free state로 가입하게 되면, 결국 노예해방 주들이 공공 정책을 통제하고 심지어 헌법도 개정할 수 있으리라는 사실이 남부 노예주들의 지도자들에게 점점 분명해 보였다. 물론 후대의 저술가들은 노예제도가 서부 영토에서 경제적이지 못해 살아남지 못했을 것이며, 심지어 남부에서도 마찬가지였을 것이라고 결론 내린 바 있다. 그러나 중요한 점은, 북부의 많은 사람들 또한, 만약이라도 노예제가 서부에서 허용된다면 정치적 균형이 노예해방 주들에게 불리해질 것이며 궁극적으로 노예해방을 향한 노력이 좌절될 것이라고 믿었다는 사실이다. 따라서 어떤 선거라도 한쪽의 명쾌한 승리로 해석될 수 있는 선거 결과는 다른 쪽이 결코 받아들이지 않을 것임이 거의 분명한 상황이었다. 1860년 선거•가 바로 그런 선거였다고 할 수 있다. 물론 많은 투표자들이 이 문제를 가장 중요한 선거 이슈로 생각했다는 의미는 아닌데, 노예제가 아닌 다른 쟁점이 1860년 선거를 결정했을 가능성도 제법 있기 때문이다. 어쨌든 이 선거

• 1860년 11월 6일 미국 제16대 대통령 선거에서 공화당 대통령 후보 에이브러햄 링컨이, 입헌통일당의 존 벨, 민주당의 스티븐 A. 더글러스, 남부민주당의 존 C. 브레킨리지를 물리치고 당선됐다.

의 결과로 일련의 정책 결정이 이루어지는데, 각 결정은 대안들을 하나씩 제거해 버렸다. 1861년 봄이 되자 가능한 대안이 몇 개 남지 않았고, 이 모두 둘 중 어느 한쪽은 받아들일 수 없는 것이었다. 남북전쟁은 피할 수 있었을지도 모르지만 북부와 남부 모두를 포함하는 안정된 다두제는 거의 불가능하게 되었다.

다수 지배의 운용에 대한 저항은, 패배한 소수와 승리한 다수의 상대적 크기, 지리적 위치, 자원, 신념 체계, 쟁점의 성격에 따라 여러 형태를 띨 수 있다. 예를 들어 [1794년 여름, 서부 펜실베이니아 농장주들이 연방정부에 대항한] 위스키 반란Whisky Rebellion처럼 혁명이 아닌 단순히 세금 징수관들에 대한 저항일 수 있다. 또는 스페인의 프랑코, 체코슬로바키아의 공산주의자들, 프랑스의 루이 나폴레옹처럼, 쿠데타나 혁명을 통해 권력을 장악할 수도 있다. 세 번째 방법은 정치체제에서 분리해 나오는 것이다. 기존 정치 질서에 겉으로 순응하는 척 하면서 보이지 않게 거부하는 것을 네 번째 방법이라 할 수도 있겠다. 어떤 경우든 적지 않은 수의 양측 모두 상대방의 승리를, 매우 중요한 모종의 가치들에 대한 근본적인 위협으로 간주할 때, 다두제 체제의 지속적인 운영은 심각한 어려움에 처할 것이다.

〈그림 8〉이 바로 이 경우를 나타낸다. 이와 유사한 분포 상태가 지속되는 한, 그 어떤 헌법상의 장치들도 〈규칙〉의 적용을 보장하지 못할 것이다. 〈규칙〉에 대한 거부는 준법 거부, 혁명, 연방 탈퇴, 다두제적 정부의 정당성에 대한 지지 철회, 그 밖의 여러 형태로 나타날 수 있다. 분명한 것은 매디슨주의적 헌법상 견제와 균형의 체계는 서구 역사에서 가장 참혹했던 내전 가운데 하나[남북전쟁]를 막아내지 못했다는 것이다. 당시

그림 8_심한 의견 대립 ; 대칭적

A: 강하게, B: 적당히, C: 약간만

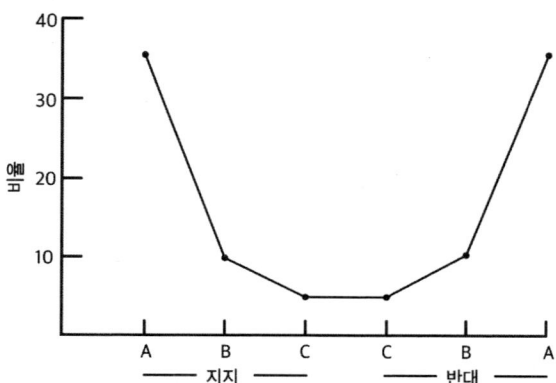

제안되었던 숱한 입헌적 장치들 가운데 어느 것도 수용되지 않았는데, 지금 돌이켜 보아도 너무나 뿌리 깊은 사회적 갈등을 순수하게 입헌적 방식으로 해결한다는 것은 불가능하다.

처음의 네 가지 분포가 다두제에 전혀 특별한 문제를 야기하지 않는 반면, 〈그림 8〉과 같은 극단적인 분포는 다두제라도 해결책을 내놓지 못할 것이므로 앞으로의 논의에서 제외해도 될 것 같다. 하지만 대신 〈그림 8〉의 분포와는 다소 다른 종류의 의견 대립 상황을 구별해 두자. 이는 꽤 규모가 큰 소수가 두 가지 대안 중 하나에 강한 선호를 가지고 있으며, 이에 반대하는 다수는 다른 하나를 약간만 선호하는 상황(〈그림 9〉)인데, 만약 매디슨이 암시했던 전제 개념에 빗댈 만한 현대적인 사례가 있다면, 나는 바로 이 경우라고 생각한다. 실제로 다수 지배가 원리 원칙 그대로

그림 9_심한 의견 대립 : 비대칭적
A: 강하게, B: 적당히, C: 약간만

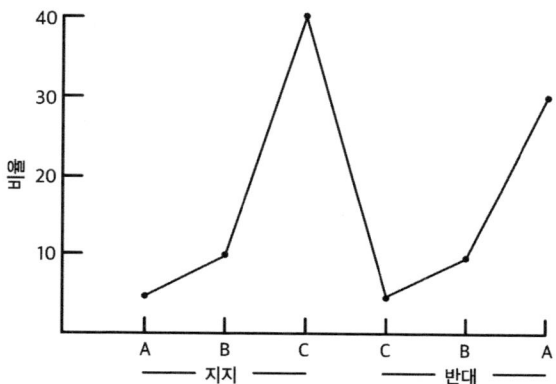

적용되지 않도록 완화시켜 내는 미국 정치제도의 다양한 특성들은 바로 이런 상황을 해결하는 데 특히 중요하다고 자주 얘기된다.

III

지금까지, 선호의 강도를 비교할 수 있다면 민주주의 이론의 발전에 도움이 될 것이라는 데 두 가지 이유를 제시했다. 그런데 그런 비교 수단이 과연 존재하는가?

만일 "강도"를 다른 어떤 사람의 느낌sensations을 의미하는 것으로 가정한다면 우리는 시작부터 실패한 것이다. 다른 사람의 느낌을 직접 관찰한다는 것은 애당초 가능하지 않기 때문에, 이를 우리가 피부로 경험했다고 하든 그의 심리상태를 관찰했다고 하든 이는 다 우리 자신의 느낌을 말하는 것이다. 따라서 아무리 생각해 봐도 서로 다른 개인들이 느끼는 선호의 강도를 직접 관찰하고 비교하는 것은 불가능하다. 더 나아가 타인의 느낌을 관찰 가능한 변수로 취급할 수도 없다. 충분히 많은 사례를 통해 얼굴 표정, 말, 자세, 심지어 몸의 화학작용에서 나타나는 변화와의 상관관계를 구해 설명할 수 있는 그런 변수 말이다. 우리가 관찰하고 있는 대상의 신체적 변화와 그가 자신의 느낌을 표현하는 언어의 변화가 어떤 상관관계를 갖는지는 보여 줄 수 있지만, 느낌 그 자체는 그럴 수 없다. 우리는 다른 사람들의 느낌을 추정만 할 수 있을 뿐, 이를 직접 관찰할 수는 없다. 이런 의미에서 보자면, B가 y를 x보다 선호하는 것 이상으로 A는 x를 y보다 선호한다고 얘기하는 것은 무의미하다.

하지만 우리 대다수는 계속 방금처럼 얘기하면서 그게 의미 있다고 믿을 것이다. 피터가 변압기를 갖고 싶어 하거나 에릭이 자전거를 갖고 싶어 하는 것보다 엘렌이 드레스를 훨씬 더 원하는지를 두고 언쟁을 벌일 것이며, 이런 논쟁이 의미 없다고는 추호도 생각하지 않을 것이다. 우리가 이런 것을 잘 맞춰 내는 능력이 있을 뿐만 아니라 틀림없이 잘 맞추고 있다고 우리 스스로 계속 믿을 것이다. 이런 생각의 중심에는 다음과 같은 가정이 있다고 나는 생각한다. 즉, 우리가 사람들에게서 관찰할 수 있는 일정한 유사성은, 기분이나 느낌처럼 관찰할 수 없는 것들에서도 부분적이나마 분명 나타난다는 것이다. 반대로 느낌은 사람마다 다른데다 겉으로 드러나는 행동과 확실하게 연관되어 있지 않다는 가정은, 앞서의 가정보다 자의적이고 상식적이지 못한 것으로 보인다. 어떻게 보면 우리는 모든 개인은 고유하고 특별한 존재이며, 따라서 알 수 없다는 사실을 부정하고 있는 것이다. 즉, 우리는 사람들이 대개 유사하다고 가정한다. 나아가 겉으로 드러나는 행위에서 발견되는 어떤 유사성은 내면 상태에서의 유사성과 대체로 연결된다고 가정한다. 비록 관찰 가능한 행위와 우리가 추정하는 타인 내면의 심리 사이의 미묘한 관계는, 평생을 바쳐도 다 탐구하기 어렵다는 것을 곧 알게 되더라도 말이다.

겉으로 드러나 우리가 쉽게 관찰할 수 있는 모든 행위 가운데 몇몇을 골라 강도의 척도로 써 보자. 아무리 신중하게 이들 척도를 사용해도 정말 느낌상의 강도를 측정하고 있는지는 여전히 알 수 없는 것이 사실이다. 그러나 어쨌든 뭔가를 해야 하니, 그저 우리의 단순 추측이나 가정에 불과해도 이들 척도를 사용해 보자. 이제 어떤 모종의 선택 상황을 고려할 때 이들 가정된 척도상의 측정값으로 어쨌든 환치해 보자. 이들 척도상의 측정값에서 큰 차이가 나타나면 그때는 강도가 다르다고 결론 내린다.[4]

이런 상황에 대해 생각해 보자. 어떤 마을에서 일부 시민들은 자신들이 재산세를 좀 더 부담하더라도 학교를 더 지어야 한다고 생각하며, 또 다른 시민들은 콩나물시루 같은 학교들을 그대로 두더라도 재산세를 적게 내고 싶어 한다. 두 집단의 시민들 모두가 주민 회의를 열기 전에 아무 노력도 하지 않으면 주민 회의 표결에서 승리할 확률이 대략 50 대 50이라 믿고 있다. 그런데 학교를 더 건설해야 한다는 입장을 열렬히 지지하는 사람들은 시간과 노력, 여가 등을 써 가면서 열심히 자신들의 주장을 알리고 있고, 이들의 연설이나 태도에서 긴장, 좌절, 과민함, 분노, 염려 등이 뚜렷이 드러난다. 반면 재산세 경감을 주장하는 이들은 그리 흥분하지 않았고 심지어는 시큰둥하며 세율을 높여도 자신들에게 해가 되지는 않을 것이라고 사석에서 이야기하는 장면이 목격되기도 한다. 이들은 단지 교사와 학부모 쪽 사람들의 영향력이 마을에서 자신들보다 커지는 것을 막기 위해 이들의 요구에 항의하는 편이 낫다고 느낀다. 내 생각에 우리 대다수는 이렇게 결론 내릴 것이다. 비록 숱한 대안적 설명이 등장하겠지만(이를테면 학교 측 옹호자들이 단순히 조직화하고 선동하는 것 자체를 정말로 좋아하는 것일 수도 있다), 어쨌든 반대 측이 낮은 세율을 학교 신축보다 선호하는 것 이상으로 교사와 학부모 연합회 측이 학교 건설을 낮은 세율보다 선호한다고 얘기하는 것이 터무니없지는 않다.

지금까지의 논의를 통해 다음 결론들이 가능하다고 본다.

1. 대부분의 사람들은 강도를 비교할 수 있다고 믿는 것 같다.
2. 그렇게 믿는 것은, 겉으로 드러나는 특정한 형태의 행위를 통해 완전하진 않지만 강도를 측정할 수 있다고 가정하기 때문이다.
3. 그러나 이는 가정일 뿐이다. 결코 욕구나 선호에 대한 느낌상의 강도를 직접 관찰할 수는 없다. 따라서 우리가 강도의 척도로 이용한, 겉으로 드러나는 특정 행위가 실제로 무엇을 측정하는지는 결코 알 수 없다. 그 행위가 또 다른 종류의, 겉으로 드러나는 행위를 측정하고 있는 게 아니라면 말이다.
4. 우리가 가정해 본 다양한 척도들을 통해 느낌상의 강도가 갖는 대략적인 차이를 보여 줄 수 있는 최선의 사례에서조차, 그럴듯한 다른 식의 설명이 늘 가능하다.
5. 그러나 '강도'를, 예를 들어 자신의 기분이나 기꺼이 여가를 포기하겠다는 마음 등에 대한 진술 같은, 어떤 관찰 가능한 반응을 가리키는 것으로 단순하게 정의해 볼 수 있다.

6. 이렇게 관찰 가능한 반응에 한정할 때, 이론상 A의 강도를 B의 강도와 비교할 수 있다.
7. 하지만 이 방식이 강도의 문제를 만족스럽게 해결할 수 있는지는 우리가 내려야 하는 결정의 종류에 따라 달라진다.

이제 앞에서 제시한 두 가지 문제는 어떻게 되는가? 첫 번째 도덕 윤리상의 문제에서 초점이 되는 강도의 종류는 분명 느낌상의 강도이다. 엄격하게 말해, 이런 의미에서 강도를 측정하거나 비교하는 방법을 만드는 것은 불가능하다. 오직 어떤 관찰 가능한 행위를 느낌상의 강도에 상응하는 것으로 간주하자는 데 모두 합의할 때에만 이 첫 번째 문제를 해결하기 위한 노력을 시작이라도 할 수 있다. 하지만 이렇게 되면 애초의 문제에 대한 해결책은 사실상 불가능해지고 겉으로 보이는 행위에 초점을 맞추는 방식으로 논점을 교묘히 피하고 있다고 분명 많은 사람들은 느낄 것이다.

두 번째 안정성의 문제는 종류가 다르다. 왜냐하면 정치체제 내의 사람들이 어떻게 "느끼는지"에 우리가 관심을 갖는 이유는 다름 아니라 이들이 어떻게 행동할지를 예측하려고 하기 때문이다. 만약 겉으로 드러나는 여타의 행동을 관찰해 그들이 어떻게 행동할지를 예측할 수 있다면, 그들이 어떻게 느끼는지를 우리가 정말 알고 있는가라는 질문으로 고민할 필요가 없다. 그렇다면 이 문제는 원칙적으로 해결 가능한 것으로 본다.[5] 비록 아직까지 이 문제가 사회과학적으로 충분히 연구되지 않았더라도 말이다. 다만 민주주의 체제에서 선호와 강도의 분포에 따라 안정성이 어떻게 달라지는가 하는 문제는 거의 추측 수준에서 겨우 몇 번 다루어졌을 뿐이다.

IV

이제 이렇게 가정해 보자.

1. 어떻게든 우리는 겉으로 드러나는 강도를 정할 수 있다. 즉, 겉으로 드러나는 행위에서 일종의 "강도의 등급"을 끌어낼 수 있다. 이를 통해 민주주의 체제의 안정성에 영향을 주는 장래 정치 활동의 유형을 예측할 수 있다.
2. "심각한 비대칭적 의견 대립"의 경우, 즉 다수가 어떤 대안을 약간 선호하고, 이와 양립 불가능한 대안을 소수가 강하게 선호하는 경우가 존재한다.
3. 우리가 세우고자 하는 것은, 여러 대안 가운데 하나를 원활하게 선택할 수 있게 해 주는 일련의 규칙이나 절차다.
4. 그 규칙들은 (순수 다수결 원리에서처럼) 개인들의 수를 고려할 뿐만 아니라 그들 선호의 강도 역시 고려해야 한다.
5. 그 규칙들은, 상대적으로 무관심한 다수가 순수 다수결 원리를 통해 상대적으로 더 열정적인 소수를 무시할 수 있는 그런 경우에만, 다수에 대한 소수의 거부권을 허용해야 한다. 다시 말해, "심각한 비대칭적 의견 대립"의 경우를 여타의 분포 상황들로부터 구별하고 오로지 그 경우에만 소수의 거부권을 허용하도록 하는 규칙이 고안되어야 한다.

마지막 요구 조건에 대해 한 가지 덧붙일 것이 있다. 상대적으로 무관심한 다수가, 소수의 상대적으로 강한 선호에 반해 내리는 결정이 안정성을 위협한다고 (혹은 도덕적으로 바람직하지 않다고) 생각한다면, 분명 다음 결정도 마찬가지라고 봐야 한다. 즉, ① 소수가 다수를 가로막고 자신이 하고 싶은 대로 하면서, ② 다수 가운데 강한 선호를 가진 사람들의 수가 소수 가운데 그만큼 강한 선호를 가진 수 이상인 상황에서의 결정 말이다.

지나치게 이상적인 요구 조건들을 내세우지 않고도, 방금 열거한 사항들을 충족시키는 규칙을 대략적으로라도 만들어 볼 수 있는가?[6] 애초에 이 문제가 제기된 것이 민중 민주주의 이론의 〈규칙〉 때문이었으므로 그 해답을 일종의 신매디슨주의neo-Madisonian 입장에서 찾아보려고 할 수 있다. "거의 무관심한 다수가 매우 열정적인 소수에게 자신의 선호를 강제하지 못하도록 막을 수 있는 방법은 무엇인가?"라는 질문에 대해, 신매디슨주의 이론은 아마 이렇게 답할 것 같다.

첫째, 헌법상 규정된 규칙의 체계를 통해. 이는 결정 과정의 중요 단계들(예컨대 정당, 선거, 입법 활동, 사법 체계)에 존재하는 조직상의 관례와 절차에 의해 보완된다. 그 결과 이들 단계 어디에서건 영향력 있는 소수는 다수가 선호하는 대안을 거부할 수 있다.

둘째, 매우 다양한 이해관계로 구성된 사회 체계를 통해. 그런 사회에서는 심각한 비대칭적 의견 대립이 별로 일어나지 않을 것이다.

이 두 가지 대답을 간략히 검토해 보자. 첫 번째 방법은 앞의 다섯 번째 조건(심각한 비대칭적 의견 대립의 경우에만 거부권이 사용될 것)을 어떻게 보장하는가?

여러 가지 대안적인 절차의 체계들을 고안해 보고, 이들 각각이 심각한 비대칭적 의견 대립의 상황을 여타 상황과 구별해 내는지를 밝히는 것은 매우 어려운 일이다. 하지만 욕심을 줄여 다음과 같은 질문에 만족해 보자. 즉, 미국 연방 정부에서 결정을 내릴 때 사용하는 입헌적·정치적 절차들은 이를 구별할 수 있는가? 이 만만찮은 질문에 (만약 실제로 답할 수 있다면) 대답하는 유일한 방법은 기본적인 제도와 그 수혜자들을 간략하게 살펴보는 것이다. 이 문제는 5절에서 다루어 보겠다.

두 번째 대답은 세 가지 방식으로 주장되어 왔다. 첫째, 매디슨 자신은 다양한 이익들이 존재하고 영토가 거대하면 그 어떤 다수도 전국 차원의 결정 과정에서 조직될 수 없으며 효과적일 수 없다고 생각했던 것 같다. 그러나 그의 생각이 맞는다면, 규칙이나 절차가 추가로 필요하지 않을 것이며, 헌법상 견제와 균형이 없어도 사회적 견제와 균형만으로 충분할 것이다. 하지만 둘째, 다양한 이익들로 이루어진 사회적 체계에서는 지속 가능한 다수가 조직되기 매우 어렵지만 전혀 불가능한 것은 아니라는 주장도 있다. 따라서 다수의 전제를 막는 더 완전한 보장책은, 계속 이어지는 입헌적 그리고 여타 정치적 장벽들에 부딪쳐 잠정적 다수가 스스로 무너져 버리게 될 정도로 충분한 절차상의 견제 장치들을 추가하는 것이다. 여기에서 다시 우리는 이렇게 질문해야 한다. 이 입헌적 장벽들이 심각한 비대칭적 의견 대립의 상황을 여타 상황들과 구별해 낼 수 있는가, 혹은 이 장벽들이 다른 소수들 혹은 가능한 다수들을 희생하면서 자의적으로 어떤 소수들에게만 이익을 주지는 않는가? 이에 답하려면 구체적인 제도적 장치들과 그것의 구체적 수혜자를 검토해야 한다.

미국 정치학자들 사이에서 인기 있는 세 번째 주장은, 중첩되는 구성원 가설에 의존한다. 만일 대다수 미국 국민들이 하나 이상의 집단들에 소속감을 느끼고 있다면 어느 다수에건, 그로부터 위협받는 소수에 여타 이유로 소속감을 느끼는 개인들이 존재할 가능성이 꽤 높다. 자신의 대안을 강하게 선호하는 이 위협받는 소수의 구성원들은, 결속력이 약한 다수의 구성원들 중 이 소수에게도 어떤 심리적 차원에서 동질감을 느끼는 이들에게, 자신들의 감정을 호소할 것이다. 이에 공감하는 사람들 가운데 일부는 다수의 대안을 더 이상 지지하지 않을 것이며 그 결과 다수는 무너질 것이다.

나는 이 독창적인 가설이, 증거가 단편적이기는 하지만, 매우 그럴듯하다고 본다. 또한 이 가설이 미국 정치학에서 널리 수용되는 공리가 되기 전에 경험적으로 엄밀하게 검토되기를 바란다. 우리의 연구 목적과 관련해서는 다음을 유념해야 한다. 이 가설이 옳다면, 이 가설이 적용되는 모든 경우에서 더 이상의 규칙이나 절차가 필요하지 않다는 것이다. 그러나 이 가설이 적용되지 않는 심각한 비대칭적 의견 대립의 경우라면, 미국 정치를 구성하는 특정 규칙과 절차가 해결책을 제시할 수 있는지를 물을 수 있다. 이제 이 문제를 살펴보자.

V

미국인들이 따르는 명시적인 헌법상의 장치들 가운데, 우리 문제에 대한 가능한 해결책으로 세 가지가 떠오른다. 첫째, 헌법 개정에 대한 소수의 거부권과 결부되어 있는 위헌법률심사권, 둘째, 상원의 구성 방식, 셋째, 대통령, 의회의 상하 양원, 전체 유권자 간의 관계다. 이 장에서는 앞의 두 가지만 살펴보자.

　우선 다음과 같은 점을 지적해야겠다. 이 세 가지 제도적 장치는 모두 본질적으로 내가 이 책에서 매디슨주의라고 부르는 이론 체계의 주장 방식에 따라 보통 옹호되고 있다. 하지만 헌법제정회의에서 정작 매디슨 자신은 미국의 각 주들이 상원에서 동등하게 대표되는 것을 강력하게 반대했다. 결국 유일하게 가능한 타협안이어서 이에 마지못해 동의하긴 했지만 말이다. 또한 그는 위헌 법률 심사와 관련해서 법안 수정 협의회 council of revision를 제안했는데, 이 협의회의 결정은 의회에서 단순 다수 투표를 통해 번복될 수 있도록 했다. 그럼에도 헌법상 억제 장치의 전체 체계를 매디슨주의적이라고 얘기하는 것은 분명 정당한데, 그 이유는 이렇다. 매디슨이 [자신의 고향] 버지니아와 같은 큰 주가 상원에서 델라웨어처럼 작은 주와도 동등한 위치에 놓이게 될 것을 생각하면서 소수의 권력에 대해 점점 분개하게 되었을 것 같은데, 어차피 [작은 주와 큰 주라는] 그의 이 간단 명료한 구분 방식은 근본적으로 자의적이라서 곧 그의 전체 논지는, 헌법과 관련해 논의되면서 결국 헌법에 기재된 무제한적 다수 지배에 대한 모든 방어 조치의 성장에 기여했기 때문이다 .

　위헌법률심사권은 공식적인 수정안을 통해 헌법을 개정하기 어렵기 때문에 전략적으로 중요하다. 잘 알려져 있듯이, 양원 중 어느 한 곳에서 3분의 1에 한 표를 더 얻으면 헌법 수정안을 막을 수 있다. 수정안이 이 장벽을 넘어서더라도, 전체 주들 가운데 4분의 1에 1개 주만 합류해도 이를 거부할 수 있다. 따라서 만약 대법원이 심지어 전체 유권자의 거의 대다수가 지지하는 법률을 무효화한다 해도 이에 실망한 다수가 그 참에 헌법을 개정해 버리는 일은 일어나기 어렵다. 이와 반대로 헌법이 다수에 의해 쉽게 개정될 수 있다면, 위헌법률심사권의 옹호자들이 얘기하는 그 제도의 장점들 대부분 역시 사라질 것이다. 따라서 헌법 수정 권한과 분리해서 위헌법률심사권을 논할 수는 없다.

전체 유권자 가운데 다수가 논쟁적인 특정 정책을 실제로 선호하는지를 확인할 수 있는 경우는 거의 없지만, 아동노동 방지 법안의 경우에는 다수가 연방 법률안을 지지했다는 증거가 확실하다. 1916년 민주당이 다수를 차지했던 의회는 미국 역사상 최초의 아동노동법을 하원에서 337 대 46, 상원에서 52 대 12로 통과시켰다. 2년 후, 대법원은 5 대 4 투표로 이 법이 위헌이라는 결정을 내렸다. 불과 8개월 뒤에 새롭게 선출된, 공화당이 다수였던 의회는 새로운 아동노동 방지법을 하원에서 312 대 11, 상원에서 50 대 12로 통과시켰다.[7] 3년 후 대법원은 이를 8 대 1로 헌법에 위배된다고 판결했고, 즉시 헌법 수정안이 의회에 제출되었다. 1924년 297 대 69로 이 수정안은 하원을 통과했으며 상원에서는 61 대 23으로 통과했다. 초기 몇 개 주에서 인준을 거부하거나 입장을 번복하기도 했지만 12년 안에 전체 인구의 50퍼센트 이상이 살고 있는 24개 주의 의회가 이 수정안을 통과시켰다. 1938년이 되었을 때, 전체 인구의 55.6퍼센트가 살고 있는 28개 주가 이를 통과시켰다.[8] 그해에 의회는 〈공정근로기준법〉Fair Labor Standards Act을 통과시켰는데, 이는 아동노동을 불법화하는 조항들을 포함하고 있었다. 1942년 대법원은 이 법령이 합헌임을 인정했다. 따라서 모든 기준에서 볼 때, 20년 넘게 입법부의 다수가 아동노동 방지 법안을 찬성했다고 말해도 무방할 것 같다. 그리고 그로부터 이렇게 추론하는 것이 위험하기는 하지만, 전체 유권자의 다수 역시 아동노동 방지 법안을 지지했을 것 같다. 그러나 대법원의 판결들이 미 의회 내의 소수 그리고 아마도 전체 유권자의 소수 편에 섰기 때문에, 이들 소수가 아동노동 방지 법안에 효과적으로 거부권을 행사할 수 있었다.

의회 법안에 대한 대법원의 거부권은 열정적인 소수를 무관심한 다수로부터 보호하는 문제에 답을 제공하는가?9 대법원 쪽 입장의 사람들은 그런 식의 구분을 하지 않는다는 점을 바로 얘기해야겠다. 그와 반대로, 대법원과 그 열렬한 지지자들의 관점에서 보자면, 소수의 권리가 보호되어야 하는 것은 정확하게 말해 열성적인 입법 다수파law-making majority로부터다. 1895년 조셉 초트는 다음과 같이 소득세를 공격하면서 대법원의 적절한 역할에 관한 일반적인 인식을 뚜렷이 보여 주었다.

…… 내 박식한 친구가 말미에 얘기했듯이, 이 주제를 둘러싸고 인민들의 열정이 고양되고 있는 것이 사실이고 6천만 명의 시민들이라는 이 힘센 대군이 대법원의 결정에 분노하게 될 것임이 사실이더라도, 대법원이 마셜이 과거에 그랬듯이 다시 단호하고 용기 있게 다음과 같이 선언하는 것이 이 나라의 미래 복지에 더욱 중대하다. 즉, 대법원은 의회 법률의 위헌성을 판단해 무효화할 수 있는 권한을 가지고 있고, 이에 대한 대중 혹은 민중의 분노가 아무리 위협적인 결과를 가져오더라도, 그 권한을 사용하는 데 주저하지 않을 것이다.10

그럼에도 불구하고 의회 법률에 대한 위헌 법률 심사의 과정이 무관심한 다수의 침해로부터 열정적인 소수를 효과적으로 사실상 보호하면서 동시에 상대적으로 열정적인 다수가 자신들의 목적을 달성하는 것을 방해하지는 않았다고 말해도 무방한가? 만약 그렇다면 대법원을 심각한 비대칭적 의견 대립의 문제를 해결하는 괜찮은 해결책으로 여길 수 있을 것이다.

무관심한 다수를 열정적 다수와 구분할 수 없는 한 이 문제에 답할 수 없다는 것이 이제 분명해졌다. 하지만 어떻게 하면 구분할 수 있을까? 무엇보다 먼저 어떻게 다수의 선호임을 확신할 수 있는가? 최근까지도 그 어떤 (과학적인) 여론조사도 없었다. 선거 전에 실시된 과학적 여론조사 자료가 없을 때 연방 선거 결과 나타난 득표수도 기준이 되기 어렵다. 왜냐하면 선거운동에서 제기되는 쟁점들은 항상 너무 복합적이어서, 과감하게 추측하지 않는 한 대통령의 득표율을 특정 법안에 직접 연관시킬 수는 없기 때문이다.[11] 심지어 정교한 여론조사 기법을 사용할 수 있는 오늘날에도 바로 직전 선거에서 제기된 다양한 쟁점, 후보, 투표 행태의 상대적 중요성을 확신할 수 없는데, 한 세대나 한 세기 이전에는 더욱 그랬을 것이다.

따라서 우리가 지금 시점에서, 앞선 수십 년 동안의 연방 선거에서 다수의 선호가 어땠는지 자신 있게 말할 수 없다고 나는 믿는다. 어떤 법안이 어느 정도의 득표율로 양원에서 통과/기각되었으며, 대통령에 의해 서명/거부되었다는 것 정도가 우리가 얘기할 수 있는 전부다. 따라서 이어지는 논의에서는, 방금 언뜻 이야기한 대로, 양원 모두에서 투표 참여 의원의 다수 그리고 이들의 의사를 따르는 대통령, 이런 제한적 의미에서의 입법 다수파에 대해서만 논의하겠다.

구체적인 법안에 대한 다수의 선호를 알기 어렵다면, 가상의 다수가 상대적으로 열성적이었는지 무관심했는지를 알기는 더욱 어렵다. 아마도 유일하게 이용할 수 있는 기준은, 법안의 재통과, 헌법 개정, 대법원의 관할권 변경, 대법관의 수를 늘려 자신에게 우호적인 대법관을 추가로 선발하기, 그 밖에 뭔가 새로운 결과를 만들어 내려는 노력을 얼마나 기울였는가 하는 점이다. 이런 제한적인 의미에서만, 소득세를 지지하거나 아동 노동에 반대하는 입법 다수파는 무관심하지 않았다는 식으로 얘기할 수 있다.

똑같이 제한적인 의미에서, 우리는 입법 소수파law-making minority를 논할 수 있다. 설사 이 소수파가 전체 유권자들 가운데 소수의 선호만을 대변하는지 아닌지 우리가 늘 알지는 못하지만 말이다. 그리고 이들의 활동과 지속성을 통해 선호의 강도를 확인해 볼 수 있다.

근거가 확실한 추론들만 고집해서는 우리 문제에 대해 자신 있게 논할 수 없다는 점이 유감스럽게도 너무나 분명하다. 실제로 이것이 우리가 내릴 수 있는 가장 중요한 결론일 수 있는데 그 이유는 다음과 같다. 즉, 열성적인 소수를 무관심한 다수로부터 보호할 수 있는 절차들을 우리가 찾고 있는데, 과거의 경험에 비추어 어떤 제도적 장치들이 괜찮아 보인다고 가정해 보자. 하지만 이 과거의 경험을 확실하게 해석할 방법을 전혀 갖고 있지 않아서 그 경험이 우리의 문제와 어떤 관련이 있는지 보여 줄 수 없다면, 우리는 그 제도적 장치들을 옹호하려는 시도를 별 근거 없는 선입견에 불과한 것으로 간주할 수밖에 없다.

그럼에도 불구하고 대법원의 역사적 경험으로부터 어떤 잠정적인 결론들을 끌어낼 수 있는지를 살펴보는 것은 유용하다. 전체 역사를 통틀어, 대법원이 의회 법률을 위헌으로 판단한 판결은 77건이다.[12] 이 가운데 약 3분의 1의 경우, 위헌 판결을 받은 의회 법률이 애초 목표했던 바가 나중에 다른 수단을 통해 달성되었다. 5분의 1은 4년 이내에 후속 조치가 취해졌다.¹³ 적어도 4건은 20년이 넘게 걸렸다. 사법적 거부권의 가장 극단적인 사례는 아동노동 법안인데, 처음 입법 다수파가 제안하고 대법원이 최종적으로 동의하기까지 총 26년이 걸렸다. 부두 하역 인부들과 항만 노동자들의 재해 보상을 위한 연방 정부의 법률 제정에는 25년이라는 시간과 3번의 각기 다른 법안이 필요했는데, 1917년 민주당 다수 의회에서 한 번, 1922년 공화당 다수 의회에서 또 한 번, 그리고 1927년 공화당 다수 의회에서가 세 번째였다. 미국에 소득세를 도입하는 데는 19년, 두 번의 다른 법률, 그리고 헌법 수정안이 필요했다.¹⁴

위헌 판결 이후에 다른 수단을 통해서도 애초 입법 목적을 달성하지 못했던 남은 3분의 2 가운데, 상당수는 임시 법안들이었고, 많은 경우 법안의 사소하거나 부차적인 조항에 관한 것이었다. 끈질긴 입법 다수파가 끝까지 목적을 달성하지 못한 경우는 없었다고 나는 믿는다.

끈질긴 입법 다수파에게 유리한 점이 있다면 노쇠와 사망이다. 대법원은 지속되지만 대법관은 죽음을 피할 수 없다. 대법원의 역사를 보면, 평균 23개월마다 한 명의 새로운 대법관이 임명되었다. 따라서 입법 다수파는 대통령 임기 한 번에 두 명의 신임 대법관, 임기 두 번이면 네 명의 대법관을 임명할 기회를 갖는다. 전체 대법관 가운데 30퍼센트 이상이 8년 이하로 봉직했으며, 중간 값은 15년이다(〈표 1〉 참조). 대통령과 상원이 대법관 지명자들의 견해를 신중하고 꼼꼼히 따져 보며, 지명자들은 대개 다수당에 소속되어 있거나 그 당의 정견에 호의적이므로, 결국 "대법원이 선거 결과를 따르"게 되는 것은 그리 놀랍지 않다.¹⁵ 놀라운 것은 일부 경우 시간이 많이 걸린다는 사실이다.

이 절을 시작하면서 가졌던 의문으로 돌아가서, 우리가 타당하게 내

표1_대법관의 재직 기간

년 수	비율	누적 비율
1~4	9.2	9.2
5~8	21.8	31.0
9~12	14.9	45.9
13~16	14.9	60.8
17~20	8.1	68.9
21~24	11.5	80.4
25~28	9.2	89.6
29~32	5.8	95.4
33~36	4.6	100.0
	100.0	

릴 수 있는 결론은 무엇인가? 현재까지의 증거는 다음을 얘기해 준다.

1. 대법원이 연방 정부의 법률을 위헌이라 판결했던 사례들 가운데 약 3분의 2에서, 우리는 입법 다수파가 열성적이지 않았었다고 추론할 수 있다. 이 경우 입법 다수파는 다른 방법을 통해 그 법률의 목적을 달성하려는 후속 노력을 전혀 기울이지 않았다.

2. 그러나 심지어 이런 경우들에서조차, 대법원이 보호했던 그 소수의 선호가 어떤 의미에서든 더 열정적이었는지를 우리는 알 도리가 없다. 법원으로 문제를 끌고 간 행위 자체가, 상대적으로 열정적이었음을 보여 주는 충분한 증거라고 얘기할 것이 아니라면 말이다.

3. 나머지 약 3분의 1의 경우, 거부권의 효과는 다른 방법으로 극복되었다. — 심지어 내전인 남북전쟁을 거쳐야 하기도 했다.

4. 그러나 소득세, 아동노동, 노동자의 재해 보상, 여성 노동 시간 및 임금에 대한 규제 등을 포함하는 일부 사례에서는, 대법원이 명백하게 열

성적인 입법 다수파를 무려 사반세기 동안이나 효과적으로 지연시켰다.

따라서 헌법 개정이 어렵다는 점과 결부된 위헌법률심사권 체제가, 열성적인 소수의 선호가 무관심한 다수에 의해 꺾이지 않도록 효과적으로 막는 동시에 열성적인 다수를 제약하지는 않는다고 결론 내릴 수는 없다. 다시 말해, 다섯 번째 조건을 충족시키지 못한다. 그러므로 해결책을 대법원에서 찾을 수는 없다.

VI

상원에서 주들이 동등하게 대표되는 것은 바람직하지 않다는 점을 제임스 매디슨보다 더 강하게 헌법제정회의에서 주장했던 사람은 아마 없었을 것이다. 그는 "공화주의 원칙"과, 개인이 아닌 지리적 실체가 동등하게 대표되는 것 이 둘 간의 근본적인 모순에 관해 얘기되어야 하는 거의 모든 것을 주장했다. 그러나 결국 매디슨도 새로운 연방 체제에 작은 주들이 참여하는 것을 보장하기 위해 필요한 타협책으로 이 동등 대표 체계를 받아들였다. 그는 이 타협을 전적으로 원칙의 문제가 아닌 어쩔 수 없는 편의적 방편이라고 보았다. 그 뒤로 여러 해가 지나면서 이 편의주의적 타협은 원칙으로 탈바꿈되었고, 매디슨 자신의 정치 이론이 이를 정당화하기 위해 사용되었다. 상원에서의 동등 대표는 전제적인 다수에 반해 소수를 보호하는 장치로 자주 얘기된다. 이 책의 맥락에서 볼 때 상원에서의 동등 대표는, 열성적 소수가 무관심한 다수에 맞서고 있는 심한 비대칭적 의견 대립에 대한 해결책이 된다고 해석할 수 있는가?[16]

위헌법률심사권을 논할 때와 마찬가지로, 어떤 증거를 바탕으로 이 문제에 답하기란 매우 어렵다. 강도와 상대적 무관심을 구분하기 위해 우리가 사용했던 기준이 더 이상 적용되지 않는다는 것이 당장 명백하고, 적절한 기준을 찾을 수 있을지 확신하기 어렵다. 상원이 (짐작하건대 대통령이나 하원의 다수가 지지하는 정책들로부터) 소수를 보호하는 상황을 구별해 내기도 매우 어렵다. 따라서 우리가 분명하게 내릴 수 있는 한 가지 결론은 다음과 같다. 실제 사실이 무엇이든, 상원이 강도 문제를 해결하는 기제임을 밝히려는 시도는, 최선의 경우에도 기껏해야 잠정적인 합의밖에는 끌어낼 수 없는 그런 매우 불확실한 주장들에 의존할 가능성이 크다.

유일한 방법은, 심각한 비대칭적 의견 대립의 문제를 동등 대표가 해결하거나 적어도 완화시키는지 밝혀내기 위해, 소수가 상원에서 "과대 대표되는" 경우들을 가능한 한 검토해 보는 것이다. 그러나 먼저 세 가지 점이 지적되어야 한다. 첫째, 상원에서 모든 주가 동등하게 대표되어야 한다는 주장은, 규모가 작은 주를 "작은 이익"과 등치시키고, 다시 작은 이익을 "작은" 혹은 힘없는 개인으로 등치시키는 잘못된 심리적 등식에 의존하는 것으로 보인다. 이에 따라 상대적으로 힘없는 개인을 힘센 사람들의 공격으로부터 보호해야 한다는 우리의 인도주의적 열망이 작은 주들을 위해 환기된다. 그러나 주는 사람으로 구성되어 있으며 우리가 관심을 갖는 것은 사람들의 이해관계다. 따라서 우리가 알고 싶은 것은 상원에서의 동등 대표로 누가 이익을 얻고 누가 불이익을 받는가이다.

나는 우리가, 모든 소규모 이익집단이 정책에 대한 거부권을 가져야 한다는 원칙을 지지하고 싶어 하지 않으리라 생각한다. 왜냐하면 그럴 경우 어떤 상황에서도 만장일치가 아닌 한, 입법 다수파는 행동에 나서는 것이 허용되지 않을 테니 말이다. 따라서 "공화주의 원칙"의 운용만이 아니라 정부의 존재 자체가 불가능해질 것이다. 거부권을 가장 먼저 행사하는 이들은 아마도 조직 폭력배, 살인자, 도둑, 즉 범죄자일 수 있다. 나머지도 천천히 기다리고 있지는 않을 것이다. 자본가, 노동자, 농민, 심지어 대학교수, 착취자와 피착취자, 사회적인/반사회적인 사람들, 노동을 착취하는 공장주, 노동 관련 불법 이익을 갈취하는 자들, 징병 기피자, 소득세 탈루자, 그리고 여타 수많은 집단들이 공공 정책에 거부권을 행사할 것이다. 분명히 우리는 곧 [홉스가 『리바이어던』에서 말했듯이] "예술도 문학도 사회도 없고 무엇보다 최악인, 폭력적 죽음에 대한 영구적 공포와 위험, 고독하고 가난하고 추잡하고 짐승 같으며 짧기 그지없는 인간의 삶"에 처한 자신을 발견하게 될 것이다.

둘째, 만약 상원이 특정 지역에 위치하는 어떤 소수들을 대표 혹은 과대 대표한다면, 이를 해당 지역의 모든 소수를 대표하는 것으로 가정하지 않도록 조심해야 한다. 그런 가정은 명백히 잘못된 것이다. 소수의 내부에도 소수가 존재한다. 한 지역 내의 지배적 집단은 상원에 의해 대표될 수 있겠지만 해당 지역 내의 부차적인 소수집단은 배제된다. 따라서 상원의 거부권은 한 지역 내 소수집단에 대한 그 지역 지배 집단의 통제를 지속시키거나 확장시킬 수도 있다. 남부의 흑인, 서부 농장의 계절노동자, 남서부의 멕시코 불법 이민자, 이들은 분명히 상원에서의 동등 대표 체제로 혜택을 입는 소수가 아니다. 모든 이에게 완전한 정치적 평등이 보장되는 상황에서조차, 입법기관에서 지리적 단위들이 동등하게 대표된다는 원칙이 보호하는 지역적 소수가 그들의 지방에서는 다수일 것이고, 그 지방의 패배한 소수는 동등 대표에 의해 보호받지 못할 것이라는 점을 기억해 두어야 한다. 그 지방의 소수가 전국 전체 유권자 중 다수의 선호와 동일한 선호를 갖는다면 지리적 영역의 동등 대표는, 역설적이게도 다음과 같은 역할을 하게 된다. 그 지방에서 다수가 소수를 억압하지 못하도록 정부가 적극적으로 보호해야 하는 상황에서, 오히려 소수를 위한 그 보호막을 벗겨 버린다.

셋째, 지리적 단위들의 동등 대표는 인구가 희박한 지역에 집중되어 있는 몇몇 소수를 과대 대표하지만 고도의 인구 밀집 지역에 집중되어 있는 소수들은 과소 대표한다. 게다가 한 지역에 집중되어 있지 않은 한 [따라서 해당 지역 내의 다수가 되지 않는 한], 소수는 주의 동등 대표로부터 전혀 보호받지 못한다. 모든 소수가 모든 주에서 투표자 가운데 같은 비율을 차지하고 있는 사회에서라면, 그 어떤 소수도 주의 동등 대표로부터 보호받지 못할 것이다. 그렇다면 인구가 작은 지역에 지리적으로 집중된 소수들이 이렇게 특별한 대접을 받는 이유는 무엇인가? 역사적으로 근거를 들어 그 이유를 설명할 수도 있겠지만 그것만으로는 심한 비대칭적 의견 대립이라는 우리 문제에 대한 해결책으로 그다지 타당한 답변이라 할 수 없다.

우리가 전체 인구가 아니라 단순히 전체 유권자가 대표되는 정도에 관심이 있다면 유권자의 수에 따라 주들의 순위를 매길 수 있다.[17] 〈표 2〉는 모든 주를, 1952년 미국 하원 선거에 출마한 후보자들에게 행사된 총 투표수 순으로 정렬한 것이다. 전체 투표자의 54퍼센트를 차지하는 여덟 개의 가장 큰 주들이, 전체 투표자의 3퍼센트에도 미치지 못하는 여덟 개의 가장 작은 주들과 똑같은 수의 투표권을 상원에서 가진다는 것을 알 수 있다. 전체 투표자의 15퍼센트 미만을 대표하는 상원 의원들만으로도 상원에서 다수를 구성할 수 있다. 따라서 전체 투표자 85퍼센트의 대표

표 2

	주	각 주의 유권자 수*	전국 유권자 수에서 차지하는 비율	누적 비율	이득 지수**
1	네바다	81	.14	.14	14.8
2	와이오밍	127	.22	.36	9.4
3	버몬트	153	.27	.63	7.8
4	델라웨어	170	.30	.93	7.0
5	노스다코타	231	.40	1.33	5.2
6	뉴멕시코	233	.41	1.74	5.1
7	메인	234	.41	2.15	5.1
8	미시시피	240	.42	2.57	5.0
9	아리조나	248	.43	3.00	4.8
10	몬태나	256	.45	3.45	4.7
11	뉴햄프셔	258	.45	3.90	4.6
12	아이다호	264	.46	4.36	4.5
13	사우스캐롤라이나	284	.49	4.85	4.2
14	사우스다코타	287	.50	5.35	4.2
15	유타	326	.57	5.92	3.7
16	앨라배마	342	.59	6.51	3.5
17	아칸소	361	.63	7.14	3.3
18	로드아일랜드	407	.71	7.85	2.9
19	루이지애나	416	.72	8.57	2.9
20	버지니아	447	.78	9.35	2.7
21	조지아	547	.95	10.30	2.2
22	네브래스카	566	.98	11.28	2.1
23	콜로라도	606	1.06	12.34	2.0
24	오리곤	666	1.16	13.50	1.8
25	테네시	700	1.22	14.72	1.7
26	플로리다	739	1.28	16.00	1.6
27	캔자스	824	1.43	17.43	1.46
28	메릴랜드	841	1.46	18.89	1.43
29	웨스트버지니아	874	1.52	20.41	1.37
30	오클라호마	933	1.63	22.04	1.28
31	켄터키	951	1.66	23.70	1.26
32	워싱턴	1016	1.77	25.47	1.18

33	코네티컷	1093	1.90	27.37	1.1
34	노스캐롤라이나	1122	1.95	29.32	1.08
35	아이오와	1143	1.99	31.31	1.05
36	미네소타	1388	2.41	33.72	0.86
37	위스콘신	1568	2.73	36.45	0.76
38	텍사스	1719	2.99	39.44	0.70
39	미주리	1861	3.24	42.68	0.64
40	인디아나	1935	3.37	46.15	0.62
41	매사추세츠	2289	3.98	50.03	0.52
42	뉴저지	2315	4.03	54.06	0.52
43	미시건	2772	4.82	58.88	0.43
44	오하이오	3382	5.88	64.76	0.36
45	일리노이	4352	7.57	72.33	0.28
46	펜실베이니아	4507	7.84	80.17	0.27
47	캘리포니아	4563	7.93	88.10	0.26
48	뉴욕	6910	12.01	100.11***	0.17
	전체 평균	57,559 1,199			

주: * 1952년 하원 선거에서의 투표자 수. 출처: Statistics of the Presidential and Congressional Election of November 4, 1952 (Washington, D.C.: U.S. Government Printing Office, 1953)

$$\text{이득지수} = \frac{\text{실제 대표방식}}{\text{비례 대표방식}} = \frac{\frac{1}{48}}{\frac{\text{주 유권자수}}{\text{전국 유권자수}}} = \frac{\text{평균 주 유권자수}}{\text{주 유권자수}} = \frac{1,199,9000}{\text{주 유권자수}}$$

** 실제 대표 방식과 비례 대표 방식이 같으면 이득 지수는 1임.
*** 합계는 반올림 때문에 100퍼센트보다 많음.

자들이 선호하는 정책이 전체 투표자 15퍼센트의 대표자들에 의해 거부될 수 있다. 네바다 주는 대표권이 엄격하게 유권자 수에 따라 할당되었을 때보다 거의 15배나 많은 대표권을 가진다. 뉴욕 주는 투표자가 평등하게 대표된다면 가졌을 대표권의 6분의 1만 갖는다. 따라서 네바다 주에서 행사된 평균 투표는, 다른 조건이 같을 때, 뉴욕 주에서 행사된 평균

표 3

주의 수	전체 주의 수에서 차지하는 비율	전체 투표자에서 차지하는 비율*	상대 이득**	집단	이들 주에서 집단의 비율
9 + D.C.	18.8	7.8	2.4	흑인	50.5
11	22.8	13.2	1.7	소작농	68.0
8	16.7	12.5	1.3	계절노동자***	33.0

주 : * 1952년 11월 미 하원 선거에서의 투표 수
** 전체 주의 수에서 차지하는 비율 / 전체 투표자에서 차지하는 비율
*** 150일 이상 농장을 떠나 일하는 노동자
출처: 1950 census: Vital statistic, census of agriculture

표 3.1

주의 수	전체 주의 수에서 차지하는 비율	전체 투표자에서 차지하는 비율	상대 이득	집단	이들 주에서 집단의 비율
8	16.7	9.2	1.8	농민	35.4
7	14.6	6.2	2.4	양모 생산업자	57.6
6	12.5	5.0	2.5	면화 농장 종사자	67.0
4	8.3	1.9	4.4	은광 광부	84.4

출처: 1950 census, census of agriculture, Bureau of Mines, Minerals Yearbook

표 3.2

주의 수	전체 주의 수에서 차지하는 비율	전체 투표자에서 차지하는 비율	상대 이득	집단	이들 주에서 집단의 비율
12	25.0	51.0	0.49	임금노동자	53.7
2	4.2	9.4	0.45	석탄 광부	58.8

출처: 1950 census: Characteristic of the population

투표의 85배의 가중치를 갖는다. 35개 주는 과대 대표되며,[18] 13개 주는 과소 대표된다. 23개 주는 투표자 수에 비례해 배분했을 때보다 두 배 이상 되는 대표권을 가지며, 여덟 개의 가장 큰 주들은 투표자 비례로 받을

수 있는 것보다 절반 이하의 대표권만 갖는다.

얼마나 큰 차이가 발생하고 있는지에 대한 이야기는 이 정도만 하겠다. 동등 대표 덕분에 어떤 집단들이 이로워지거나 불리해질 수 있는가? 〈표 3〉은 자신들의 주에서 지배적인 세력에 포함된 적이 없으며 주의 동등 대표에 의해 보호된 적이 없는 (심지어 불이익을 당한) 세 집단을 보여 준다. 반면 〈표 3.1〉에는 과대 대표 덕분에 이익이 증진되었을 수도 있는 집단들이 포함되어 있다. 〈표 3.2〉에는 과소 대표에 의해 불이익을 받았을 수 있는 집단들이 나타나 있다.

이 표들에서 흥미로운 것은 동등 대표로 말미암아 어떤 집단이 이익을 얻고 어떤 집단이 손해를 입는가는 순전히 운에 달린 것 같다는 점이다. 자연권이나 상대적 강도 그 어느 쪽에 기반을 둔 주장이건, 흑인, 소작인, 계절노동자, 임금노동자, 석탄 광부는 과소 대표되어야 하는 반면 농민과 양모, 면화, 은 생산자들은 과대 대표되어야 하는 이유를 제시하고 있다고 보기는 어렵다.

요약하면 이렇다.

1. 주의 동등 대표 그 자체가 보호하는 유일한 소수들은 인구 희박 지역에 지리적으로 집중되어 있는 소수들이다.
2. 그러나 이런 지역의 일부 소수는 보호받지 못한다. 사실, 지배적 집단의 대표자들은 상원에서 자신들이 과대 대표되고 있는 점을 이용해, 보호받지 못하는 이들을 위한 행동을 막을지도 모른다.
3. 인구가 밀집된 지역의 소수들은 주의 동등 대표 체계에서 과소 대표된다.

4. 이들 다양한 집단의 상대적 강도를 결정하는 것은 불가능하다. 하지만 이득과 손해는 순전히 운에 따른 것이지 그 어떤 일반 원칙에 의한 것이 아니라는 점은 분명해 보인다.

'코네티컷 타협'을 무효화해야 한다고 제안하려는 것은 아니다. 다만 불가피했던 거래를 민주주의 정치의 대원칙으로 낭만화하는 것은 상당히 얼빠진 일이라고 얘기하고 있을 뿐이다.

VII

그렇다면 이 강도의 문제에 대해 우리는 어떤 결론에 도달할 수 있는가?

첫째, 느낌상의 강도가 실제 사실이라고 아무리 강하게 믿을지라도, 개인 간 느낌의 차이를 직접 관찰하고 측정할 수는 없다. 그러므로 느낌상의 강도 문제를 다루는 정치적 규칙을 만드는 것은 불가능하다. 비록 그런 규칙들이 아무리 도덕적으로 바람직할지라도 말이다.

둘째, 우리가 관찰할 수 있는 행위를 기준으로 강도를 정의하는 데 만족할 수 있다면 이론적으로는 개인들 간 선호의 강도를 비교할 수 있다.

셋째, 다수와 소수 간의 강도 차이와 관련해 가능한 여러 다양한 분포 상태들 가운데 몇몇은 민주주의 이론에 큰 문제를 제기하지 않지만 적어도 한 가지 분포 상태에서는 민주적 해결책이 불가능해 보인다. 그러나 마지막 경우, 즉 상대적으로 무관심한 다수가 반대하는 대안을 상대적으로 열성적인 소수가 선호하는 모든 상황은 몇몇 흥미로운 질문을 제기한다.

넷째, 미국의 입헌 체제는 이 세 번째 문제를 다루기 위해 특별히 설계되었다고들 하지만, 위헌법률심사권도 상원에서의 주의 동등 대표도 전혀 해결책을 제시하지 않는다.

마지막으로, 이 분석은 입헌적 또는 절차적 규칙들을 통해 강도 문제를 해결할 수 없다는 것을 (증명하지는 못하지만) 강력하게 시사한다.

부록

A. 다수와 헌법 개정 과정

예를 들어 미국의 주와 같은, 한 국가의 지리적 단위들 가운데 일정한 수가 동의함으로써 헌법을 개정하는 방식 자체에 대해서는 다음을 주목할 만하다. 즉, 이 방식은 전체 유권자의 절반을 가까스로 넘는 다수가 헌법을 개정하는 것을 불가능하게 만들지도 않으며, 또 그런 다수만으로 충분히 헌법을 개정할 수 있음을 보장하지도 않는다. 이를 보여 주기 위해 다음과 같이 가정해 보자. ⓐ 각 주의 의회는 그 주 전체 유권자의 다수가 원하는 바를 완벽히 반영한다. ⓑ 전체 인구는 모든 주에 균일하게 배분되어 있다. ⓒ 헌법 수정안이 채택되려면, 전체 주들 가운데 4분의 3에서 주 의회가 헌법 수정안을 승인해야만 한다. 마지막으로 ⓓ 주 의회들 가운데 4분의 3은 이 수정안을 승인하고 4분의 1은 승인하지 않는다. 그렇다면 전국 유권자의 다수가 이 수정안을 찬성하고 있는 상황 혹은 찬성하고 있지 않은 상황을 보여 주는 공식을 만들 수 있다. 헌법 수정안에 대해 주 의회가 찬성하는 4분의 3 주들 각각에서 그 수정안에 동의하는 유권자의 백분율을 x라 하자. 그리고 헌법 수정안에 대해 주 의회가 반대하는 나머지 4분의 1의 주들에서 그 수정안에 찬성하는 유권자의 백분율은 y라 하자. 위 가정 ⓐ에 따르면, x는 항상 50보다 커야 하며, y는 50보다 적어야 한다. 그렇다면 전국 유권자의 다수가 그 수정안에 찬성하기 위해서는 다음이 충족되어야 한다.

$$y > 200 - 3x$$

표 4

찬성하는 주에서 지지자의 비율 (x)	반대하는 주에서 필요한 비율 (y)
50.01	49.97
50.1	49.7
51.0	47.0
52.0	44.0
53.0	41.0
66.0	2.0
66.66	0

따라서 만약 y가 이 값과 같거나 작다면, 그 수정안은 전국 유권자의 소수만이 찬성함에도 불구하고 통과될 것이다.

〈표 4〉는 [이 공식에 대입해 볼 수 있는] 가능한 값들 가운데 몇몇을 제시한다.

따라서 이를테면 [이 책 초판이 출판될 당시 미국의 주는 48개였으므로 헌법 개정에 필요한 4분의 3인] 36개 주 유권자 전체의 51퍼센트가 수정안에 찬성하면, 절반을 가까스로 넘는 다수라는 우리의 가정대로, 이 수정안은 채택될 것이다. 그런데 이 경우에도 실제로 전국 유권자의 절반을 가까스로 넘는 다수는 그 수정안을 지지할 수도 있고 반대할 수도 있다. 즉, 나머지 12개 주 유권자 전체의 47퍼센트 이상도 이 수정안을 지지하고 있다면 전국 유권자의 다수가 이를 지지하고 있는 것이다. 하지만 이 12개 주 유권자의 47퍼센트 미만이 수정안을 지지하고 있다면, 그때에는 전국 합계로는 전체 유권자의 소수만이 이를 지지하는 상황에서도 이 수정안이 채택될 것이다(방금 예로 들었던 구체적 수치는 각 주

내에서의 유권자 비율로 생각해도 되고, 혹은 수정안 지지 주들이나 반대 주들의 전체 유권자의 산술적 평균값이나 비율로 간주해도 된다).

심지어 헌법 수정에 필요한 조건을, 전체 주들의 절반을 딱 넘는 다수($\frac{n}{2}+1$)로 낮추어도 상황은 마찬가지로 가늠할 수 없다는 것을 앞서의 방식으로 보여 줄 수 있다. 즉, 수정안은 다수의 지지 혹은 다수 미만의 지지로 통과될 수도 있고, 심지어 다수의 지지를 받더라도 통과되지 못할 수 있다.

만약 각 주가 동일한 인구수 혹은 동일한 유권자 수를 갖는다는 부자연스러운 가정 ⓑ를 제거하면 상황은 더욱 이상해진다. 예를 들어, 1952년 투표율을 볼 때, 전체 유권자의 31.3퍼센트가 살고 있는 36개 주에서 절반을 간신히 넘는 다수는 원칙적으로, 헌법을 수정할 수 있다. 따라서 헌법 개정은 전체 유권자의 16퍼센트만 지지해도 가능할 것이다. 다른 한편, 11개 주에 집중되어 있는 전체 유권자의 63퍼센트는 헌법을 개정할 수도 없고 발의된 개정안에 거부권을 행사할 수도 없다.

지금까지의 논의는 이런 상황들이 실제로 일어나거나 일어날 수 있음을 보여 주려는 것이 아니다. 그보다는 단순히, 지리적 단위들의 승인을 통한 헌법 개정 방식 그 자체로는 다수가 헌법을 개정할 수 있는지의 여부에 대해 어떤 확실한 답변도 내릴 수 없다는 점을 보여 주고자 함이다.

B. 대법원과 흑인의 권리

남북전쟁 이후 흑인의 권리를 확장하고 보호하는 법안을 다뤘던 6건의 판결은, 입법 다수파의 끈질긴 노력이 대법원에 의해 좌절된 대표적인 사례로 인용되어야 한다고 주장될 수도 있겠다. 하지만 좌절한 의회 다수파가 실제 있었음을 입증하기란 불가능하다. 법안은 남부의 민주당이 [남북전쟁에서 남부가 패배한 뒤] 여전히 의회로부터 배제되고 급진적인 공화당이 강력한 세력을 이루고 있었던, 율리시스 S. 그랜트 대통령의 두 번 임기 동안 모두 통과되었다. 첫 번째 대법원 판결은 1876년에 내려졌으며, 1883년에 두 건, 그리고 1887년, 1903년, 1906년에 각각 한 건이 이뤄졌다. 1876년 선거・를 역사가들은 "재결합으로의 길"road to reunion에 있어 전환점이었다고 말해 왔다. 그때 이후로 백인 지배적 남부white South의 권력이 의회에서 사실상 복구되었던 것이다. [1876년 대선 결과를 둘러싼 두 정당의 갈등에 대한] 해결책으로 이어졌던 협상, 그리고 그 해결책 자체의 성격은 최근 반 우드워드가 자신의 책 『재결합과 반동: 1877년 타협과 재건 시대의 종말』・・에서 자세하게 탐구했다. 그래서 1876년은 공화당 내 지배적인 세력이 남부의 지배적인 세력과 화해하고 백인 우월주의의 복원을, 적극적으로 지지한 것은 아니더라도, 묵인하기로 동의하는 대략적인 시점이다. 남부에 있는 흑인들의 권리를 보호하려던 마지막 법안은 1875년 2월 임기 말의 의회를 통과했고, 3월 1일 대통령에 의해 법률로 서명되었다. 3일 후 공화당이 다수

・ 공화당 러더포드 헤이즈와 민주당 새뮤얼 틸튼이 경합했으며, (일정한 토지를 소유한 백인 남성인) 유권자의 81.8퍼센트가 투표할 만큼 치열한 선거였다. 3개 주에서 선거 결과가 나오지 않아 서로 승리를 주장하며 4개월간 갈등하던 끝에 공화당의 헤이즈가 185 대 184, 한 표 차이로 당선을 확정하는 대신, 남부에 주둔 중인 연방군을 철수하고, 흑인의 민권을 위한 주법 제정을 포기하여 재건기를 끝내는 조건에 양측이 합의한다('1877년의 타협').

・・ C. Vann Woodward, *Reunion and Reaction: The Compromise of 1877 and the End of Reconstruction*(Boston: Little, Brown & Co., 1951).

였던 하원의 공식 임기가 종료되었는데, 공화당이 다시 하원을 사실상 통제할 수 있게 된 것은 15년이나 지나서였다. 공화당 지도부는 백인 우월주의에 순순히 따랐고, 민주당 지도자들은 이를 적극 요구했다. 1875년부터 1897년에 이르는 기간 동안 단 4년을 제외하고 민주당은 상하원 가운데 적어도 하나에서 다수를 이루었다. 1876년부터 1892년 사이에 5차례 대통령 선거 중 4차례에서, 민주당 후보는 공화당 후보보다 일반투표에서 더 많은 표를 획득했다. 비록 민주당이 당선된 것은 두 번뿐이었지만. 이렇게 해서 1877년 타협・은 미국 정치가 항상 기대어 온 여러 근본적 타협의 안정적인 한 부분이 되었다. 이 타협이 (만약 한 번이라도 깨졌다면) 깨진 것은 제2차 세계대전 이후나 되어서였다. 잘 알려진 것처럼 그 당시에, 흑인 시민 및 여타 집단들의 권리를 보호하는 법안을 통과시킬 수 있을 정도의 입법 다수파가 구성될 수 있어 보였는데, 남부 민주당은 이 시도를 막기 위해 상원에서 의사 진행 방해^{filibuster}를 이용했다. 의사 진행 방해를 통해 거부권이 행사되는 상황에서, 1954년 역사적 판결로 흑인의 권리를 다시 헌법 속에 법률화해 놓았던 것은 그 누구도 아닌 바로 대법원이었다. 따라서 역설적이게도 대법원은 흑인의 권리를 빼앗았을 때도, 이를 다시 돌려주었을 때도 입법 다수파와 대립하지 않았던 것으로 보인다.

・1876년 대선에서 남부 민주당이, 공화당 후보 헤이즈의 대통령 당선을 인정하는 대신 남부의 정치적 복원을 위한 반대급부를 공화당에 요구해 양당이 합의에 도달한 것을 의미한다.

C. 선호의 강도를 비교하는 것에 대한 노트

강도를 약함에서 강함까지 순서대로 정렬할 수 있는, 느낌상 강도의 연속선이 존재한다고 가정해 보자.

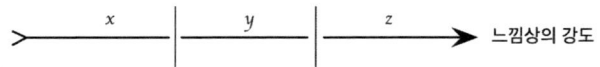

따라서 만약 개인 A의 선호의 강도가 x에 위치한다면, 그의 선호는 y에 위치하는 B의 것보다 덜 강하다.

그러나 강도를 관찰할 수 없는데 A가 x에 있고 B가 y에 있다는 것을 어떤 방식으로 알 수 있는가? 예를 들어 다음 질문에 대한 응답을 가지고 어떤 척도를 만들어 보자. "이 주제에 대해 당신은 어떻게 느끼는지 다음에서 선택해 주십시오. 매우 관심 있다. 중간. 관심 없다."

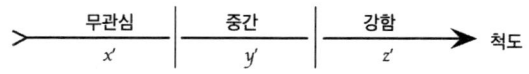

이 척도를 일련의 사건들과 연관시킬 수 있다면, 즉 이 척도 위 각 점(혹은 범위)의 상대적인 순서가 일련의 사건을 나타내는 각 점(혹은 범위)의 상대적 순서와 뚜렷하게 일치한다면, 이 척도는 일련의 사건들을 "측정한다"고 할 수 있다.

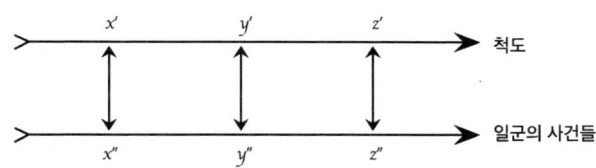

이제 우리의 척도를 이용해 순위를 매길 수 있는 일련의 행위들을 예측할 수 있다는 것을 경험적으로 알고 있다고 해 보자. 한 개인이 자신의 목표를 이루기 위해 포기한 여가 시간의 길이를 예로 들어 볼 수 있겠다. 다시 말해, 만약 A가 이 척도상에서 x'에 있다면, 그는 "포기한 여가 시간"의 연속선에서는 x''에 위치할 것이고, B가 y'에 있다면 그는 또한 y''에 있을 것이다.

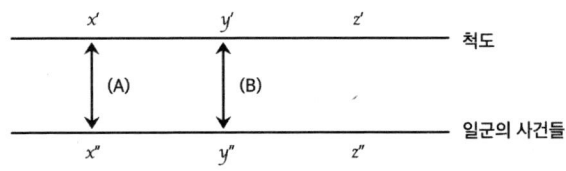

이상의 가정들을 가지고 몇 가지를 논할 수 있다.

1. 비록 느낌상의 강도를 관찰할 수는 없지만 다음 그림처럼, 그런 느낌상의 강도를 이 척도(혹은 여타의 척도들)를 통해 측정할 수 있다고 생각하고 논의를 진행해 보자는 데는 동의할 수 있다.

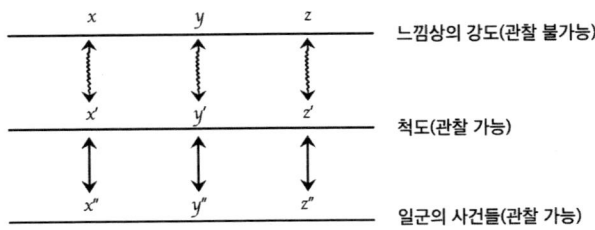

그러나 이 척도와 사건들이 모두 관찰 가능할 뿐만 아니라 관찰해 보니 서로 연결되어 있더라도, 이 척도와 사건들이 느낌상의 강도와 연결되는 것을 우리가 관찰한 적이 없다는 데 유념하자. 우리는 ⓐ 느낌상의 강도는 존재하며, ⓑ 우리의 척도가 이를 측정한다고 "합의"할 뿐이다. 하지만 이는 사실상, 엄격하게 해석하면, 느낌상의 강도를 몇 가지 관찰 가능한 항목들의 측정 결과로 재구성해서 다루는 것에 불과하다.

2. 그렇게 보면 우리 목적을 위해, 이처럼 재구성된 "느낌상의 강도" 따위는 버리자고, 즉, 가정 ⓐ와 ⓑ를 버리자고 합의할 수도 있다. 이 경우 우리의 척도는 단순히 관찰 가능한 일군의 사건들의 예측 변수로 취급된다. 즉, A가 x'에 있다면 그는 또한 x''에 있을 것이다(혹은 그가 x''에 있을 확률 P를 알 수 있다). 우리가 원한다면, 우리 척도에 "강도"의 척도라는 이름표를 붙여도 무방하다. 단 우리가 그 이름표는 측정값이라는 의미에 불과하며 그 이상 확대해석하지 않는다면 말이다.

만약 우리의 관심이 도덕 윤리적인 것에 있고 실제 느낌상의 강도에 대해 고민하고 있다면 2의 논의는 충분치 않다. 그러나 어떤 해결책이든 마찬가지라고 나는 생각한다. 만일 우리가 경험적인 문제에 관심이 있다면, 예컨대 우리가 어떤 사회조직의 안정성을 예측하는 것에 관심이 있다면, 2의 논의로도 만족할 수 있다. 단 우리가 예측해 보고 싶은 사건들에 대한 척도를 발견할 수 있다면 말이다.

5

미국식 혼합 체제

마치 계속 욱신거리는 이빨처럼, 매디슨이 고민했던 다수의 전제라는 문제는 이 책 전체를 통해 끈질기게 우리를 괴롭혀 왔다. 시작부터 우리가 알게 되었듯이, 이 용어를 만족스럽게 정의하는 것조차 결코 간단한 일이 아니다. 잠시 "강도"에 대한 검토가 해답이 될 것처럼 보였지만 결국에는 이도 전혀 분명한 해결책을 내놓지 못했다.

그렇기는 하지만 지금까지의 논의에서, 이 쟁점과 관련 있는 일곱 가지 중요한 명제들을 발전시킬 수 있다고 나는 생각한다. 이 명제들이 다소는 추측에 근거하지만, 지금까지 주장했던 모든 것과 일관될 뿐만 아니라 상당 정도 그 주장에 함축되어 있다.

I

이들 명제 가운데 첫 번째는 구체적인 정책에 있어 다수가 지배하는 경우가 드물다는 것이다.

다두제적 민주주의를 분석하면서 우리는 선거 기간 동안 〈규칙〉을 최대한 달성하기 위해서는 7가지 조건이 필요하다는 것을 알게 되었다. 다시 말해, 우리는 선거 기간 동안 〈규칙〉이 얼마나 달성되는지를 측정할 수 있는 7가지 연속선에 대해 이야기했다. 이처럼 선거 기간에 충족되어야 할 조건들을 강조하는 것은 중요한데, 왜냐하면 민주적 사회가 어떻게 운영되는지에 관해 지난 한 세기 반 동안 우리가 깨닫게 된 것들, 그리고 특히 경험적 정치학의 최근 연구들, 이 모두는 정치적 평등과 인민주권을 최대화하는 데 선거가 결정적인 역할을 한다는 점을 보여 주는 것으로 해석되어야 한다고 나는 믿기 때문이다. 제1차 그리고 아마도 제2차 세계대전 이전에 민주주의 정치에 대해 우리가 믿었던 것들이 전부 터무니없는 것들이라는 주장이 일부에서 유행하고 있다. 하지만 매디슨과는 달리, 민주주의 실현을 위한 총체적 전략에서 선거 과정이 갖는 결정적인 중요성을 역설하고 있는 급진적 민주주의자들이 근본적으로 옳다는 쪽으로 내 생각은 기울고 있다. 분명히, 다두제의 사회적 선결 조건들이 존재하지 않으면, 선거 과정을 통해 위계적 정부[다두제에 반대되는 정치체제로 4장 부록에서 다룬 바 있다]를 완화하거나 피하거나 대체할 수는 없다. 하지만 만약 이 선결 조건들이 정말 존재한다면, 선거는 정부 지도자들이 일반 시민들에게 비교적 잘 반응하게끔 보장하는 결정적 방식이라 할 수 있다. 그리고 선거 이외의 여타 제도 장치들도, 선거와 사회적 선결 조건들의 존재 여부에 따라 그 실효성이 달라진다.

선거의 중요성을 이렇게 강조했지만, 전국 차원의 선거가 다수의 선호에 관해 우리에게 얘기해 주는 것이 별로 없다는 점에 주목할 필요가 있다. 엄격하게 말하면, 선거가 보여 주는 것은 공직에 출마한 후보자들에 대한 일부 시민들의 제1 선호뿐이다. 선거가 말해 주지 않는 것에 관해 살펴보자.

우선 내 생각에 다소 부차적이라고 보아도 무방한 두 가지 점이 있다. 첫째, 선거제도의 구체적 장치가 무엇인지에 따라, 과반수에는 미치지 못하나 가장 많은 투표자들[plurality]이 원했던 결과와 선거의 결론이 실제로 어긋날 수도 있다. 예를 들어, 세 번의 미국 대통령 선거에서, 가장 많은 투표자들이 선호했던 후보자가 대통령으로 당선되지 못했다. 둘째, 두 명 이상의 후보가 공직에 출마할 때, 승리한 후보가 가장 많은 표를 얻었지만 과반수에는 미달할 수 있으며, 그 경우 만약 상위 1, 2위 득표자들 간에 결선투표를 실시했다면 결과가 어떻게 됐을지는 사실 알 수 없다. 실제로 아홉 번의 미국 대통령 선거에서 승자는 일반투표에서 가장 많은 표를 얻었지만 과반수를 얻지는 못했다. 결론적으로 총 12번의 선거에서, 혹은 잭슨 대통령 이후[1] 3분의 1 이상의 대통령 선거에서 승자는 투표자 과반수의 제1 선택이 아니었다.

  이들 두 가지 점보다 훨씬 더 중요한 것은, 심지어 어떤 후보가 명백히 투표자 과반수의 제1 선택일 때조차 그가 전체 성인 혹은 전체 유권자 과반수의 제1선택이기도 한지를 우리가 전국 단위 선거에서 확신할 수 없다는 사실이다.[2] 물론 미국의 사례가 극단적이긴 하지만, 이 기본명제는 의무 투표제를 채택하지 않는 모든 민족국가에 해당된다고 할 수 있다. 만약 기권자들의 일부 혹은 전부가 실제로 투표했다면 결과가 어땠을지 확실하게 알기란 어떤 선거에서든 거의 불가능하다. 그래도 결과는 마찬가지였으리라 생각할 근거는 아주 희박하다. 우열을 가리기 힘든 선거에서는 한쪽을 지지하는 이들이 선거 막바지에 약간만 더 참여해도 그 결과가 바뀔 수 있는데, 바로 이런 경우가 1948년 대통령 선거운동의 마지막 2주일 동안 일어났던 것•으로 보인다.[3] 게다가 기권자 문제는 종종 한쪽에 다른 쪽보다 불리하게 작용하곤 한다. 예를 들어, 기권 여부는 소득, 교육, 여타 관련 요인들과 역관계를 갖는데, 여론이 백중하게 나뉜 경우 가난하고 교육받지 못한 이들의 후보는, 설사 전체 성인이나 유권자의 제1선호일 때조차, 교육받고 부유한 이들의 후보에게 패배할 가능성이 더 크다. 1952년 대통령 선거에서, [공화당 후보인] 아이젠하워를 선호했던 이들의 약 20퍼센트가 투표하지 않았던 반면 [민주당 후보인] 애들레이 스티븐슨을 선호했던 이들의 약 29퍼센트가 기권했던 것으로 보인다.[4] 만약 백중세 선거였다면 이 기권자 비율의 차이는 결정적이었을 것이다.[5]

만약 기권자 모두가 선거 결과에 무관심하다면, 2장에서 우리가 주장했듯이, 그들의 선호 혹은 더 정확하게는 그들 선호의 부재는, 성인 인구의 다수가 선호하는 것이 무엇인지를 정할 때 무시될 수도 있다. 그러나 유감스럽게도 모든 투표 불참자가 무관심한 것은 아니다. 예를 들어, 1952년에 실시된 한 전국 표본 여론조사에 따르면, 어느 정당이 대통령 선거에서 승리할지에 관심이 많다고 응답한 450명 중에서 76명(17퍼센트)이나 기권했다. 선거 결과에 "관심이 아주 많다"고 응답한 스티븐슨 지지자들의 꽤 높은 비율(28퍼센트)이 기권했던 반면, 높은 관심을 표명한 아이젠하워 지지자들 중에서는 10퍼센트만이 투표에 불참했다.[6]

마지막으로 선거가 제1선택을 나타내기 때문에 중요하다고 평가할 때 반드시 기억해야 할 점은, 상당히 많은 투표자들이 실제로는 후보자 A와 B 중에서 선택해야 한다고 생각하지는 않는다는 것이다. 즉, 많은 사

• 민주당 해리 S. 트루먼, 공화당 토머스 E. 듀이, 민주당을 탈당한 진보당의 헨리 월리스와 주권민주당 스트롬 서먼드가 경합했다. 민주당 계열이 3인으로 분열된 데다 여러 여론 조사 기관들이 듀이가 트루먼을 앞선다고 발표했으며 그의 당선을 사실화했으나 개표 후 초접전 끝에 트루먼이 승리하는 이변이 연출됐다.

표 5

	후보A가 선호하는 대안	지지율	후보B가 선호하는 대안	지지율
외교정책	u	25	v	75
농업 정책	w	25	x	75
재정 정책	y	25	z	75

람들이, 후보자 가운데 한 명에게 투표할 것인가 아니면 기권할 것인가, 이 두 가지 중에서만 선택하려고 한다.[7]

설사 이 모든 문제점을 제거할 수 있다 해도, 연방 선거에서 어떤 후보가 과반수 득표를 했다고 해서 이것이 어떤 특정 정책에 대한 과반 지지와 동일한 것이라고 해석할 수 있는 경우는 여전히 드물다. 어떤 이들은 선거 쟁점에는 무관심해도 한 후보를 선택해 투표한다. 다른 이들은 어떤 쟁점들에서 자신과 생각이 다른 후보를 지지하기도 한다. 예를 들어, 1952년 선거 표본조사에서 [노동조합의 활동을 제약하는] 태프트-하틀리 법Taft-Hartley Act에 대해 민주당과 같은 입장에 있는 사람들 가운데 29퍼센트가 이와 무관하게 [공화당 후보인] 아이젠하워를 지지했다. 게다가 같은 후보의 지지자들도 종종 쟁점에 따라 선호가 매우 상이하다. 1952년 아이젠하워를 지지했던 이들에 대한 한 표본조사를 보면, 약 64퍼센트는 미국이 세계 다른 지역의 문제들에 지나치게 관여했다고 생각한 반면, 약 27퍼센트는 그렇지 않았다고 생각했고, 약 9퍼센트는 어느 쪽 입장도 아니었다.[8] 따라서 명백히 유권자 다수에 의해 선출된 후보자라 하더라도 정작 그 후보의 모든 정책 각각은 오직 소수만의 제1 선택일 수도 있다.

예를 들어 투표자들이 〈표 5〉에서처럼 세 가지 정책에 대해 의견이 다른 두 명의 후보 사이에서 골라야 한다고 상상해 보자. 이때 각 정책의 소수파들은 서로 별개의 집단이며, 이들 세 소수파가 합쳐져야 투표자의 75퍼센트를 차지한다. 이제 첫 번째 소수파는 외교정책을 중대 쟁점으로 보고, 자신의 선택을 u, x, z, w, y, v로 순위를 매긴다고 생각해 보자. 이들 투표자는 후보자 A를 선호할 텐데 왜냐하면 비록 그의 농업과 재정 정책이 마음에 들지 않더라도 자신들이 동의하는 외교정책을 제시하고 있기 때문이다. 그리고 두 번째 소수파 투표자들은 농업 정책이 가장 중요하다고 보고 자신들의 선택을 w, z, v, u, y, x로 순서를 매긴다고 생각해 보자. 이들도 후보자 A를 선호하게 되는데, 이는 외교와 재정 정책에 대한 그의 입장에는 찬성하지 않지만 자신들이 좋아하는 농업 정책을 그가 제시하기 때문이다. 같은 논리를 세 번째 소수파에도 적용해 보면, 후보자 A의 정책 각각은 투표자들의 75퍼센트가 반대하고 있음에도 불구하고, 그가 전체 투표의 75퍼센트를 얻을 수도 있음을 금세 알 수 있다. 이것이, 다수 지배도 아니고 심지어 소수 지배도 아닌, **소수들의** 지배minorities rule의 사례다.

이에 덧붙여, 투표자들이 정책 때문에 어떤 후보를 선호하는 경우, 종종 그에 대한 지지는 과거에 이미 실행된 정책에 대한 동의나 반대를 대변하기도 한다. 비록 그 정책 시행의 결과를 바꾸기란 거의 혹은 전혀 불가능하더라도 말이다. 많은 이들이, 1947년 [민주당 대통령] 트루먼이 중국 공산당을 막지 못했기 때문에 1952년 선거에서 민주당 후보 스티븐슨에 반대해 투표했다는 사실은 의심의 여지가 없다.[9] 이 투표는 미래 정책에 대한 선택이라기보다는 과거 행동에 대한 처벌이었다. 정치 지도자들도 선거의 이런 측면을 인식하고 있으며, 따라서 선거가 끝나 이제 선거 당시의 공약들로부터 상대적으로 자유롭게 행동할 수 있을 때까지는 어떤 정책 결정이건 가급적 유보하려고 노력한다. 따라서 역설적이게도 선거는 유권자들에 의한 정책 선택을 촉진시킨다기보다는 실제로 막을 수도 있다.

이쯤 되면 성격 급한 현대 민주주의 연구자들은 내가 넌지시 언급해 온 선거의 결함들이 미국적 특성일 뿐이라고 곧바로 결론 내릴 수도 있다. 그러나 이론상 해결 가능하기 때문에 다소 부차적이라고 내가 앞서 치부했던 그 특이 사항들을 빼고, 지금까지 얘기한 것들은 어느 대규모 민족국가의 정치에서건 동일하게 적용된다고 나는 믿는다. 정치학자들은 때로, 미국 정치의 여러 덕목은 잘 구현된 반면 악습은 거의 찾아볼 수 없는 정치체제가, 고도로 통합되고 규율적인 두 개의 정당으로 운영되는 영국의 의원내각제라고 믿는 것 같다. 그러나 나는 오히려 영국식 제도 하에서의 선거가 미국에서보다 굳이 얘기하자면 [선호와 정부를 연결하는 역할에서] 심지어 더 제한적이라고 생각하는 쪽이다.[10] 여기서 꼭 다음을 강조해 두고 싶다. 어떤 대규모 민족국가에서든 다수와 소수의 선호에 관련해 선거는, 투표장에 갔던 사람들 가운데 과반수를 넘긴 다수[majority], 과반수에 미치지 못하는 다수[plurality], 혹은 소수[minority]가 어떤 특정 후보자나 후보자 집단에 대해 자신의 제1선택을 표현했다는 단순한 사실만 우리에게 알려준다. 이 선거 당시 과반수의 제1선택이 무엇인지에 관해, 특정 후보를 고르는 선택이었다는 점을 넘어, 확신을 가지고 더 얘기하기란 거의 불가능하다.

방금 선거에 관해 얘기했던 부분은 선거와 선거 사이의 기간에는 더 맞아 떨어진다. 우리의 다두제 모델은 여덟 번째 조건을 통해 선거와 선거 사이의 기간을 설명해 보려고 했었다.

- 8.1. 선거와 선거 사이에 만들어진 모든 결정은 선거 시기에 이루어진 결정들보다 하위에 있거나 그 결정들을 보고 나서 집행 여부가 정해진다. 즉, 어떤 의미에서 선거는 지배적이다.
- 8.2. 또는 선거와 선거 사이 기간 동안 새로운 결정은 앞서의 일곱 가지 조건들에 의거해서 만들어지는데, 단 이 조건들은 다소 상이한 제도적 환경에서 작동된다.
- 8.3. 또는 이 두 가지 모두.

여러분들은 그때 이 설명이 어려운 문제를 회피해 버리는 방식이라 아쉽다고 느꼈을 수도 있겠다. 나 자신도 그렇게 생각하는데, 하지만 모든 것을 한 번에 얘기할 수는 없는 법이다.

조건 8.1은 실제로는 제대로 달성되지 않는다는 것을 우리는 방금까지 살펴보았다. 선거와 정책 선택 간의 연결 고리는 약하지 않다. 하지만 만약 선거를 통해 정책 문제들에 대한 다수의 선호를 좀체 알 수 없다면, 선거와 다음 선거 사이 기간에 만들어지는 정책들이 따르거나 실행하게 되어 있는 다수의 선호란 존재하지 않는 셈이다. 또 다른 가능한 조건 8.2도 똑같이 큰 어려움에 직면하는데, 왜냐하면 선거와 선거 사이 기간에 만들어지는 대부분의 정책은 작지만 적극적인 소수가 노력해서 만들어 내는 것으로 보이기 때문이다. 미국 정치의 전체 역사를 통틀어 선거와 선거 사이 기간의 정치 활동은 언제나 선거 시기의 수준에 미치지 못했다고 나는 생각한다. 그 어떤 정책 결정이든, 특히 매우 중요한 결정조차 조심스럽게 조사해 보면, 전체 유권자의 극소수만이 적극적으로 정치인들에게 압력을 행사하고 있음을 항상 발견하게 된다. 외교정책처럼 대단히 중요한 분야에서도, 미국 시민들의 압도적인 다수는 언제나 기껏해야 투표장에 가서 투표하는 것 말고는 자신의 선호를 관철시키기 위해 다른 어떤 노력도 기울이지 않는다는 증거가 확고하다. 최근 국제기구에 대한 미국인의 태도를 조사한 결과, 관련 단체 가입, 정치적 활동 참여, 심지어 친구들과의 토론처럼 자신의 입장을 널리 알리기 위한 활동을 전혀 한 적이 없다고 응답한 비율은 다양한 여론 집단들에서 다음과 같았다.[11]

- "외교적 고립주의자들" 중에서는 : 87퍼센트
- 유엔을 현 상태로 유지하는 것을 선호하는 이들 중에서는 : 84퍼센트
- 더 강한 유엔을 선호하는 이들 중에서는 : 80퍼센트
- 어떤 형태든 민주주의 국가들 간의 연합을 지지하는 이들 중에서는 : 84퍼센트

정책을 결정하는 데 있어, 선거에서의 그리고 선거와 선거 사이 기간에서의 활동이 별로 중요하지 않다[12]고 내가 주장하는 것이 아니다. 오히려 반대로, 이 과정들은 정치 지도자들이 어떤 식으로든 일부 평범한 시민들의 선호에 반응하도록 보장하는 데 결정적이다. 그러나 선거든 선거와 선거 사이 기간의 활동이든 그 어느 쪽도 전체 성인 혹은 전체 투표자 가운데 다수의 선호와 일치하는 결정을 보장하지는 못한다. 따라서 우리는 다수와 소수의 대립이라는 관점에서 민주적 사회의 실제 운영을 정

확하게 묘사할 수 없다. 다만 어느 정도 다른 집단들의 희생을 기반으로 자신들의 목적을 달성하고자 다양한 방식으로 노력하고 있는, 각기 다른 형태와 크기의 집단들을 구별할 수 있을 뿐이다.[13]

II

　선거는 지도자들을 통제하는 결정적인 장치이지만, 동시에 다수의 선호를 나타내는 지표로서는 별로 효과가 없다는 것을 알 수 있었다. 방금 진술은 실제로는 모순되지 않는다. 전통적인 민주주의 이론의 많은 부분들은 선거가 제공할 수 있는 것보다 더 많은 것을 선거에서 기대하도록 만든다. 우리는 선거가 쟁점들에 대한 다수의 "의지"나 선호를 드러낼 것이라고 예상한다. 하지만 겉으로는 그렇게 보일지 몰라도, 선거는 사실 거의 그렇게 하지 못한다. 이런 한계에도 불구하고 선거 과정은 사회적 통제를 위한 두 가지 근본적인 방법 가운데 하나다. 또 다른 방법은 개인들 간, 정당들 간, 혹은 이 둘 간의 계속되는 정치적 경쟁이다. 이 두 가지가 함께 작동할 때, 정부 지도자들은 일반 시민들에게 아주 잘 반응하게 되며 이를 기준으로 삼으면 민주주의와 독재를 제대로 구별할 수 있게 된다. 하지만 선거와 정치적 경쟁이, 아주 실질적인 의미에서, 다수에 의한 정부를 만들어 내는 것은 아니다. 이들은 지도자들이 정책을 선택할 때 반드시 그 선호를 고려해야 할 소수들의 수, 크기, 다양성을 매우 증가시킨다. 독재와 민주주의 간의 본질적인 차이 가운데 하나가 바로 선거의 이런 특성(소수의 지배minority rule가 아니라 소수들의 지배minorities rule)이라는 생각이 든다.

III

그러나 우리 논의에서 중요한 또 다른 선거의 특성이 있다. 구체적인 정책 현안에 관해 다수가 결정을 내리는 경우는 별로 없는 반면, "소수들의 지배" 과정을 통한 구체적인 정책들의 결정은, 대개의 경우는 그 사회의 정치적으로 적극적인 구성원들이 공유하는 핵심 가치들에 대한 합의의 테두리 내에서 이루어진다. 이때 얘기되는 그 적극적 구성원들 내의 핵심 집단이 바로 투표자들이다. 그리고 바로 이런 특성이 우리의 세 번째 명제이며, 이런 의미에서 (적어도 정치적으로 적극적인 이들의) 다수는 다두제적 체제에서 거의 언제나 "지배한다." 왜냐하면 선거를 통과해야 하는 정치인들은, 그 사회의 주요 가치를 체화한 사회 구성원으로서 자신이 중요하게 여기는 가치들뿐만 아니라, 어떤 정책을 채택하면 재선될 수 있는지에 대한 예측, 이 두 범위 안에서 일해야 하기 때문이다.

어떤 의미에서, 우리가 일상적으로 민주 "정치"라고 묘사하는 것은 그저 껍데기일 뿐이다. 이는 피상적인 갈등이 겉으로 드러난 것이라 할 수 있다. 정치에 앞서, 그 기저에서 정치를 에워싸며 제약하고 조건 짓는 것은, 한 사회의 정치적으로 적극적인 구성원의 압도적 다수가 일반적으로 공유하는, 정책에 대한 (기저에 깔린) 합의다. 그런 합의가 없다면 그 어떤 민주적 체제도 선거 및 정당 간 경쟁에서 비롯되는 끝없는 염증과 좌절에서 오랫동안 살아남지 못할 것이다. 그런 합의 덕택에 정책 대안을 둘러싼 다툼은 거의 언제나, 넓은 기본적 합의의 영역 내에 있는 것들로 이미 걸러진 일군의 대안들에 관한 다툼이다.

누구도 이런 기본적인 합의가 별 것 아니라고 결론 내리지 못하도록 예를 들어 보겠다. 한 세기 전에 미국에서는 인간을 노예화하는 것이 바람직한지 아닌지가 정치적 논쟁의 주제였다. 그러나 오늘날 이 질문은 정치적 논쟁거리가 되지 않는다.

IV

민주주의에서 다수는, 넓은 의미에서는 거의 언제나 통치하고 있지만, 매디슨이 썼던 의미로 보면 거의 지배하지 않는다. 왜냐하면 우리가 보았듯이, 구체적인 정책은 "소수들의 지배"의 산물인 경향이 있기 때문이다. 매디슨이 그 당시에 염려했던 의미에서의, 다수의 지배란 사실상 신화라 할 수 있다. 이것이 우리의 네 번째 명제로 이어진다. 만약 다수의 지배가 사실상 신화라면, 다수의 전제 역시 마찬가지다. 만약 다수가 지배할 수 없다면, 그들은 전제적일 수 없기 때문이다.

현실에서 쟁점이 되는 것은, 매디슨이 우려했던 신화적인 다수는 말할 것도 없이 어떤 다수건, 자신들의 의지를 어떤(혹은 마찬가지로 신화적인) 소수에게 강요하기 위해, 민주적 절차들을 통해 전제적으로 행동할 것인지 아닌지의 여부가 아닌 것 같다. 그 대신 더 타당한 질문은, 성인 인구 혹은 투표자 다수의 수동적인 묵인 또는 무관심 속에서, 한 사회의 다양한 소수들이 서로의 야심을 어느 정도까지 좌절시킬 것인가이다.

어떤 소수들은 다른 소수들을 좌절시킬 것이고 그런 의미에서 전제적으로 행동할 것이라는 점은, 사람들 간의 의견 차이가 존재하는 사회, 즉, 인간 사회에 고유한 것이다. 그러나 좌절이 인간 사회에 고유한 것이라면, 독재는 그렇지 않다. 하지만 실제로 민주주의(혹은 다두제)와 독재의 차이를 나타내는 정치과정들이, 다수에 의한 정부와 소수에 의한 정부 간의 차이에서는 뚜렷하게 보이지 않는다. 오히려 소수에 의한 정부와 **소수들**에 의한 정부 간의 차이에서 더 뚜렷하게 드러난다. 독재의 정치과정과 비교해 볼 때, 다두제의 특성은 소수들의 수, 크기, 다양성을 매우 확대시키는데, 이들 소수의 선호가 정부의 결정에 영향을 줄 것이다. 게다가 이런 특성은 다음과 같은 정치의 중요한 측면들(따라서 사실상 그 사회의 기질ethos 전체)과 상호 영향을 주고받는다. 즉, 충원되는 지도자의 유형, 정치적 활동의 합법적 및 비합법적 유형, 지도자들이 영향을 미칠 수 있는 정책의 범위와 유형, 정보와 소통을 위한 사회적 과정. 민주적 과정의 진가는 다수의 주권이 아니라 방금 이야기한 이러저러한 효과들에 있다.

V

우리의 다섯 번째 명제는 다음과 같다. 인간 사회에서 한 집단이 갈구하는 자유를 다른 집단이 박탈하지 못하도록 보편적으로 보호하는 문제는 아마 입헌적인 방법으로는 달성할 수 없을 것이다. 굳이 찾자면 해결의 실마리는 입헌적 요소들 바깥에 있다고 할 수 있다. 예를 들어, 강도의 문제를 보자. 상대적으로 열정적인 집단을, 크기는 더 크지만 상대적으로 무관심한 집단으로부터 보호할 수 있는지, 우리는 미국의 입헌적 장치들을 짧게나마 검토했지만 그 결과는 부정적이었다. 하지만 입헌적 형태가 아닌 다른 보호책들이 존재할 수도 있다. 상대적인 강도를 정말로 측정할 수 있는지를 알아내려고 하는 대신, 강도가 측정될 수 있다고 보고 겉으로 보이는 특정 행위가 그 지표로 고려되어야 한다고 주장할 수 있다. 어떤 개인이 자신의 느낌을 얘기한 것을 그런 지표로 받아들인다면, 다음의 중요 가설은 타당한 것으로 보인다.

정치적 활동은 상당 정도 상대적 강도의 함수다.[14]

이렇게 되면 어떤 정책에 대해 예상되는 결과는 부분적으로는 특정 대안을 지지하거나 반대하기 위해 펼치는 정치적 활동의 상대적인 양에 달려 있다는 점 역시 명백하다. 따라서

다른 모든 조건이 같을 때, 정책 결정의 결과는 집단 구성원들 간 선호의 상대적 강도에 의해 결정될 것이다.

하지만 [열정적인 집단을 위한] 주요 보호책들은 다두제의 전제 조건과 특성에서 발견된다. 즉, 다두제의 사회적 선결 조건들이 더 완전하게 존재할수록, 어떤 소수든 자신들이 가장 중요하게 생각하는 자유가 정부에 의해 제한될 가능성은 낮아진다. 다두제적 규범에 대한 합의, 이 규범들에 대한 사회적 훈련, 정책 대안들에 대한 합의, 정치적 활동 등의 조건들이 어느 정도 존재하는지가 다두제 자체의 존속 가능성을 결정하고 소수들을 위한 보호책을 제공한다. 현대 세계의 여러 다두제로부터 확실하게 알 수 있는 것은, 소수들이 정부의 행동에 의해 얼마나 어려움을 겪는지는 거의 전적으로 이런 비입헌적 요소들에 의해 결정된다는 점이다. 사실, 입헌적 요소들이 전혀 중요하지 않은 것은 아니지만, 그 중요성은 비입헌적인 요소들에 비하면 매우 작다.

VI

그렇다면 입헌적 요소들은 왜 중요한가?

지금까지 나는 "입헌적"constitutional을 정의하는 것을 회피해 왔다. 모든 정치학자가 알고 있듯이, "입헌적"의 의미를 엄밀하게 밝히기란 사실 어렵다. 개념 정의로 시작해서 세계관으로 끝날 공산이 크다. 비록 내 개념 정의가 쓸 만하다고 아주 확신하는 건 아니지만 나는 "입헌적"을, 정부 공직자들 사이에서 통제권의 합법적 배분, 유형, 방법에 영향을 미치고자 미리 정해 놓은 규칙들로 구성된, 정부 결정을 좌지우지하는 요인들(여기에 사용된 개별 용어들은 따로 정의하지 않겠다)이라고 정의하겠다. 이 규칙들은 공직자들이 합법적이라고 인정하는 다양한 권위적 방식을 통해 만들어지며, 이들 권위적 방식으로는 꼭 하나만 꼽자면 성문헌법이 있겠고 권위 있는 헌법재판소의 판결, 널리 존중받는 헌법 주석 등이 있다. 반면 비입헌적 요소란 [이 규칙들을 제외한] 정부 결정을 좌지우지하는 모든 여타 요인을 의미한다.

이런 의미에서 모든 현대 다두제는 놀랄 만큼 유사한 헌법을 갖고 있어서, 입헌적 변수의 범위는 언뜻 생각한 것보다 훨씬 더 좁아 보인다. 이렇게 유사한 데에는 두 가지 원인이 있다. 첫째, 다두제의 특성들과 선결 조건들 때문에 대규모 다두제적 사회가 채택할 수 있는 입헌적 유형에는 뚜렷한 제약이 있다. 둘째, 이 특성들과 선결 조건들을 감안할 때, 분업을 통해 얻게 되는 효율성은 매우 중요한 또 다른 원인이다. (아무리 의례적일지라도) 동의의 과정을 통해 기본적인 결정들에 정당성을 부여하는 대표 representative 기관이 필요하다. 그 동의 과정이 순전히 의례적인 것이 아닌 한, 이 입법부 내부에는 지도부, 위원회, 원내 정당 조직이 어느 정도는 필요하다. 대안을 만들어 내고, 현대 정부에 요구되는 놀랄 만큼 많은 결정들 가운데 대부분을 담당하는, 상근 전문가들로 구성된 관료제가 필요하다. 이 관료들은 고도로 분화된 임무를 수행하기 때문에 반드시 내부적으로 고도로 전문화되어야 한다. 이들은 서로서로 그리고 체제 내의 다른 공직 집단들과 경쟁하고 갈등한다. 관료들은 무엇보다도 특정 개인들의 행동에 직접적으로 영향을 주는 결정을 내려야 한다. 따라서 이들의 예비 결정에 대한 재결 요청을 판단할 수 있는 특수한 관료 집단이 필요하다. 또 다른 특수한 관료적 임무는 개인들 간의 갈등에 대해 판정을 내리는 것이다. 두 가지 임무 모두는 때때로 동일한 특수 관료 기관, 즉 사법부에서 통합된다. 관료적·사법적·입법적 결정들은 반드시 어떻게든 상호 조정되어야 하는데, 이 때문에 특수한 공직자 집단이 조정자로서 필요하다. 이 조정 임무는 정책 대안에 대한 기본적 결정과 관련해서 너무도 중요하기 때문에, 선거에서 성공적으로 경쟁할 수 있는 높은 지위와 권력을 가진 지도자들이 맡아야 한다. 선거 과정 자체도 마찬가지로 전문화되어야 한다. 그래서 주로 선거 승리를 위한 임무에 전념하는 개인들이 전국에 걸쳐 있는 정당 조직을 운영한다.

    시간이 흐르면 이 다방면의 전문화된 집단들 모두는, 지도자이든 아니든, 자기 조직의 존속, 소득, 위신, 정당성을 추구하는 기득권 집단이 된다. 그들은 그 사회 근본 구조의 한 축이 된다. 이런 의미에서, 모든 다두제적 정치체제는 권력분립이라는 특징을 갖는다. 즉, 입법부, 행정부, 관료 조직 및 사법부가 있고, 이 각각은 다시 그 안에서 나뉘고 더 나뉜다. 또한 이런 의미에서, 모든 다두제적 정치체제는 수많은 공직자 집단이 서로 경쟁하고 갈등하고 있는 견제와 균형의 체제다.

입헌적 차이가 그리 크지 않다면, 민주정치를 운영하는 데 있어 입헌적 규칙들이 갖는 중요성은 무엇인가? 지금까지 우리는 입헌적 규칙들이 민주주의를 유지하는 데 있어서 결정적이고 독립적인 요인이 아니라는 것을 증명했다. 오히려 이 규칙들 자체는 기저에 있는 비입헌적 요인들의 함수인 것으로 보인다. 또한 우리는 입헌적 규칙들이, 다수에 의한 정부나 다수의 전제로부터의 자유, 그 어느 것도 별로 보장하지 못한다는 것을 증명했다.

우리의 여섯 번째 명제는 다음과 같다. 즉, 입헌적 규칙들은 구체적으로 어떤 집단들이 정치적 갈등에서 유리한 혹은 불리한 위치에 처할지를 정하는 데 도움이 되기 때문에 중요하다. 그 어떤 사회에서도 사람들이 동등하게 정치적 경쟁에 참여하지는 않는다. 입헌적 규칙들의 효과는 사람들이 그 경쟁을 시작할 때 갖고 있던 우위나 불리함을 보존하거나 더하거나 줄이는 것이다. 따라서 전통적 민주주의 사상의 야심찬 포부에 견주어 입헌적 규칙의 효과가 아무리 사소해 보여도, 이 규칙들은 그로 인해 이득을 얻거나 손해를 보는 구체적 집단들의 지위와 권력에 있어 결정적인 의미를 갖는다. 그리고 바로 이런 이유 때문에, 이 규칙들은 종종, 심지어 골육상잔으로 이어지기도 하는 격렬한 투쟁의 원인이 되어 왔다.

VII

지금까지의 논점들을 이용해, 미국 정치체제를 그 체제의 특수성에 초점을 맞추어 논의해 보겠다. 여기에서 우리는 다수의 전제라는 문제와 연관되는 마지막 일곱 번째 명제에 다다르게 된다. 즉, 미국 입헌정치의 발전을 관통하고 있는 것은, 미국 내에서 적극적이고 합법적인 집단들 모두가 정책 결정 과정의 중요한 단계에서 자기 목소리를 낼 수 있는 정치 체제의 진화 과정이다. 5장의 나머지에서는 이런 체제의 발전과 특성을 대략적으로 그려 볼 텐데, 이를 나는 미국의 "정상적"normal 정치과정이라고 부르겠다.

그런데 이 정상적인 체제가 어떻게 발전해 왔는지를 논하기 전에 우선 "적극적이고 합법적인"의 의미를 분명히 하는 것이 아마도 현명할 것이다. 앞서의 모든 논의를 고려할 때 분명한 것은, 다두제적인 조직 내부의 정치적으로 비활동적인 구성원들은 어떤 결정이 내려질지에 직접적으로 영향을 끼칠 수 없다는 점이다.[15] 따라서 정상적인 미국 체제는, 스스로의 선택, 폭력, 위협, 혹은 법률 등 어떤 이유에 의해서든 비활동적인 집단이 결정 과정에 개입할 수 있도록 도와주지 않는다. 내가 얘기하는 "합법적" 집단이란, 적극적인 구성원들의 압도적 다수가 그 집단의 활동을 정당하고 적절하다고 받아들이는 그런 집단이다. 미국 남부에서 흑인들은 최근까지는 적극적인 집단이 아니었다. 다들 알다시피, 미국 공산당은 현재로서는 합법적인 집단이 아니다. 정상적인 체제라면 그러지 않을 텐데, 흑인들은 과거에 상대적으로 무방비 상태였고, 공산당은 지금 그렇다고 할 수 있다.

정상적인 활동을 금지당해 정상적인 정치 무대에서 배제되어 버린 집단들은 그래도 종종 진입에 성공할 수도 있다. 이는 이 집단들이 ① "비정상적인" 정치적 활동(예컨대, 폭력)에 참여하거나 그러겠다고 위협하거나, ② 정치 무대 위에 있는 기존 집단의 합법성을 박탈해 버리겠다고 위협하거나, ③ 스스로 합법성을 획득하게 되고, 이런 노력의 결과로 정치

무대 내의 집단들이 이들 외부 집단을 받아들일 동기를 갖게 될 때 가능하다. 미국 독립 이후부터 잭슨 대통령에 이르는 시기 동안의 투표권 확대는 이 세 가지가 모두 해당되는 사례다. 지난 20여 년 동안 대법원이 흑인들의 적법한 참정권을 뒤늦게나마 보호하게 된 것은 세 번째 방법의 예이다. 이를 통해 흑인들이 적극적이고 합법적인 유권자 집단 내에서 점점 더 큰 비중을 차지하게 되자, 체제의 정상적인 기회들이 이들에게도 열리게 되고, 그 정상적 체제 내부의 정책 과정의 여러 단계에 참여함으로써 자신들의 참정권을 더욱더 공고화할 수 있다. 북부의 많은 주들에서는 흑인들이 정상적인 체제 속에 이미 완전히 동화되었고, 현재는 남부에서도 느리게나마 이 과정이 진행되는 것 같다.

미국의 "정상적인" 체제는 여러 단계를 거쳐 발전해 왔다. 상대적으로 민주적인 식민지 헌장을 유지했던 코네티컷 주와 로드아일랜드 주를 제외한 모든 다른 주는 1776년부터 1781년 사이에 각각 새로운 주 성문 헌법을 채택했다. 수많은 요소들(민주주의 이념은 그중 하나에 불과하다)이 주 헌법들에 영향을 미쳤다. 하지만 어떤 점에서 주 헌법들은 유사한 경향을 보이는데, 즉 "미국 독립 시기의 헌법들 대부분에서, 입법부가 정말로 전능했고 이에 따라 행정부는 무력했다."[16] 여덟 개 주에서는 입법부가 행정부를 선출했고, 그리고 한 개 주, 뉴햄프셔 주에서는 입법부가 행정평의회를 선출하면 그 평의회에서 행정 수반이 될 평의회 의장을 선출했다. 세 개 주를 제외하고, 행정 수반은 1년 임기로 선출되었으며, 남부의 여섯 개 주에서는 재선이 금지되었다. 일반적으로 행정 수반은 입법부를 폐회시키거나, 휴회시키거나 해산시킬 수 없었고, 공직 임명권은 대체로 입법부에 맡겨졌으며, 두 개 주를 제외하고, 행정 수반은 법안에 대한 거부권이 없었다. 모든 주에서 행정부 수반을 감독하는 행정 평의회가 있었고, 10개 주에서는 이 평의회가 입법부에 의해 선출되었다.

입법부가 우위에 있다는 이유로, 이들 주 헌법은 때때로 민중 민주주의의 승리로 여겨져 왔다.[17] 하지만 이는 사실과는 많이 동떨어져 있다. 왜냐하면 입법부 자체의 대표성이 매우 낮은 경우가 많다는 점이 이 체제의 결점이었기 때문이다. 즉, 많은 주에서 입법부의 우위는 민중의 지배를 의미하는 것이 아니었다. 오히려 이는, 입법부 상하원 중 하나 혹은 모두를 통제할 수 있을 만큼의 부와 지위를 지닌 소수 엘리트가 정책을 통제한다는 것을 의미했다. 다시 말해, 입헌적 규칙들은 어떤 집단들에게 유리하고 다른 집단들에게는 불리하도록 이미 짜여 있었다. 대체적으로 보면, 동부 해안을 따라 있는 오랜 인구 밀집 지역에 유리하고, 서부 지역의 새로운 정착민들에게는 불리하게, 그리고 부자들에게는 유리하고 빈자들에게는 불리하게 헌법상의 규칙들이 짜여 있었다.

그래서 예를 들어 미국 독립 시기의 매사추세츠 주 헌법에서는 농민들의 힘에 대항해 상업 이익이 주 정책을 통제할 수 있도록 했다. 공직 복무와 투표에 엄격한 재산 보유 자격 요건을 부과함으로써, 부자들이 중산층과 빈자들의 희생을 업고 권력을 획득해 갔다. 납세액에 비례해 의원이 선출되는 상원은 부유층의 성채였다. 심지어 하원에서도 동부의 상업 지구에 유리하게끔 그 지역에서 더 많은 의원이 선출되었다. 예상할 수 있듯이, 입법부와 법원은 채권자에게는 유리하게 채무자에게는 불리하게 운영되었다. 빚과 가난이 너무도 심했고 반란이 불길처럼 타올랐다. [1786~87년 매사추세츠 주의 가혹한 세수 정책에 반기를 들고 봉기를 일으켰던] 대니얼 셰이즈는 채무자들에게는 잠시나마 영웅이 되었고, 날 때부터 부자였던 사람들과 극소수에게는 대중의 전제의 위험을 알리는 영원한 표상이 되었다. 마침내 무자비한 억압 이후에 온건한 개혁이 뒤따랐지만, 그 헌법이 부과한 이득과 불리함의 근본적인 균형은 변하지 않았다.[18]

근본적으로 필라델피아 헌법제정회의에 참석한 사람들은 현실주의자들이었다. 따라서 이들이 저지른 실책은 현실주의의 부족 탓이 아니었다. 이는 지식의 부족 탓이었다. 현실주의자로서 이들은 자신들이 고안하고 있던 헌법과 관련해 다음과 같은 점을 이해하고 있었다. 즉, 입헌적 규칙은 불가피하게 어떤 집단은 유리하게 만들고 또 어떤 집단은 불리하게 만든다는 것. 따라서 그 규칙들은 매우 논쟁적이며 격렬한 갈등의 대상이 된다는 것. 그 규칙들은 지배적인 사회적 세력균형의 틀 안에서 운영되어야 한다는 것. 이 규칙들은 결국 다시 사회적 균형에 영향을 준다는 것. 그리고 그 규칙이 유지되려면, 헌법은 전체 성인 인구까지는 아니더라도 필라델피아에 모인 55명의 저명한 신사들보다 많은 이들의 찬성을 필요로 한다는 것.

헌법제정회의 참석자들은 어떤 위대한 국가를 오래 지탱하는 헌법을 만들어 보려고 모였던 그 어떤 회합들보다 더 뛰어난 모임이었다고 할 수 있다. 그들은 현실적이고 유능했지만 그들의 핵심 가정 여러 개는 틀린 것으로 판명 나게 되며, 그들이 만들어 낸 헌법은 그들의 예측 **덕분에** 살아남은 것이 아니라, 그것에도 **불구하고** 살아남았다[강조는 옮긴이]. 이런 점은 바로 인간의 지식이란 가련할 정도로 부족하다는 사실을 보여 주는 것에 다름 아니다.

이 참석자들이 만들어 낸 입헌적 규칙들을 영리하고 끈질기게 변호(혹은 더 욕심을 내서 표현하자면, 합리화)했던 것이 매디슨주의 이론이었다. 우리는 매디슨주의적 접근법이 어떤 점들에서 부족한지 이미 살펴 본 바 있다. 하지만 현재 논의에서 이보다 더 중요한 것은, 이 역사적인 회합의 구성원들이 자신들이 어떤 일을 하고 있는지를 제대로 이해하지 못했다는 점이다. 그들은 이렇게 생각했다. 대중적인 하원은 역동적이고 민중적이며 평등 지향적이고 균등을 강요하므로 제지할 필요가 있는 위험한 권력의 중심지일 것이다. 반면 대통령은 유복하게 태어난 이들과 극소수를 대변할 것이며, 하원을 거점으로 삼을 대중적 다수에 대항해 거부권을 사용할 것이다. 하지만 이는 틀린 생각이었다. 왜냐하면 권력의 역동적인 중심지는 사실 대통령이었고, 잭슨 이후로 대통령은 입헌 체제 전체에서 국민 다수의 유일한 대표자는 자신이라고 주장할 수 있었으며, 실제로도 자주 그렇게 했기 때문이다. 그러는 동안, 하원은 헌법제정회의 참석자들이 그토록 필사적으로 두려워했던 그런 열정적인 다수의 도구로 자신을 드러내는 일이 좀처럼 없었다. 오늘날 그들이 당시 상상했던 관계는 대체로 역전되어 있다. 정책 결정자이며, 법안을 만들어 내고, 국민 다수를 위한 대변자라고 자임하는 이는 다름 아닌 대통령이다. 반면 의회의 권력은 점점 더 거부권의 권력이 되고 있다. 그리고 그 거부권은 대개 대통령의 정책 때문에 자신의 특권이 위협받는 집단들을 위해 행사된다.

    헌법제정회의 참석자들이 [대법원에 관한 헌법 조항에 뚜렷이 명시되지 않은] 위헌법률심사권이 생겨날 것이라고 생각했었는지는 아마도 결코 해명되지 않을 쟁점이다. 하지만 헌법제정회의 기록이나 『페더럴리스트』 어디를 봐도 그들은, 법원이 정책 결정자이자 입법가로서의 중심 역할을 때때로 자임하게 되리라 예상했던 것 같지는 않다. 그들은 또한 정당이 수행하게 될 탁월한 조직화 기능, 그리고 그로 말미암아 발생한 공식적인 입헌적 제도 장치들의 변형도 예상하지 못했다. 정당, 행정부, 그리고 정책 결정 과정 전체가 지방 분권화되는 데 크게 기여하게 되는, 상원에서 주들의 동등 대표는, 고상한 입헌적 원칙이라서 채택되었던 것이 아니라, 매디슨 자신을 포함해 헌법제정회의에 참석한 최고 지성들 다수가 반대해 마지않았던, 그러나 불가피한 거래의 산물이었다.

그러나 무엇보다도 헌법제정회의 참석자들은 자신들의 사회가 가진 역동적인 힘을 이해하지 못했다. 심지어 자신들의 생애에서 확립될 사회적 권력균형조차 정확하게 예측하는 데 실패했다. 봉건적 제도가 존재하지 않으면서도 무한한 개척지를 보유한 농경 사회에서는 거의 확실히, 급진적 민주주의가 지배적인 의견이 되어 정치를 지배하게 되는 한편, 재산권에 대해서는 보수적인 입장을 견지하게 될 것임을 당시 참석자들은 정말로 이해하지 못했다.

그러나 그들의 예측이 틀렸음에도 불구하고, 그들의 노력 덕택에 만들어진 제도들은 대개의 경우 살아남았다. 세 가지 이유를 들 수 있다. 첫째, 여러 가지 이유로 헌법의 신격화가 매우 일찍 시작되었으며, 헌법의 기본 골격에 대한 논쟁도 놀랄 만큼 짧은 시간 안에 거의 종료되었다. 심지어 남북전쟁으로 귀결된 입헌 논쟁조차 표면적으로는 헌법제정회의의 진정한 의도가 무엇인가를 둘러싸고 벌어졌다. 둘째, 남북전쟁 이전 시기의 미국만큼이나 다두제의 조건이 완전하게 존재했던 사회는 어디에도 없었을 것이다(물론 흑인의 입장에서는 아니었지만). 미국이 헌법 덕택에 민주적으로 유지되어 왔다고 가정한다면 관계가 전도된 것이다. 오히려 미국 사회가 본질적으로 민주적이기 때문에 헌법이 유지되어 왔다고 생각하는 편이 훨씬 더 타당하다. 다두제의 필수 조건들이 당시에 이미 충족되어 있었기 때문에, 지도자들의 권력을 제한하고자 했던 헌법이 살아남을 수 있었다. 사회적 권력균형이 변화하면 이에 맞게 다양한 헌법 형태를 쉽게 수정해서 사용할 수 있었을 것이다. 여기서 다시금 다음과 같은 점을 강조할 가치가 있다. 미국의 입헌 체제는 결국 노예제에 직면했을 때 작동을 멈추었는데, 그 노예제라는 쟁점은 일시적이었을지라도 다두제의 주요 선결 조건들 몇몇의 기반을 무너뜨린 것이었다.

셋째, 헌법이 살아남은 것은 무엇보다도 사회적 권력균형의 변화에 맞도록 자주 수정되었기 때문이다. 헌법이 채택된 이후의 사회를 들여다보면, 헌법제정회의 참석자들이 바람직한 결과라고 믿었던 헌법은 집단들 간에 이익과 불이익을 잘못 분배하고 있었다. 다행스럽게도, 그들이 기대했던 사회적 권력균형이 환상에 불과한 것으로 드러났을 때, 입헌 체제는 좀 더 실제의 사회적 권력균형에 맞게 이익과 불이익을 부여할 수 있도록 변형되었다.

우리는 이 점을 놀랍게도 잭슨주의Jacksonian 발전 단계와 의회주의 발전 단계 모두에서 보게 된다. 미국 독립 시기의 주 헌법들이 상인과 동부 저지대 주민보다 소규모 농민과 장인에게 더 이익을 부여했다고 가정해 보자. 만약 그랬다면, 보편적 성인 남성 참정권의 당연한 확산에 따라 그들의 대표자들이 더 큰 통제력을 갖게 되었을 때, 이들은 현재와는 꽤 다른 연방 입헌 체제를 채택했을 수도 있다. 역사적 우연 역시 농경 민주주의가 입법부 우월주의와 거리를 두도록 도왔다. 대통령의 주도하에 고도로 통합된 정당 정부를 운영함으로써, 제퍼슨은 실제로는 행정부가 적극적으로 주도하는데도 입법부 우위라는 신화가 계속 유지되도록 두는 그런 체제를 고안해 냈다고 할 수 있다. 제퍼슨의 정치체제에서는 [당시 주요 정당이었던 민주-공화당Democratic-Republican Party 소속 의원들의 의회 내 비공식 회합이었던] 의회 코커스Congressional caucus가 공직 추천과 정책을 통제했고, 그 의회 코커스를 대통령이 주도했다. 하지만 제퍼슨 이후 의회 코커스는 대통령 선출 과정에서 영향력을 서서히 잃게 되었다. 1824년 즈음에는 잭슨을 대통령 후보로 밀고 있던 세력들이 의회 코커스를 이용할 수도 없었고, 1828년 잭슨 대통령의 당선은 제퍼슨주의 체제의 종언을 가져 왔다.

잭슨 대통령 시대가 갖는 더 중요한 의미는, 민주적으로 통치하기 위해서는 입법부가 우위에 있어야 한다는 미국의 고전적 관념을 사실상 종식시켰다는 점이다. 급진적 민주주의자들은 행정부의 권력을 두려워했었다. 각 주의 보수 세력들은 자신들이 주 의회를 통제할 수 있었으므로 입법부가 우월해야 한다는 사상을 선호했었다. 하지만 헌법제정회의에서 이 세력들의 대변자들은 자신들이 통제할 수 있을지 확신할 수 없었던 연방 의회를 오히려 두려워했었고, 거부권을 가진 행정부에서 자신들의 보호책을 찾았다. 의회 코커스와 손잡고 일함으로써, 제퍼슨은 행정부와 입법부 사이에 있는 장벽을 극복했다. 하지만 잭슨은 이 둘 사이의 새로운 관계, 새로운 입헌 체제를 발전시켰다. 그 이후 잭슨주의 체제가 제퍼슨주의나 매디슨주의 체제 혹은 미국 독립 당시 체제보다도 대체로 우세를 보이고 있다. 잭슨주의 체제는 다음과 같이 주장한다고 해석될 수 있다.[19]

1. 입법부나 사법부가 효과적으로 대표하지 못하는 집단들은 행정부에

의해 효과적으로 대표될 수 있을 것이다.
2. 선거 과정은 적어도 입법부의 대표성만큼이나 행정부의 대표성에도 정당성을 부여한다.
3. 아마도 대통령이 국민의 다수를 대표한다고 주장할 더 나은 근거를 갖고 있다.

나는 이 세 번째 주장의 확립이야말로 잭슨 대통령 이전과 이후를 구별하는 뚜렷한 차이라고 생각한다. 왜냐하면 선출된 행정부 수반이야말로 다수의 진정한 대표일지도 모른다는 발상은 그 의미하는 바가 가히 혁명적이었기 때문이다.

남북전쟁 이후에 의회는 스스로를 다시 일으켜 세웠다. 추진력 있고 야심적이며, 부와 지위가 상승하고 있던 매우 강력한 사회집단들이 의회를 통해 자신들의 지위를 확고히 했다고 말하는 것이 아마 더 정확하겠다. 그러나 새로운 상업 및 산업 세력의 힘이 무제한이었던 것은 결코 아니었다. 두 정당은 위태로운 타협의 잡탕이었고, 따라서 포괄적이고 잘 조정된 국가 정책 같은 것은 (급진적인 공화당의 운명에서 알 수 있듯이) 전혀 불가능했다. 따라서 타협은 기본적으로 협상에 의해 작동되는, 고도로 분권화된 정책 결정 체계에 의해 유지되었다. 정당을 실질적으로 통제하는 권한은 각 주와 각 지역의 정치 머신으로 나뉘었고, 의회를 운영하는 권한도 산하 위원회들로 분권화되었다. 행정부도 너무 분권화되어 있어서 대통령은 지주회사 이사회의 일개 임원에 불과할 정도였다.

이후 명목상으로 대통령이나 대통령 및 의회의 통제하에 있는 관료 조직의 성장이 뒤따랐다. 관료 조직의 성장은 의회 중심 정부의 유산과 그 정부로 인해 형성된 정치적 관행 및 전망의 영향을 강하게 받았다. 분권화된 채 흥정하는 정당들, 권한이 분산되어 있는 위원회끼리의 협상이 주가 되는 의회라는 미국의 상황에서는, 복지국가의 업무를 담당할 정도로 비대해진 국가 기구 역시 불가피하게 분권화되고 협상 중심인 관료제로 성장할 수밖에 없었다. 여러 대통령들의 강력한 노력과 많은 행정 개혁가들의 다소 유토피아적인 열망도 이를 막지 못했다. 이는 관료제 역시 앞서 미국의 "정상적인" 정치과정이라고 불렀던 그 정치과정의 일부가 되었음을 의미한다.

VIII

나는 미국의 "정상적인" 정치과정을, 전체 인구 가운데 적극적이고 합법적인 집단이 정책 결정 과정의 중요한 단계에서 자기 목소리를 효과적으로 낼 가능성이 높은 정치과정이라고 정의했다. "목소리를 낸다"는 것은 매우 다양한 활동들을 포괄하기 때문에 이 용어를 엄격하게 정의할 생각은 없다. 확실한 것은, 모든 집단이 결과에 대해 똑같은 영향력을 행사한다는 의미는 아니라는 것이다.

미국 정치에서도 다른 모든 사회처럼 결정에 대한 영향력은 불균등하게 배분되어 있다. 개인들도 집단들도 정치적으로 결코 동등하지 않다. 어떤 집단이 "효과적으로" 자기 목소리를 낸다고 내가 표현할 때, 이는 그 집단이 떠들어 대고 있다는 그대로의 사실을 넘어, 한 명 이상의 공직자들이 그 소란을 경청할 준비가 되어 있을 뿐만 아니라 만약 자신들이 그 집단, 지도자들, 혹은 가장 요란스런 구성원들을 달래지 못하면 어떤 심각한 피해를 입게 될 것임을 예상하고 있다는 의미다. 그 집단을 만족시키기 위해 지도자는 구체적인 정책을 위한 압력을 넣거나, 공직에 임명하거나, 물질적 지원으로 회유하거나, 진심으로 존중하거나, 적절한 감정을 표현하거나, 그들과 함께 목소리를 내준다거나 하는 등 그 집단에 반응해서 다양한 행동을 취할 필요가 있다.

따라서 정부의 정책 결정 과정은 어떤 기본적인 정책 사안을 중심으로 단합한 거대한 다수파들의 위풍당당한 행진이 아니다. 이는 상대적으로 작은 집단들을 꾸준히 달래는 과정이다. 이 소규모 집단들을 합치면 선거 때 수적 다수가 된다고 하더라도, 그때의 다수를 산술적인 의미 이상으로 해석하는 것은 별 도움이 되지 않는다. 왜냐하면 매디슨이 알았다면 너무나도 기뻐했을 정도로, 이 수적 다수는 조율된 행동을 할 만한 능력이 없기 때문이다. 행동 수단을 지닌 이들은 오히려 이 수적 다수를 구성하는 다양한 부분 집단들이다.

입헌적 규칙들의 몇몇 잘 알려진 측면, 즉 누가 이익을 보고 누가 손해를 보며 그 최종 결과가 무엇인지에 대해서는, 다들 익숙하게 알고 있는 내용이기 때문에, 나는 단순명료하게 요약만 해 보겠다. 의회를 살펴보면 어떤 집단들이 과대 대표되고 있다는 것, 즉 형식적인 정치적 평등[20]을 최대화하고자 하는 규칙하에서보다도 더 많은 의원들(혹은 요직의 의원들)이 그들을 대변하고, 그 결과 그들이 의회 정책 결정에 더 많은 영향력을 행사한다는 것을 알 수 있다. 상원에서의 동등 대표는 인구밀도가 낮은 주들의 과대 대표로 이어졌다. 현실에서 이는 농민들이나, 예컨대 금속 광산 관련 집단 같은 여타 특정 집단들이 과대 대표된다는 것을 의미한다. 주 의회들은 농업 지역과 소규모 마을을 과대 대표하고 있기 때문에 인구가 변동되더라도 그에 맞추어 연방 하원 선거구를 조정하지 않는다. 결국 연방 하원도 도시 인구를 과소 대표하게 된다. [재임 기간이 긴 의원일수록 상임위원장을 포함한 의회 내 요직에 우선권을 주는] 연공 서열제와 상임위원장의 막대한 권한 덕분에 한 정당이 거의 혹은 매우 지배적인 주의 투표자들은 상당히 과대 대표되어 왔다[이런 주를 대표하는 의원들은 안정적으로 오랫동안 재선되어 의회 내 요직을 쉽게 차지하게 된다]. 최근 추산해 본 결과 22개 주가 그랬다.[21] 지리적으로 보면 [남북전쟁 이후부터 1960년대까지 남부 민주당의 일당 우위가 지속된]남부의 텃밭 주들, 국경 인접 주들, 북부 뉴잉글랜드 주들, 중서부 4개 주, 오리건 주, 펜실베이니아 주가 여기에 포함된다. 이들 가운데 펜실베이니아 주만이 고도로 도시화되고 산업화되어 있었다. 하원은 1인을 선출하는 소선구제를 채택하고 있으므로, 1퍼센트의 유권자가 한 정당에서 다른 정당으로 지지표를 옮기면, 평균적으로 볼 때, 그 다른 정당은 의석을 약 2.5퍼센트 더 획득하게 된다. 한편 상원의 [각 주에서 2명의 상원의원을 선출한다는 의미에서] 2인 선거구 체제에서는, 유권자 1퍼센트의 이동이 상원의석 수 3퍼센트의 증가를 가져온다. 따라서 제법 규모가 있지만 다양한 선호를 지닌, 예컨대 농민들 같은 집단들이 지지 정당을 바꾸게 되면 의회에서의 의석 변동은 실제로는 훨씬 더 클 가능성이 있다(〈그림 10〉과 〈그림 11〉을 참고할 것).

대통령 선거에 관심이 있고 따라서 선거인단 제도의 특성에 유념하는 정치인과 공직자라면 앞서와는 좀 다른 집단들에게 귀 기울여야 한다. 이 또한 대략 잘 알려진 내용이므로 몇 가지 점만 짚어 보겠다. 일반적으로 말해 대통령직에 관심이 있는 정치인은, 인구가 많아 선거인단의 수도 많은 주, 양당의 지지율 차이가 작은 즉 양당 경쟁 주, 앞의 두 조건을 모

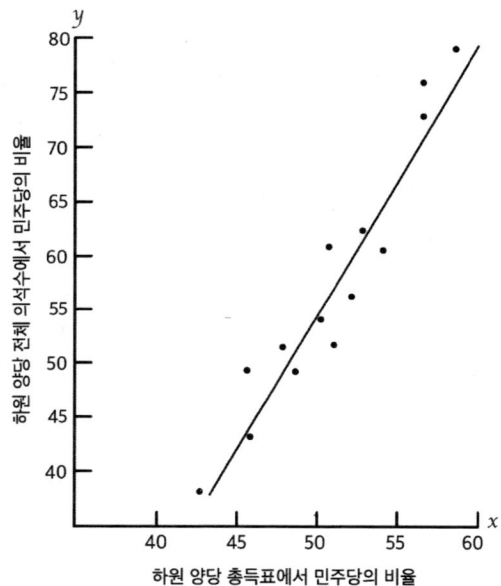

그림 10_하원에서 민주당의 득표율과 의석 점유율(1928~54년)

y=2.5x-70
42≤x≤59
r=0.957

두 충족하는 "핵심" 주, 핵심 주의 인종적·종교적·직업적 기반의 중요 집단, 대규모의 전국 기반 집단, 고도로 인구가 밀집된 도시 및 산업 지역, 바로 이런 이들의 요구에 응답해야 한다. 방금 이 집단들을 잘 살펴보면, 이들은 의회에서 큰 힘을 갖는 집단들과는 다르며 때로는 상충되는 목표를 갖고 있다는 것을 알 수 있다.

관료제의 경우는 훨씬 더 복잡하다. 관료들은, 각기 정도는 다르겠지만, 백악관 정치인들과 의회 정치인들 양쪽 모두의 요구에 응해야 한

그림 11_상원에서 민주당의 득표율과 의석 점유율(1928~52년)

y=3.02x-95

43≤x≤62

r=0.97

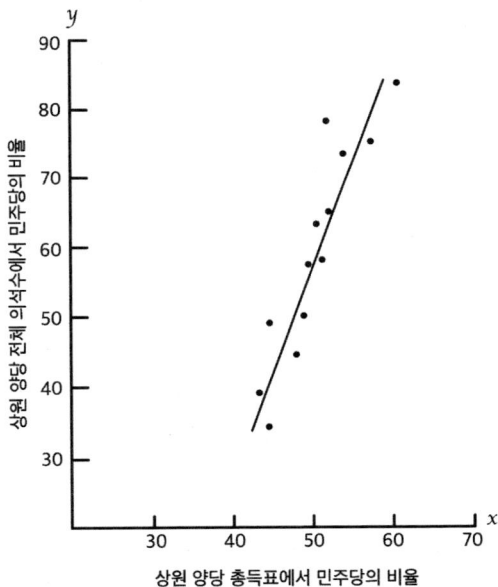

상원 양당 총득표에서 민주당의 비율

다. 그런데 관료들이 응대해야 하는 백악관 정치인들과 의회 정치인들 자체가 꽤 한정되고 전문화된 집단이다. 의회 정치인들로는 일반적으로 상하원 세출위원회 위원장들, 그 산하 유관 소위원회 위원장들, 그리고 유관 주요 위원회의 위원장들이 있다. 행정 관료들은 백악관 정치인들 가운데 예산국, 정부 부처 장관들, 그리고 당연히 대통령의 요구에 호응해야 한다. 이들 각각은 자체 관료 부처의 고객인 전문 집단에도 반응해야 한다. 가장 대표적인 고객 집단은 쉽게 짐작할 수 있듯이 농민 같은 집단인데, 이들은 의회에서도 그리고 심지어 행정부에서도 잘 대표되고 있다. 때때로 관료와 그들의 고객 집단은 누가 누구에게 반응하는지 쉽게 알 수 없을 정도로 긴밀하게 뒤얽히게 된다.

IX

이것이 바로 정상적인 체제다. 지금까지의 논의에서 나는 이 체제가 바람직한 정부 체제인지 아닌지를 판단하려고 하지 않았고 지금도 마찬가지다. 왜냐하면 그 장점과 단점에 대한 평가는 이 책의 범위를 넘어서는 치밀하고 확장된 논의를 필요로 할 것이기 때문이다.

하지만 이 체제에 관해 이 정도는 얘기할 수 있겠다. 애국주의적이지만 정치적으로는 무지한 우리의 찬양자들이 진절머리 나게 우기듯이, 이 체제가 세계의 여타 국가들이 그대로 갖다 쓰거나 위험을 감수하고서라도 고쳐 쓸 만한 인류 최고의 성과물은 아니지만, 내 생각에 일부 비판자들이 말하는 것처럼 너무도 명백하게 결함이 있는 체제인 것도 아니다.

분명한 것은, 논리 정연한 정치 질서관을 가진 개혁가들은 이 체제를 싫어한다는 점이다. 외국의 관찰자들은, 심지어 동정적인 이들조차 이 체제에 대해 종종 놀라고 당황해 한다. 많은 미국인들은 자신이 살고 있는 체제의 모순점들에 대해 종종 실망한다. 사실 자신들의 정치과정을 주의 깊게 지켜보는 미국인들 대부분은 표면상 무질서하고 혼란스러운 체제에 대해 때로 깊은 좌절감과 분노에 가까운 경멸감을 느낀다.

그 이유는 이 체제가 매우 분권화된 체제이기 때문이다. 결정은 끝

없는 협상을 통해 만들어진다. 아마도 전 세계 어느 국가의 정치체제에서도 이처럼 협상이 정치과정을 구성하는 근본적인 요소인 곳은 없을 것이다. 위계 정치의 효율성이 모든 대륙에서 다시금 강조되고 있는 시대에, 정상적인 미국 정치체제는, 종종 시대에 역행하는 체제까지는 아닐지라도, 예외라 할 만한 체제임은 의심의 여지가 없다. 왜냐하면 이 체제는, 예컨대 외교정책 같은 중요한 분야에서 매우 통합되고 일관된 결정을 내리기에는, 완전히 무너지기 직전의 삐걱거리는 상태로 작동하는 것 같기 때문이다.

그러나 평가를 내릴 때 너무 성급해서도 안 되는데, 이 체제의 단점이 도드라진 곳에서 너무 서두르면 그것이 갖고 있는 장점을 놓치게 되기 때문이다. 다행히도 우리의 정상적인 체제는 그 단점이 장점이기도 하다. 그 모든 결함에도 불구하고, 이 체제에서는 적극적이고 합법적인 집단 모두가 정책 결정 과정의 특정 단계에서 자기 목소리를 낼 가능성이 그래도 매우 높다. 이는 정치체제에서 절대 쉬운 일이 아니다.

미국의 정치체제는 정적인 체제가 아니다. 정상적인 미국 체제는 계속 진화해 왔고 그러면서 살아남을 수 있었다. 귀족정치에서 대중 민주주의로, 그리고 다음과 같은 많은 사건을 거치면서 진화하고 살아남았다. 노예제, 남북전쟁, 북부와 남부 간의 일시적이고 불편한 화해, 흑인들에 대한 억압과 지난한 해방의 과정을 거치면서. 두 차례의 세계대전, 전쟁 동원, 군수산업의 팽창, 위태로운 평화로의 복귀를 거치면서. 잦은 경제 불안정 시기와 대규모 실업을 동반한 장기 공황, [대공황 시기 농민운동인] 농업 "휴업", 재향 군인들의 거리 행진, 최루 가스, 그리고 심지어 총탄 속에서. 냉소주의, 선동의 과잉, 전통적인 자유의 침해로 점철된 두 차례의 전후 시기를 거치면서. 그리고 이런 사태들로 인해 발생했던 전복, 공포, 시민들의 긴장과 갈등의 문제를 더듬거리면서 종종 야만적일 정도로 서툴게 풀어 보려고 시도하면서.

정상적인 미국 정치체제는 아마도 이런 이상한 혼합물이기에 다른 나라에 수출할 만한 것은 아니다. 그러나 민주주의의 사회적 선결 조건들이 미국에서 온전히 유지되고 있는 한 이 낯선 혼합은, 거대하고 강력하며 다양할 뿐만 아니라 믿기 어려울 정도로 복잡한 사회를 운영하는 불안정하고 무절제한 사람들 사이에서, 합의를 강화하고 중용을 장려하며 사회적 평화를 유지시켜 줄 수 있는 비교적 효율적인 체제인 것으로 보인다.

그렇다면 바로 이런 점이 통치의 기예(그리고 이것의 한 부문이자, 모든 정치의 기예 중에서도 가장 어려운 민주적 통치의 기예)에 대한 미국인들의 결코 무시할 수 없는 기여다.

증보판 서문

『민주주의 이론을 위한 서설』에 대한 몇 가지 생각들

『민주주의 이론을 위한 서설』은 1950년대 초반 내가 가르쳤던 대학원 세미나에서 시작되었는데, 이 책에 실린 주장의 상당 부분은 그때 만들어졌다. 시카고 대학으로부터 월그린 강연 요청을 받았을 때, 나는 강연 주제뿐만 아니라 제법 잘 다듬어 놓은 강연 내용까지도 이미 갖고 있음을 깨달았다.

물론 민주주의의 이념과 실천은 정치학의 대들보와 같은 주제로 숱한 논문·저서·수업의 대상이 되어 왔지만, 1955년 당시의 "민주주의 이론"은 특별히 잘 정의된 주제가 아니었다. 심지어 그 용어 자체만 해도, 나중에는 정치학에서 늘 쓰는 말이 되었지만 당시에는 전혀 그렇지 않았다. 헨리 B. 메이요의 『민주주의 이론 입문』・은 1960년에야 나왔고, 『민주주의 이론』・・이라는 군더더기 없는 제목이 붙은 지오반니 사르토리의 영향력 있고 개척적인 작업도 1962년에 출간되었다. 민주주의 이론이라고 불리는 정치학의 새로운, 하지만 아주 오래된 주제를 포괄하는 '분야'가 그런 식으로 등장하고 있던 중이었다.

・ Henry B. Mayo, *An Introduction to Democratic Theory* (Oxford University Press, 1960).

・・ Giovanni Sartori, *Democratic Theory* (Wayne University Press, 1962).

메이요나 사르토리와는 달리, 내 책은 "서설"이라고 제목을 붙였는데 왜냐하면 정말로 서설이었기 때문이다. 이 책의 도입부 몇 줄을 인용하고 싶다.

그간 나는 이 논집을 『민주주의 이론을 위한 서설』이라고 불러 왔다. 대체적으로 볼 때 이 글들은, 민주주의 정치를 충분히 설명할 수 있는 이론이라면 답해야 하는 그런 질문들을 제기하고 있기 때문이다. 그렇다고 해서 대답할 필요가 있는 모든 문제, 또는 중요한 모든 문제를 제시하려는 것도 아니다. 다만 내가 보기에 흥미롭고 의미 있는 몇 가지 문제만을 살펴보고자 한다.

그 당시에는 이 책이 향후 내 연구의 상당 부분을 위한 서설이 되리라고는 전혀 생각하지 못했다. "민주주의 이론"의 포도밭에서 일하는 것이 업인 "민주주의 이론가"로 나를 생각하지도 않았다. 그러나 결국 이 책 한 권에서 그치지 않고 다른 책들도 쓰게 되었다. 예를 들어, 심지어 『민주주의 이론을 위한 서설』 마무리 교정쇄의 수정을 마치기도 전에, 이 책이 너무 추상적이어서 이제는 덜 추상적이고, 더 서술적이고, 더 직접적이며 구체적인 정치적 삶과 관계되는 작업을 해 보고 싶어졌다. 그런 충동이 ("권력"의 매우 추상적인 측면에 대해 전부터 가졌던 관심과 만나면서) 『누가 통치하는가?』•로 이어졌다. 그 이후에도 그런 식이었다.

• Robert A. Dahl, *Who Governs?: Democracy and Power in an American City* (Yale University Press, 1961).

훨씬 나중이 되어서야, 과거를 되돌아보면서 이게 나의 연구 패턴 같은 것임을 알게 되었다. (좀 나쁘게 말하자면 집착이나 되풀이라고도 할 수 있겠다). 『민주주의 이론을 위한 서설』이후 30여 년 동안 이를 서설로 삼는 많은 논문과 저서를, 불규칙적이기는 하지만 내가 계속 써냈다고 얘기해도 그리 틀린 말은 아닐 것이다. 나 자신이 완결된 민주주의 이론을 제시한다고 할 만한 수준에 마침내 가까워졌다고 느낀 것은 1989년 『민주주의와 그 비판자들』・이 출판되었을 때에 이르러서였다 — 비록 그 책조차 답만큼이나 많은 질문을 제기하고 있기는 하지만 말이다.

매디슨주의적 민주주의

매디슨의 견해가 헌법제정회의에서 만들어진 특정한 입헌 장치들과 이후의 정치적 실천 및 신념을 어느 정도까지 정당화하는가? 이 연결고리가, 매디슨주의적 민주주의에 관해 내가 1장에서 지적했던 것보다는, 훨씬 느슨하다는 쪽으로 요즘 나의 생각은 기울고 있다. 예를 들어 매디슨주의는, 지금까지 실제로 발전해 온 정치체제보다 상당히 더 다수 지배에 가까운 체제를 정당화할 수도 있었고, 대통령제보다는 의원내각제를 정당화할 수 있었으며, 심지어 핵심 전제로서 위헌법률심사권을 필요로 하지 않을 수도 있었다고, 나는 믿는다.

・ Robert A. Dahl, *Democracy and Its Critics* (Yale University Press, 1989); 로버트 달 지음, 조기제 옮김, 『민주주의와 그 비판자들』(문학과지성사, 1999).

1장에서 나는 매디슨주의적 민주주의를 아주 강하게 비판했다. 하지만 내가 생각해도 얄궂은 것이, 『민주주의 이론을 위한 서설』 이후에 나는 제임스 매디슨이나 그의 동료 여러 명이 헌법제정회의에서 보여 준, 정치학자이자 입헌 사상가로서의 탁월한 재능에 대해 점점 더 존경하게 되었다. 특히 펜실베이니아 대표였던 제임스 윌슨, 매디슨과 같은 버지니아 대표였던 조지 메이슨과 에드먼드 랜돌프는 주목할 만하다. 헌법제정회의 기록과 이들의 이후 경력을 좀 더 검토하면서, 나는 『미국의 다원주의적 민주주의』・에서 이렇게 결론 내렸었다. 이들이나 헌법제정회의에서 이들과 자주 협력했던 참석자들은 내가 『민주주의 이론을 위한 서설』에서 인정했던 것보다 더욱 뚜렷하고 확실하게 공화주의의 민주적 측면에 헌신적이었다. 매디슨과 그의 협력자들은 주가 연방보다 더 큰 입헌 권력을 갖게 하자는 연방주의자들뿐만 아니라, 연방 정부를 강화한다는 목적을 공유하지만 자신들보다 더 귀족주의적인 공화주의를 추구했던 파견 대표들과도 여러 경우에 대립했다.

전제정을 막기 위해서는 권력분립이 필수적이라고 매디슨은 믿었는데, 그럼 **반드시** 대통령제나 심지어 위헌법률심사권이 필요하다고 생각했을까? 실제로 거의 모든 다른 민주주의국가들은 대통령제를 거부했고 일부는 위헌법률심사권도 부정했다. 따라서 내가 이미 지적한 바 있듯이 (27쪽), 매디슨이 그렇게 생각했다고 해석해 버리면 결국 매디슨이 바보이거나 적어도 역사가 흘러갈 방향을 몰랐던 사람이 되어 버린다. 하지만

・ Robert A. Dahl, *Pluralist Democracy in the United States : conflict and consent* (Rand Mcnally & Co., 1967).

모두 알다시피 당시의 모든 다른 이들처럼 매디슨도, 직접적으로 판단에 도움이 될 만한 역사적 선례가 거의 없는 상태에서 입헌적 장치들에 대한 판단을 내릴 수밖에 없었다. 우리는 그보다 유리한데, 이후 거의 두 세기에 걸친 경험을 가지고 돌아보면서 판단할 수 있기 때문이다. 이 기간 동안 안정적인 민주주의 대부분은 의원내각제를 채택했고, 불과 소수만이 대통령제를 선택했으며, 미국식 대통령제를 채택한 국가는 전혀 없었다.

『미국의 다원주의적 민주주의』에서 대통령제에 관한 내용을 쓰는 동안, 나는 이 대통령이라는 공직의 기원에 특별히 주목하면서 헌법제정회의 기록을 재검토했다. 내가 발견했던 것들은 다음과 같다. ① 참석자들은 검증된 모델들이 전혀 없는 상황에서 행정부 수장직에 관한 여러 대안적 설계들 가운데 선택해야 했다. ② 매디슨 또한 일원이었던 버지니아 파견 대표단은, 연방 행정부는 "연방 의회가 선출한다"는 방안을 제안했다. ③ 이 제안은 두 번 채택되었는데, 한 번은 만장일치였고 다른 한 번은 6개 주 대 3개 주로 통과되었다. 그리고 헌법제정회의 막판(8월 24일)에 이를 "인민이 선출한다"로 바꾸자는 제안이 있었지만 거부되었다. ④ 2주 후에, 9-2 투표로 헌법제정회의는 "해당 주 의회가 정하는 방식으로" 각 주가 뽑는 선거인단이라는 해결책을 채택했다. ⑤ 아홉 개 주의 파견 대표들 다수가 왜 연방 의회에 의한 선출보다 그런 해결책을 선호하게 되었는지에 관해 확고한 판단을 내리기에는 기록이 너무 불완전하다. 그래도 기록에 따르면 매디슨은 의원내각제와 상당히 유사한 제도를 지지했고 헌법제정회의는 이를 거의 채택하는 순간까지 갔다.

그렇다면 권력분립이 근본적으로 필요하다는 매디슨의 믿음에 반드시 미국식 대통령제가 수반되었던 것은 아니라는 결론을 내려야 할 것이다. 헌법제정회의에서 매디슨은 정치적인 방편으로 자신의 견해나 심지어 원칙까지도 때때로 양보할 수밖에 없었다. 따라서 (평등한 주가 아니라) 평등한 시민에 직접 기초하는 공화정이라는 자신의 이상을 반영하는 입헌적 원칙들을 일관되게 주장하는 한편, 타협도 수용했다. 즉, 불완전해도 만족할 만한 헌법에 대한 동의를 얻어 내기 위해, 그는 자신이 원칙적인 이유 때문에 진심으로 반대했던 특정 요소들 ― 특히 상원에서 모든 주가 동등하게 대표되는 것 ― 에 대해서조차 타협을 수용했다.

나는 또한 매디슨이 내가 인정했던 것보다는 다수를 더 신뢰했다는 결론을 갖게 되었다. 좀 더 정확하게 말하면, 내가 생각했던 것¹보다 매디슨은 다수 지배에 대해 어느 정도 덜 불신했고 덜 적대적이었다.

이후의 경험 때문에 매디슨이 소수의 권리와 다수 민중 사이의 잠재적인 갈등을 조금은 다른 견지에서 보기 시작했다고 해석할 수도 있겠다. 헌법제정회의에서, 어떻게 다수가 소수의 권리를 해칠 수 있는지를 설명하면서, 매디슨은 재산권, 특히 토지 재산권을 변함없이 언급했고, 이 점에서는 그의 협력자든 반대자든 마찬가지였다. 아마도 광범위한 남성 참정권에 기초를 둔 강력한 연방 정부의 경험이 1787년에는 전혀 없었기 때문에, 헌법제정회의와 『페더럴리스트』에서 매디슨은 토지 재산에 대한 위협을 더 심각하게 생각했을지도 모른다. 하지만 새로운 헌법 아래에서의 첫 수십 년 ― [제퍼슨과 매디슨이 창당해서 이끌었던] 민주-공화당이 결국에는 광범위한 참정권과 다수의 지지에 의존했던 기간 ― 을 경험한 이후 그는 이런 위협을 덜 심각하게 받아들였다.

매디슨의 입장을 좀 더 완전하게 보여 주는 주장이, 헌법을 채택한 지 30년 후에 참정권에 대한 연설을 준비하면서 자신이 썼던 한 주목할 만한 "노트"에서, 부분적이나마 드러난다. 막스 패어랜드에 따르면, 그 노트는 "1821년경에 쓰였는데, 그때 매디슨은 '논쟁들'Debates이라는 제목의 저서 출간을 준비하고 있었다."[2] 매디슨의 "노트"는, 헌법제정회의에서 참정권에 관해 자신이 했던 주장들 가운데 몇몇[3]은 "그 주제에 대해 그 연설가[매디슨 자신]가 갖고 있던 좀 더 완전하고 성숙된 견해를 전달하지 못하고 있다. …… 그[매디슨]는 당시 버지니아 주의 사례를 지나치게 의식하고 있었다."라는 고백으로 시작한다.

계속해서 그는, 헌법제정회의가 진행되는 동안 그리고 그 이후에 그랬던 것처럼, 참정권("공화주의 헌법의 근본 조항")이 재산권과 충돌할지도 모른다는 가능성을 다시 제기한다. 만약 갈등이 발생한다면 어느 것이 더 근본적인 권리인가? 매디슨은, 아직 "이 나라의 다수"를 이루고 있는 부동산 자산 보유자들freeholders이 소수로 전락하게 될 날이 그리 멀지 않을 수 있음을 인정한다.

특유의 엄밀함과 간결함으로 매디슨은 재산권을 계속 보호할 수 있는 여러 대안을 검토한다. 그는 다음과 같이 가장 손쉬운 해결책은 바로 거부한다.

> 참정권을 부동산 자산 보유자들, 그리고 부동산 자산으로 당연히 전환할 수 있는 등가의 재산을 보유한 사람들에게 한정하는 것은…… 법률에 의해 제한 받는 이들이 그 법률을 만드는 과정에서 의견을 피력할 권리를 가져야 한다는, 자유 정부의 필수 원칙을 위반하는 것이다.

> 상원 의원 혹은 하원 의원을 선출할 수 있는 투표권을 부동산 자산

보유자들에게만 한정하는 것을, "어느 정도 기간 동안은, 즉 **사실상 부동산 자산 무보유자들**nonfreeholders**이 다수가 될** [이하 원문 그대로] **그때까지는**"(강조는 필자) 해 볼 수도 있겠다고 매디슨은 얘기한다. 그러나 "만약 실제 경험이나 여론의 동향이 입법부, 행정부, 사법부를 선출할 평등 및 보편 선거권을 요구하게 된다면, 미국에서는 과거 경험이나 여론에 기댄 요구는 대체로 결국 관철되는 편이라고 볼 때", 그때에는 상원이든 하원이든 어느 하나에서 선거구 크기를 늘리거나 임기를 늘리는 것이 해결책이 될 수도 있겠다고 그는 제안한다.• 만약 이런 해결책이 채택되지 않으면, 그때에는

재산 보유자들이 소수가 되었을 때 그들의 안전은 오직, 보유한 재산이나 이들이라면 흔히 얻는 고급 정보가 가져다주는 영향력, 교육의 확산 덕분에 널리 계몽되고 있는 사회정의에 대한 인식, [『페더럴리스트』 10번으로 돌아가서!] 광대한 나라 전역에 산재되어 있는 부당한 사회적 요구를 합쳐 내어 효과적으로 관철시키기는 어렵다는 점 등에 의해 보장될 수 있다.

> • 선거구가 넓을 경우 자산 보유자와 무소유자 모두를 포용할 수 있는 호소력을 지닌 후보가 선출될 가능성이 커지고, 긴 임기가 보장될 경우 정책이 무산자를 위해 갑자기 변경될 위험이 적어진다고 매디슨은 이 노트에서 설명하고 있다. 달이 요약하고 있는 매디슨의 노트는 다음에서 볼 수 있다.
> https://oll-resources.s3.us-east-2.amazonaws.com/oll3/store/titles/1787/0544-03_Bk.pdf에서 볼 수 있다. 450-455쪽 참조.

만일 양자택일로 귀결된다면 우월한 권리는 참정권이지 재산권이 아니라는 것이 매디슨의 입장이다.

…… 만일 입법부, 행정부, 사법부 모든 부문과 관련해 평등·보편 선거권을 보장하는 것, 그리고 권리 **전체**를 일부 시민에게만 한정하는 것, 이 둘 중에서 하나를 선택해야 한다면 전자가 낫다. 즉, 재산권과 개인의 권리라는 두 이해관계가 걸려 있는 이들이 정부 안에서 자신들의 몫 절반[재산권]을 박탈당하는 것이, 개인의 권리라는 이해관계만 걸려 있는 사람들이 그 모두를 잃게 되는 것보다 낫다.[4]

그러므로 나는, 매디슨의 공화주의적 관점들은 1789년 이래로 발전해 온 미국 정치체제의 입헌 제도 및 정치적 실천과는 상당히 상이한 제도나 실천이 전개되었더라도 그것들과 완벽하게 조응했을 것이고 실제로도 잘 맞는다고 생각하게 된다.

정치 이론에서의 모호함

체계적인 민주주의 이론을 발전시키고자 하는 모든 시도는, 민주주의를 다음과 같은 두 가지 방식으로 해석할 수 있고 또 실제로도 그렇게 해석해 왔다는 기본적인 사실에 직면할 수밖에 없다. 즉, 민주주의란 아마도 (혹은 대개는, 또는 결코) 완전하게 획득될 수 없는 이상적인 정치체제로 이해될 수도 있고, 또한 실제로 역사 속에 존재하는 체제이자 어떤 제한적인 조건하에서만 획득될 수 있는 정치적 제도나 절차의 집합으로 해석될 수도 있다. 덧붙여 중요한 사실은 이상으로서나 실체로서도 민주주의는 2000년 이상에 걸쳐 변화해 왔다는 데 있다. 오늘날 우리 대다수는 아테네처럼 성인 인구의 절반이나 3분의 2를 완전한 시민권에서 배제시키는 정치체제를 "비민주적"이라고 거부해 버릴 것이다. 민주주의라는 용어를 자신들의 도시국가에 처음 붙였던 이들이 바로 아테네인들이었다는 사실을 아주 잘 알고 있으면서도 그럴 것이다. 자신의 체제에 대한 환상에서 깨어난 아테네인이라면, 아마도 근대 민주주의국가의 규모가 어마어마하게 큰 것은 말할 것도 없고, (토박이들과 외국 출생의 귀화인들뿐만 아니라, 그 무엇보다도 남성과 **여성**의) 보편 선거권, 정당, 입법권을 선출된 대표자들에게 위임하는 것을 보고 십중팔구 당황할 것이다.

바로 이런 생각들을 바탕으로 2장과 3장에서 민중 민주주의와 다두제적 민주주의를 이론적으로 설명해 보고자 했다. 그때 제기한 쟁점들과 이후 수십 년 동안 계속 씨름했는데, 그러는 동안 내가 설명하려고 애썼던 논점들이 무엇인지 그리고 이를 어떻게 풀어 나가야 할지가 좀 더 명료해지기 시작했다. 내가 생각하기에, 가장 뛰어나고 명료하며 완전한 설명은 『민주주의와 그 비판자들』에 있다. 하지만 심지어 그 책에서조차 몇몇 쟁점들은 완전히 해결되지 않은 상태로 남아 있다. 예를 들어 다수결 원칙의 정당성이라는 문제를 보자. 『민주주의 이론을 위한 서설』 2장을 쓰면서 나는 이를 완전히 마무리했다고 자신만만했었지만, 이 문제에 대한 『민주주의와 그 비판자들』에서의 설명조차 완전한 마무리에 훨씬 미치지 못한다.

2장과 3장에는 이 책을 쓸 무렵 민주주의를 이론적으로 설명하고자 했던 내 생각의 또 다른 바탕이 좀 더 직접적으로 드러나 있다. 당시 나는 흔하게 해 오던 설명 방식이 아닌 좀 더 형식화되고formal, 명시적이고explicit, 명제 중심적인propositional 방법론을 통해 이론을 발전시키자는 발상에 어느 정도 끌리고 있었다. (당시 나는 형식 모델formal modeling과 합리적 선택 이론이 얼마 지나지 않아 미국 정치학에서 오늘날과 같은 지배적인 지위를 차지하게 될 것이라고 조금도 예상하지 못했다!) 대체로 나는 정치 이론의 여러 주장들이 갖는 모호함이 불만이었다. 정치 이론상의 어떤 주장을 이해해 보려고 노력하는 것은 종종 다람조개를 찾아 땅을 파는 것과 같아서, 열심히 파면 팔수록 모래 속으로 더욱더 사라져 가는 것처럼 보였다.

그러던 중에 이제는 너무나도 유명해진 케네스 애로의 『사회적 선택과 개인적 가치들』•을 우연히 읽게 되었다.[5] 비록 애로의 개척적인 연구를 충분히 이해하고 활용하지는 못했지만,[6] 기존 정치 이론이 하지 못한[7] 훨씬 더 형식화된 설명을 제시하는 작업에 도전하려는 내게 있어 그의 연구는 큰 힘이 되었다. 분명히 2장과 3장에서 주장이 전개되고 구성되는 방식은 상당 부분 내가 그의 책을 끙끙거리면서 독파했던 경험 덕분에 가능했다.

잘한 일이든 못한 일이든, 애로의 책은 내 주장의 일부를 (비록 미주와 부록에만 있지만) 형식화된 수학기호로 표현해 보겠다는 결정에 분명한 영향을 미쳤다. 그렇게 한 것이 독자들에게 얼마나 도움이 되었는지는 지

• Kenneth Arrow, *Social Choice and Individual Values* (New York: John Wiley & Sons, 1951).

금에 와서는 아주 의문이 든다. 그것은 『민주주의 이론을 위한 서설』을 준비하면서 겪은 내 경험을 통해 당시 충분히 예상할 수도 있었을 것 같다. 당시 나는 굳게 결심하고서, 아무것도 모르는 정치학 대학원생들에게 내가 나중에 이 책에서 채택하게 되는 기호 체계를 사용해 가며 내 주장들을 칠판 위에 억지로 설명했었다. 그때는 정치학이 계량화되고 수리화되기 이전 시기로, 정치학의 사실상 유일한 표현 도구가 말words이었기 때문에, 유감스럽게도 당시 학생들은 종종 혼란스러워 했다. 더 그런 것이, 당시에도 그렇고 이후에도 내가 기호 논리나 수학에 별로 정통하지 않았기 때문이다.

다두제

찰스 린드블롬과 함께 『정치, 경제, 그리고 복지』•를 쓰면서 우리는 현대 민주주의를 (위계 정치 또는 지도자들에 의한 통제, 그리고 협상 또는 지도자들끼리의 통제와는 구별되는 것으로서) 지도자들을 통제하는 과정으로 이해하는 이론의 윤곽을 만들어 냈다. 『옥스퍼드 영어 사전』을 참고하고 고전문학과의 동료 한두 명과 상의한 후에 우리는 민주주의의 현대적 근사치에 해당하는 적절한 용어가 **다두제**polyarchy라고 결론 내렸다. 그리고 『민주주의 이론을 위한 서설』에서 나는 다두제라는 주제를 다시 다루

• Robert A. Dahl, Charles E. Lindblom, *Politics, Economics, and Welfare* (Harper & Brothers, 1953).

었다.

 하지만 이후에 나는 두 책에서 했던 시도 어느 쪽도 전혀 만족스럽지 않다는 결론을 내렸다. 내 생각에, 다두제 이론은 민주주의의 이상적 요구 조건들과 그 현대적 근사치를 좀 더 분명하게 구별할 수 있어야 하고, 또한 특정 국가에서 현대 민주주의의 등장과 안정에 도움이 될 수 있는 조건들을 좀 더 경험에 기반을 두고 설명할 필요가 있었다. 결국 나는 "절차적 민주주의"(혹은 "민주적 절차")를 위한 다섯 가지 기준을 이상적인 요구 조건으로 정식화했다.[8] 이 이상적 기준들에 가까워지려는 현대적 시도들을 살펴보면서, 어찌 보면 이미 명백하게 인식했어야 했던 사실을 깨닫게 되었다. 즉, 현실에 존재하고 있는 현대 민주주의를 특정 정치제도들이나 실천 방식들을 통해 깔끔하게 특징지을 수 있다는 점이다. 전체적으로 볼 때, 바로 이 특정 제도들이 "다두제"를, 이전의 모든 민주적이거나 공화적인 체제들뿐만 아니라 여타의 모든 현대 통치 체제들로부터도 아주 분명하게 구별시켜 준다는 사실을 깨닫게 된 것이다. 다두제에 관해 이렇게 접근하게 되자, 이제는 상이한 국가들의 경험을 검토하면서 다두제의 발전과 지속에 가장 유리하거나 가장 불리한 조건들에 관한 가설이나 증거를 끌어낼 수도 있게 되었다.[9]

 마지막으로 나는 이들 이상적 기준을 더 이상의 설명 없이 그대로 내버려 두어서는 안 된다는 결론에도 도달했다. 당연히 모든 연구는 어디가 되었건 어떤 출발점이 있어야 하고, 그 출발점은 어느 정도는 자의적이다. 하지만 나는 민주주의 절차적 기준들을 정당화할 수 있는 몇 가지 가정들을 좀 더 충분히 밝혀낼 수 있으리라 보았다. 그런 이론적 토대가 될 수도 있는 내용이 1979년 당시 "절차적 민주주의" 속에도 살짝 언급되기는 했지만, 『민주주의와 그 비판자들』에서 드디어 내가 보기에 만족할 정도의 정식화 수준에 도달하게 되었다.

미국 헌법에 대한 새로운 시선

『민주주의 이론을 위한 서설』을 쓴 이후 나는 매디슨과 동료들의 능력에 점점 더 감탄하게 되었다. 하지만 동시에 그들이 그렇게 노력해서 만들어 낸 헌법이라든가 그 입헌적 틀에 의해 형성된 "미국식 혼합"이 더 이상 우리에게 도움이 되지 않는다는 걱정도 점점 커져 갔다. 마지막 5장에서 몇 가지 이유를 언급했다. 하지만 그 논의도, 적어도 두 가지 점에서는, 지금의 내가 적당하다고 생각하는 수준보다는 더 밋밋하게 평가한 것이다. 첫 번째는 다음과 같이 내가 정의 내릴 때였다.

> 미국의 "정상적인" 정치과정은 전체 인구 가운데 적극적이고 합법적인 집단이 정책 결정 과정의 중요한 단계에서 자기 목소리를 효과적으로 낼 가능성이 높은 정치과정.

심지어 지금도 나는 미국의 정치과정을 그렇게 특징지은 것이 대체로는 옳다고 생각한다. 그러나 유감스럽게도 이 정의가 정확하고 충분한 것은 아니다. 말할 것도 없이 나는 곧바로 제한조건을 부가했었다(그러나 일부 독자들은 이 점을 완전히 무시해 왔다는 것을 나는 나중에서야 알게 되었다).

"목소리를 낸다"는 것은 매우 다양한 활동들을 포괄하기 때문에 이 용어를 엄격하게 정의할 생각은 없다. 확실한 것은, 모든 집단이 결과에 대해 똑같은 영향력을 행사한다는 의미는 아니라는 것이다.

그리고 이어서 나는 정치적 결정들을 통제하는 데 있어 불평등이 존재한다는 점을 강조했고, 어떻게 "입헌적 규칙들"이 어떤 집단들은 유리하게 하고 다른 집단들은 불리하게 하는지에 대해서도 지적했다. 하지만 나는 "입헌적 규칙들"이 아닌, 예컨대 인종, 교육, 정보, 그리고 사회경제 제도 같은, 다른 근원에서 발생하는 불평등에 대해서는 언급하지 못했다. 이후 연구에서 불평등의 이런 근원들 몇몇에 좀 더 분명한 관심을 돌리기는 했지만,[10] 그래도 『민주주의 이론을 위한 서설』에서 이 불평등의 요인들을 빠뜨렸던 것을 나는 후회하고 있다.

둘째, 결론에 해당하는 문단들이, 당시에도 분명 그렇게 보였겠지만, 지금 보니 더더욱 자족하고 있는 것으로 읽힌다는 점이다. 아마도 균형을 맞추려고 그랬던 것으로 생각된다. 비록 미국 정치체제가,

……애국주의적이지만 정치적으로는 무지한 우리의 찬양자들이 진절머리 나게 우기듯이, 세계의 여타 국가들이 그대로 갖다 쓰거나 위험을 감수하고서라도 고쳐 쓸 만한 인류 최고의 성과물은 아니지만, 그래도 내 생각에 일부 비판자들이 말하는 것처럼 너무도 명백하게 결함이 있는 체제인 것도 아니다.

……이런 이상한 혼합물이기에 다른 나라에 수출할 만한 것은 아니다. 그러나 민주주의의 사회적 선결 조건들이 미국에서 온전히 유지되고 있

는 한 이 낯선 혼합은, 거대하고 강력하며 다양할 뿐만 아니라 믿기 어려울 정도로 복잡한 사회를 운영하는 불안정하고 무절제한 사람들 사이에서, 합의를 강화하고 중용을 장려하며 사회적 평화를 유지시켜 줄 수 있는 비교적 효율적인 체제인 것으로 보인다.

이 인용문도, 첫 번째 부분에서와 마찬가지로, 대체로 옳다고 나는 보고 있다. 그러나 오늘날이라면 나는 미국 대통령제가 진화하면서 낳은 몇 가지 문제점[11]을 좀 더 날카롭게 강조하고 싶다. 그리고 다른 안정된 민주주의들이 미국식 체제와는 다른 입헌 체제를 가지고도 잘해 나가는 것으로 보인다는 사실에 주목하라고 할 것 같다. 사실상 이는 미국식 체제가 인기 있는 수출품이 아니라는 점을 입증한다. 1950년이나 그 이전부터 중단 없이 다두제적 민주주의 제도들을 유지해 온 21개국 모두를 안정된 민주주의라고 생각해 보자. 이들 가운데 3개국(프랑스 제5공화국, 핀란드, 코스타리카)을 제외한 모든 국가가 대통령제를 완전히 거부했다. 반면, 예외였던 그 3개국 중에서도 두 개 국가는 대통령제와 의원내각제의 혼합을 선택했다.

만약 매디슨주의적 민주공화주의자들이 미국의 경험을 포함해 민주주의국가들이 그 이후 여러 헌법을 통해 어떤 경험을 하게 될지를 내다볼 수 있었다면, 자신들이 1787년에 했던 선택들을 그대로 했을까? 이에 대해 나는 매우 회의적이다.

증보판 후기

매디슨주의적 민주주의의 재평가

이 책이 반세기 전에 처음 출간되었을 때, 내가 "매디슨주의적 민주주의"라고 이름 붙인 이 체제에 대해 나는 매우 비판적이었다. 지금의 나는 매디슨에게 더 호의적인 동시에 더 비판적이다. 내 판단으로 제임스 매디슨은 급속히 등장하던 미국 민주주의를 경험하면서 1787년 헌법제정회의와 곧이어 『페더럴리스트』에서 자신이 표명했던 시각보다 꽤 민주적인 시각을 갖게 되었다. 내가 이전보다 그에게 더 호의적인 이유는 바로 이런 점을 이해하게 되었기 때문이다. 한편 매디슨은 자신이 도와 만들어 낸 정치체제에서 전체 성인의 상당수가 시민으로서의 권리를 향유하지 못하도록 배제시켰다. 더 비판적인 이유는 그가 기꺼이 그렇게 했기 때문이다.

매디슨에 대한 이런 비판적 인식에도 불구하고, 정치적 삶에 대해 그가 가졌던 이해의 깊이와 폭에 대해, 그리고 묘사의 수준을 넘어 더 높은 일반화의 수준에까지 다다랐던 명제들을 그가 끊임없이 모색했던 것에 대해, 나는 깊은 존경심을 품고 있다. 이런 의미에서 그는 발군의 정치학자political scientist였다. 더군다나 자신이 이전에 내렸던 결론들을 이후의 관찰을 통해 기꺼이 수정할 수 있었던 그의 능력은 그가 정치를 진정 과학적으로 연구하는 학자true scientist of politics의 안목을 지녔음을 보여 준다.

그러나 정치를 보는 그의 관점이 경험적 관찰에만 머문 것은 아니다. 왜냐하면 정치에 대한 그의 관심은 정치란 무엇인가뿐만 아니라, 자신의 관점에서, 무엇이어야만 하는가에 대한 염려에도 깊이 뿌리박고 있었기 때문이다. 평생에 걸쳐 정치를 이해하려고 노력하게 된 바탕에는 분명 미국인들이 좋은 정체polity를 가질 수 있다는 그의 바람이 자리 잡고 있었다.

매디슨의 관점에서, 미국인들에게 좋은 정체란 반드시 자신의 정당한 권력을 피통치자들의 동의로부터 가져오는 정부, 또는 오늘날의 관점에서 말한다면 민주주의일 것이다. 민주적 이념과 제도가 진화하는 데 있어 그는 지대한 역할을 담당했다. 매디슨은 1787년 미국 헌법제정회의에서 자신의 창조적 리더십을 통해, 그리고 바로 그 직후 『페더럴리스트』에 실린 설득력 있는 자신의 기고문들을 통해, 민주적 이념과 실천에서의 가장 근본적인 변화들 가운데, 이 민주주의라는 오래된 정부 형태의 전 역사에 걸쳐 등장해 온 [인민에 의한 통치라는] 한 가지 변화가 공식적으로 실행되도록 도왔다. 그 이후로 "인민에 의한 통치"는 더 이상 도시국가 같은 작은 단위에서 열리는 시민들의 회합에만 제한되지 않게 되었다. 더 넓은 단위에서도 입법부로 보낼 대표를 선택할 수 있는 권리가, 당시 영국이나 스웨덴 의회의 경우처럼 소수 특권층 출신의 극히 적은 수의 남성에게만 제한되지도 않게 되었다. 이런 관점에서 판단해 보자면, 매디슨은 자신만의 조심스러운 방식으로, 혁명가였다.

하지만 대규모의 정치체제가 민주주의로 인정받기 위해 필요한 최소한의 제도 모두를 갖추었는지를 판단하는 데 있어 오늘날 널리 사용되는 기준이 있는데, 이런 기준으로 매디슨을 평가한다고 가정해 보자. 그 경우 우리는 매디슨이, 1787년 미국 헌법제정회의에 참석하고 『페더럴리스트』에 논문들을 기고할 당시에는 제대로 된 민주주의자가 아니었다고 결론 내릴 수밖에 없을 것이다. 『페더럴리스트』에 실린 그의 유명한 논문들을 읽어 보면 알 수 있지만, 그는 심지어 민주주의라는 용어가 자신이 마음속에 그리고 있는 정부에 적절하지 않다고 고집했다. 그 대신 공화정이라고 써야 한다고 주장했다.

헌법제정회의와 『페더럴리스트』 이후 여러 해 동안 매디슨은, 민중이 스스로 통치하고자 할 때 필요한 제도들을 고안하려는 기획에 참여하게 되면서, 자신이 이전에 선언했던 것보다는 더 "민주적"인 관점을 표현하기 시작했다. 그가 헌법제정회의와 『페더럴리스트』에서 제시했던 견해를 '1787 입헌 이론'으로, 그 이후의 입장을 '1787 이후 입헌 이론'이라고 해보자.[1] 첫 번째에서 두 번째로의 전환을 보여 주는 한 가지 놀라운 사례가 바로, 그가 공화당 창당을 주도했다는 점이다.

하지만 1787년 이후 입헌 이론에서 나타나는 더 민주적인 매디슨조차, 향후 두 세기를 지배하게 되는 민주적 관점이나 실천 방식에는 훨씬 미치지 못하는 관점과 실천 방식을 지지했다.

최적의 인물 THE MAN

1787년 헌법제정회의가 소집되었을 때 매디슨은 겨우 36세였다. 한 역사학자는 이렇게 썼다. "5피트 6인치에 140파운드도 안 되던 '꼬마 제미 매디슨'little Jemmy Madison은 …… 어떤 심각한 병고라도 금세 겪을 듯 위태롭게 평생 목숨을 부지하고 있는, 학교 선생님 …… 같은 여리고 눈에 띄게 허약한 외모를 가졌다."² 보통 정도의 신장과 다소 고음의 목소리를 가졌던 그를 위풍당당한 연설가였다고 할 수는 없다. 그러나 그의 상냥하고 공정한 심성과 더불어, 당대의 쟁점들을 설득력 있게 풀어내는 지식의 깊이 덕분에 매디슨은 헌법제정회의 참석자들 가운데 가장 영향력이 컸던 한 사람이었다고 할 수 있다.

20세에 뉴저지 칼리지(프린스턴)에서 학사 학위를 받은 매디슨은 25세에 버지니아 회의 파견 대표의 일원이었고, 27세에는 버지니아 식민지 상원의 의원이자 임시 사무총장을 맡았고, 29세에는 대륙 의회 파견 대표였으며, 33세에는 버지니아 하원의원, 그리고 35세에는 아나폴리스 회의 지명 대표 중 한 명이었다. 필라델피아에서 열리는 헌법제정회의를 대비하면서, 그는 "고대와 근대의 공화정들 [그리고] 고대와 근대의 연맹들confederations"³에 대한 연구를 수행했고, "합중국 정치체제의 결점들"이라는 제목의 짧은 글을 썼으며, 헌법제정회의에서 새 헌법을 위한 버지니아 계획Virginia Plan으로 소개될 내용의 핵심 요점을 작성했다.⁴ 36세의 나이에 제임스 매디슨은 이후 세대의 미국 정치 지도자들 대부분이 56세나 66세에 다다를 수준보다도 헌법 제정을 위한 회합에 더 잘 준비되어 있었다.

매디슨의 네 가지 질문

매디슨의 가장 영향력 있는 견해는 『페더럴리스트』에서, 특히 10번과 51번에서, 그가 했던 주장들이었으며 오늘날까지도 그러하다. 그러나 그는 자신이 정말 열심히 도와 만들어 냈던 정치체제를 직접 경험하며 여러 중요한 점에서 자신의 견해를 수정했는데, 대부분의 정치학자들을 포함해 거의 누구도 이 부분에 충분히 주목하지 않았다고 생각된다.[5]

헌법제정회의에서, 『페더럴리스트』에서, 그리고 당시의 서신과 여타 저술에서, 매디슨은 꾸준하게 다음 네 가지 질문에 답하려고 했다.

1. 이 새로운 정부 체제를 무엇이라고 불러야 하는가?
2. 공공선은 존재하는가? 존재한다면 공공선이 무엇인지 우리는 알 수 있는가?
3. 공공선을 성취하는 데 있어 주요 위협은 무엇인가?
4. 이런 위협은 극복될 수 있는가? 극복될 수 있다면 어떻게?

공화정인가? 민주주의인가?

"순수 민주주의"를 자신은 "정부를 직접 구성하고 운영하는, 소규모의 시민들로 구성된 사회"라는 의미로 쓴다고 매디슨은 얘기했다. 이렇게 정의된 민주주의(순수 민주주의)는 "공화정, 즉 대표의 체계가 생겨 …… [나고] …… 나머지 시민들에 의해 선출된 소수의 시민에게 …… 통치가 위임[되는] 정부라고 내가[매디슨이] 정의하는 공화정"[6]과는 대비된다.

이 개념 정의를 발전시키면서 매디슨은 진짜 문제에 직면한다. 18세기에는 그와 동시대인들이 만들어 내고자 열심히 노력하고 있던 그런 종류의 정부에 대한 일반적인 명칭이 존재하지 않았다. 즉, 정당성을 인민의 주권으로부터 획득하지만, 그 속에서 인민은 법률 제정권을 갖는 대표자를 선출함으로써 간접적으로 통치하는 그런 정부 말이다. 아리스토텔레스로부터 몽테스키외에 이르기까지 여러 사람들이 분류법을 제시해왔는데, 각각의 미세하고 미묘한 차이를 여기에서 다룰 필요는 없을 것 같다. 이들의 공통된 방식은 입헌 체제나 정치체제를 일인 지배, 소수 지배, 혹은 다수 지배로 나누는 것이었다. 이들 각각은 다시, 공공선과 오직 자기 자신의 이익 중 어떤 것을 통치자가 달성하려고 노력하는가에 따라, 좋은 형태와 나쁜 형태로 나눌 수 있다. 일인 지배의 좋은/나쁜 형태는 군주제/전제 군주정이었다. 소수 지배는 귀족정/과두정이 될 것이다. 다수 지배의 경우는 어떤가? 좋은 형태는 민주주의인가, 공화정인가? 나쁜 형태는 무엇인가?

기원전 400년경에 아테네인들은, 당연한 얘기지만 자신들의 언어에 기대어, 스스로의 체제를 demos("일반 사람" 혹은 "인민")와 kratos("지배", "좌우하다", 혹은 "권위")를 결합한 "민주주의"democracy라고 불렀다. 거의 비슷한 시기에 로마인들은 그들의 체제를, 라틴어 res(사물, 일)와 publicus(공공의)를 사용해 공화정republic이라고 불렀다. 13세기 이탈리아 도시국가들인 베니스·플로렌스·시에나·루카·제노바·볼로냐·페루자는 자치 국가임을 규정하는 헌법들을 채택했는데, 이때 그들 또한 모두 자신들의 언어와 역사로부터 끌어와 자신들의 정부를 공화정이라고 불렀다.

용어의 차이는 결국 언어 때문이었지, 정치제도 때문이 아니었다. 그러나 민주주의라고 불렀건 공화정이라고 불렀건 아테네, 로마, 이탈리아 도시국가들의 정치체제는 18세기 미국에는 전혀 적합하지 않았다. 아테네의 민주주의와 로마의 공화정은, 그들의 민회에서 보듯이, 대표 체계의 요소를 어느 정도 지녔다. 그러나 아무리 확대 해석해도 그들의 정치체제가 미합중국의 대의 정부를 위한 모델로 기능할 수는 없었다. 이탈리아 공화정의 경우, 귀족주의적 혹은 과두적 공화정이었을 수는 있지만 결코 민주적인 공화정은 아니었다.[7]

더 혼란스러운 것은, (민주주의와 공화정이라는) 이 두 용어는 18세기 미국인들 사이에서 별 구별 없이 흔히들 사용되었던 것으로 보인다는 점이다.[8] 내 추측은 민중에 의한 지배에 더 우호적이었던 미국인들은 민주주의라는 용어를 사용하는 경향이 있었던 반면, 더 반신반의했던 이들은 공화정이라는 용어를 선호했다는 것이다.

어쨌든 민주주의와 공화정이라는 용어들에 대한 매디슨의 유명한 구분은 어느 정도는 자의적이고 실제 역사적 사실과도 크게 관련이 없었다. 심지어 제임스 윌슨 같은, 일부 그의 동시대인들도 새로운 대의 체제를 민주주의라고 불렀다.[9]

민주주의라는 용어는 곧 일반적으로 사용되었다.[10] 제퍼슨과 매디슨이 창당했던 공화당은 곧 민주-공화당으로 그리고 1828년에는 이를 계승한 정당, 즉 민주당으로 개명되었다. 1835년과 1840년에 출간된 토크빌의 유명한 저서들은, 우리 모두가 알고 있듯이, 『미국의 민주주의』 Democracy in America라는 제목이 붙어 있다.[11]

간단히 얘기해서 제임스 매디슨은 이들 용어의 사용에 대한 자신의 뜻을 관철하는 데 완전히 실패했다고 할 수 있다.[12] 사실 이 문제는 사소한 것으로 치부해 버릴 수도 있었지만 그러지 못한 것은, 미국 건국의 아버지들이 민주주의가 아니라 공화정을 만들어 냈다는 주장을 너무 자주 접했기 때문이다. 이 주장에 대해 이렇게 해석할 수도 있겠다. 즉, 전체 성인의 절반 이상을, 오늘날의 민주주의 기준을 충족하기 위해 갖추어야 할 권리에서 배제시킴으로써, 건국의 아버지들은 과두정 혹은 굳이 얘기하자면 중세 이탈리아의 공화정들과 완전히 다르지는 않은 과두적 공화정을 만들어 냈다고. 그러나 실제로 내가 받은 인상은, 이렇게 주장하는 이들은 건국의 아버지들의 권위를 빌려, 오늘날 미국에 맞는 적절한 기준으로서의 "민주주의"의 정당성을 부정하고 싶어 한다는 것이다. 이에 나는 이렇게 되묻고 싶은데, 만약 합중국이 민주적 공화정이 아니라면, 그리고 아니어야 한다면 도대체 이는 어떤 종류의 공화정인가 혹은 어떤 종류의 공화정이어야 하는가? 귀족주의적 공화정? 과두적인 공화정?

이제 두 번째 질문에 대한 매디슨의 응답으로 관심을 돌려 보자. 공공선은 존재하는가? 그리고 만약 존재한다면 그것이 무엇인지 알 수 있는가? 당대에 일반적이었던 견해를 따라 매디슨도 공공선은 존재하며 분명히, 최소한 어떤 이들은, 그것을 알 수 있다고 가정했다. 그러나 매디슨의 확신에도 불구하고, 철학자들은 2천 년이 넘도록 계속해서 두 가지 중심적인 쟁점에 관해 의견 차이를 보이고 있다. 공공선이 진정으로 무엇인지를 우리는 도대체 어떻게 **안다고**know 할 수 있는가? 그리고 공공선에 대해 알게 되고 실제로도 추구하게 될 가능성이 가장 높은 것은 어떤 **사람들**persons인가? 첫 번째 쟁점과 관련해, 공공선에 대한 지식은 자명한 것인가? 만약 자명하지 않다면 이는 순수 이성을 통해, 그리고 칸트의 주장을 따르자면 아마도 오로지 순수 이성을 통해서만 추론될 수 있는가? 만약 순수 이성으로 부족하다면, 공공선에 대한 지식은 직감에 의존하는가? 느낌이나 감정에? 경험에? 이들 모두에?

매디슨의 입장은 확고했다. 그는 굳게 이성의 편에 섰고, 칸트와 마찬가지로 감정이나 열정에 어떤 역할을 부여하는 것을 거부했다.[13] 인간 본성을 이렇게 이해하는 매디슨은 스스로를 부정하는 것처럼 보이는데, 이점이 특히 놀라운 것은 그가 데이비드 흄의 입장과 완전히 정반대의 관점을 보이기 때문이다. 사실 매디슨은 헌법제정회의에 참석하기 전에 흄의 연구를 다시 읽었는데, 흄은 파벌의 사악한 효과를 줄이는 데 있어 규모가 갖는 이점에 대해 매디슨보다 먼저 주장한 바 있었다.[14] 이성과 감정 간의 생리학적인 연결 고리는 20세기 후반이 되어서야 밝혀졌기 때문에, 매디슨과 칸트처럼 감정을 배제하는 관점은 당시로서는 효과적으로 반박될 수 없었다. 그러나 오늘날의 지식으로 보면, 이성이 감정으로부터 전적으로 분리될 수 있다는 가정은 인간 본성을 근본적으로 오해하는 입장인 것처럼 보인다.[15]

두 번째 쟁점과 관련해 매디슨은 플라톤과 공자, 그리고 많은 그의 동시대인들과 그리 다르지 않았다. 즉 그는 더 지혜롭고 공적인 덕목을 더 많이 소유하고 있는 사람들은 다른 이들보다 공공선이 진정으로 무엇인지에 대해 더 잘 알 수 있으며, 이에 따라 행동할 가능성도 더 높다고 믿었던 것 같다. 이렇게 필수적인 지혜와 덕성을 가진 이들은 대표자들을 선출하는 민중이기보다는 선출된 대표자들일 가능성이 높다는 점이, 대의 공화정이 직접 민주주의나 민회 민주주의보다 나은 결정적 이유라고 매디슨은 단언했다. 『페더럴리스트』 10번에서 그는 이렇게 기술했는데, 선거의 효과는

공중의 의견을 선택된 시민 집단이라는 매개체에 통과시킴으로써 정제

하고 확대하는 것이다. 선택된 집단의 현명함은 **자국의 진정한 이익을** 가장 잘 분별해 낼 것이며, 그들의 애국심과 정의에 대한 사랑은 그것 [즉 진정한 국익]을 일시적이거나 부분적인 이유에 조금도 희생하지 않을 것이다. 그런 조정 아래에서, 인민의 대표에 의해 표명되는 공중의 목소리는, 그 목적으로 소집된 인민 스스로에 의해 표명되는 경우보다, 더 공익에 부합할 수 있을 것이다(강조는 필자).

하지만 이런 바람직한 결과가 틀림없이 나타날 것이라고 믿기에는 매디슨은 정치와 정치인들과 관련해 너무도 많은 경험을 했었다. 따라서 바로 이어서 그는 현실적인 제한조건을 덧붙인다.

다른 한편, 그 효과는 반대가 될 수도 있다. 파당적 성격, 지역적 편견, 악의적 의도 등을 가진 사람들이 음모나 부패, 기타 수단을 이용해 표를 획득[즉 당선]한 뒤에 국민의 이익을 배신할 수 있다.[16]

이런 딜레마에 대한 매디슨의 처방을 검토하기에 앞서, "공공선"과 "민중의 이익"을 확실히 알 수 있고 묘사할 수 있다고 그가 암묵적으로 가정하고 있다는 점을 강조하고 싶다. 만약 매디슨이 오늘날 살아 있다면, 이런 가정을 더 정당화할 필요도 없는 것인 양 주창할 것 같지는 않다. 오늘날의 매디슨이라면 분명히 이렇게 질문할 것이다. 사람들이 늘 그렇듯 공공선에 대해 의견 차이가 있는 구체적인 상황에서, 무엇이 최선인지를 우리는 어떻게 알 수 있는가? 매디슨의 시대에, 자신 같은 계몽 노예주들까지도 포함해서 노예주들의 이익이 (물론 노예들은 말할 것도 없고) 타인들의 이익과 충돌하지 않았던가? 기본적인 인권이 재산권보다 우선인가 아니면 재산권은 근본적인 인권을 침해할 때조차 침범할 수 없는 것인가?

만약 어떤 시민들이 자신들의 이익이 다른 이들의 이익과 충돌한다고 믿는다면 이 문제는 어떤 식으로 해결되어야 하는가? 공적 심의를 위한 적절한 장소는 무엇이고, 어떤 방식으로 공적 심의가 가능할까? 이익들이 충돌할 때 우리는 "최대 다수의 최대 행복"이라는 공리주의적 방식을 따라야 하는가? 그렇다면 바로 그 결정을 할 자격이 있는 "우리"는 도대체 누구인가? 또는 그 방식에 숨겨진 함정들을 생각할 때, 그 결정은 어떤 다른 도덕 원칙을 따라야 하는가? 그렇다면 그때의 도덕 원칙은 어떤 것인가? 또한 이때 다수 지배의 원칙은 어떤 정당한 역할을 갖는가?

공공선에 대한 매디슨의 가정이 그의 시대에는 설득력이 있었는지 모르지만, 선출된 대표자들이 공공선을 확실하게 알 수 있다는 그의 주장은 오늘날은 거의 지지받지 못할 것이다.

그렇다면 세 번째 질문을 살펴보자. 매디슨의 관점에서, 공공선을 획득하는 데 있어 주요 위협들은 무엇인가? 내가 보기에 매디슨은 자신의 1787 입헌 이론에서 두 가지에 주로 관심이 있었다. 하나는 내가 앞서 이미 인용한 바 있다. 즉, "파당적 성격, 지역적 편견, 악의적 의도 등을 가진 사람들이 음모나 부패, 기타 수단을 이용해 표를 획득[즉 당선]한 뒤에 국민의 이익을 배신할 수 있다." 이런 리더십의 문제에 대한 (헌법제정회의에서 그의 동료들도 널리 지지했던) 그의 주요 해결책이 바로 그 유명한 권력분립, 즉 권력이 서로 다른 정부 부문으로 분리되어 서로 견제함으로써 균형을 갖게 하는 것이다. 그런데 매디슨과 미국 그리고 사실 전 세계 모두가 큰 규모의 대의 정부를 좀 더 경험하게 되면서 그의 관점이 변화한 것에 더 주목하고 싶기 때문에, 이 해결책에 대해서는 더 얘기하지 않고 그 대신 두 번째 주요 위협 요소, 즉 파벌주의에 대해 간략히 살펴보겠다. 그는 이렇게 말했다. "내가 생각하는 파벌이란, 전체 중에서 다수파에 해당하든 소수파에 해당하든 상관없이, **다른 시민들의 권리나 공동체의 영속적이고 집합적인 이익에 반하는** 어떤 정념이나 이해관계 등과 같은 공통의 욕구에 의해 결합해 행동하는, 상당수의 시민들을 말한다." 자유가 존재하는 곳에서 파벌은 불가피하다. "인간의 이성이 오류를 범할 수 있는 상태에 머물러 있고 또한 인간이 자유롭게 그것을 행사할 수 있는 한, 상이한 의견들은 형성되기 마련이다. …… 재산권의 기원인 인간 능력의 다양성은 이해관계의 균일성을 가로막는 정말 극복 불가능한 장벽이다. …… 파당의 잠재적 원인들은 이처럼 인간의 본질에 심어져 있다. …… **가장 공통적이고 지속적인 파벌의 원인은 다양하고 불평등한 재산의 분포였다.**"[17]

파벌의 위험을 어떻게 하면 완화할 수 있을까? 매디슨은 이렇게 얘기한다. "만일 한 파벌이 과반보다 적은 수로 구성되어 있다면, 다수파가 정기적인 투표를 통해 그 파벌의 사악한 견해를 패퇴시킬 수 있는 공화제의 원리가 구제책을 제공할 것이다."[18] 그런데 만약 파벌 자체가 다수라면? 1788년 제퍼슨에게 보낸 서신에서 매디슨은 이렇게 썼다. "우리 정부에서 진짜 힘은 공동체의 다수에게 있습니다. 그리고 구성원들의 생각을 거스르는 정부의 행위가 아니라 구성원 다수의 단순한 도구로서 행동하는 정부의 행위 때문에 사적인 권리가 침해되는 것을 무엇보다도 우려해야 합니다."[19] 헌법제정회의에 참여했던 많은 동료들처럼, 그리고 이들의 견해를 형성하는 데 도움이 되었던 아리스토텔레스 이래 고전 저술가들처럼,[20] 매디슨은 기본권에 대한 가장 큰 위협이 재산이 거의 혹은 전혀 없는 다수 시민들로부터 올 것이라고 믿었다. 왜냐하면 만약 재산을 가지지 않은 이들이 다수라면, 이들은 이기심이라는 압도적인 힘에 이끌려 재산을 가진 소수의 재산권을 침범하려 할 것이 분명하기 때문이다.[21]

매디슨의 네 번째 문제로 눈을 돌려서, 만약 다른 이들의 기본권과 자유를 위협하는 파벌이 불가피한 것이라면 어떻게 해야 하는가? 권리장전이 도움이 될 수 있지만 충분하지는 않다고 매디슨은 믿었다. 1788년 제퍼슨에게 보낸 서신에서 그는 다음과 같이 썼다. "제 자신의 입장은 항상 권리장전을 지지하는 쪽이었습니다. …… 동시에, 권리장전에 들어가야 할 내용이 빠졌다고 해서 그것을 중요한 결함이라고 결코 생각해 본 적도 없고, 다른 사람들이 하도 간절히 바라니까 그렇지 굳이 후속 헌법 개정을 통해서라도 그 빠진 내용을 넣어야 한다고 바랐던 적도 없습니다. 다만 제가 권리장전을 지지하는 이유는, 권리장전이 도움이 될 수도 있고, 적절하게 실행되면 해가 되지는 않을 수 있다고 생각하기 때문입니다." 매디슨은 권리장전의 필요성에 대해 미온적이었고 실효성에 대해서도 의문을 품었다. 왜냐하면 "권리장전이 가장 필요한 경우에 별 효력을 발휘하지 못했다는 것을 우리의 경험이 증명하고 있기 때문입니다. …… 모든 주에서 고압적인 다수들이 …… 이 양피지 방벽[즉 헌법]을 …… 끊임없이 위반해 왔습니다."[22]

초기 매디슨이 다수를 두려워했던 것은 혹시 그들이 자신의 생계에 꼭 필요했던 한 가지 재산 형태(즉 노예)를 위협할지도 모른다는 걱정 때문이었을까? 실제 이유가 무엇이었건, 초기에 매디슨은 다수에 의한 정부가 소수의 권리를 심각하게 위협할 수 있음을 분명 두려워했다.

그렇다면 어떻게 해야 했는가? 매디슨의 해법에는 연방주의 채택, 헌법 조문에 직접 명시되는 정부 권한을 가급적 줄이는 것,• 그리고 이미 지적했지만 대표자 선출을 통한 통치 등의 여러 요소[23]가 포함되어 있다. 그러나 매디슨의 가장 유명하고 끊임없이 인용되는, 무엇보다도 독창적인 기여는 공화정의 규모를 확대하는 것이었다. "범위를 확대하면, 엄청나게 다양한 당파들과 집단들이 들어오게 되고, 다른 시민의 권리를 침해하려는 동기를 전체 중의 다수파가 공통으로 갖게 될 개연성은 아주 희박해질 것이다. 또는 만일 그런 공통의 동기가 존재하더라도, 그것을 가진 사람들 모두가 자신들의 힘을 발견하고 서로 일치단결해 행동하기가 더 어려워질 것이다."[24] 따라서 체제의 규모를 확대하는 것은 "공화제 정부에 가장 흔한 질병에 대한 공화제적 처방"[25]이었다. 이런 매디슨의 생각은 옳았는가? 이 질문은 잠시 있다 다시 다루도록 하겠다.

1787년의 다른 모든 이들처럼 매디슨 또한 본보기로 삼을 만한 역사적 경험이 거의 없는 도전 과제에 직면해 있었다. 대규모의 대의 민주주의가 그때까지 인류 역사에서 결코 존재한 적이 없었다는 점을 고려할 때, 그가 추론해 냈던 해법들은 아마도 당시 그가 할 수 있는 최선의 노력에 기반해 만들어졌다고 봐도 무리가 없었다.

하지만 매디슨과 그의 동료들이 협력해 만들어 낸 입헌 체제는 곧 이

• 미국 헌법상 정부의 권한은 헌법 조문에 직접 명시되어 있는 열거된 권한(enumerated powers)과 헌법에 직접 명시되어 있지 않아도 열거된 권한을 행사하기 위해 필요하고 적절하다고 여겨질 경우 정부가 행사할 수 있는 묵시적 권한(implied powers)으로 나뉜다.

어 등장한 민주주의를 향한 강한 요구에 대응하면서 급격하게 변화를 겪게 된다. 매디슨 자신도 이런 민주주의에 대한 요구와 그 파급효과를 강화시키는 데 사실 일조했다. 헌법제정회의 이후 30여 년 동안 그는 현실정치에 깊이 관여했다. 1789년 새로이 구성된 하원에 선출되자 매디슨은 곧 중요 지도자의 역할을 맡게 되었다. 그가 애초 권리장전에 주저했던 이유가 무엇이었던 간에, 매디슨은 이를 발의하고 신속하게 통과시켜 냈다. 하원의원에 더 이상 출마하지 않기로 한 지 얼마 되지 않아 1798년,• 그는 '외국인과 치안 방해법'Alien and Sedition Acts에 반대하는 버지니아 결의안을 작성했고, 그 이듬해 버지니아 주 하원으로 돌아와 이 결의안을 지켜 냈다. 1801년 그는 국무장관이 되었고 제퍼슨의 임기 내내 그 자리를 지켰다. 1808년 제퍼슨이 퇴임한 후에는 대통령으로 선출되었으며 1812년에 재선되었다. 대통령직에서 퇴임한 후 10년 뒤에 그는 제퍼슨의 후임으로 버지니아 대학 총장에 취임했다. 1829년에는 버지니아 헌법을 수정하기 위해 소집된 공식 회의에 참여했다. 말년에는 주의 연방 법령 무효화에 확고하게 반대하면서 연방을 지켜 냈다. 그는 85세의 나이로 1836년에 사망했다.

 1790년 이후로 여러 경험을 하면서 매디슨은 (물론 백인 남성으로만 구성되어 있었지만) 다수를 어느 정도는 더 신뢰하게 되었고, 동시에 그 다수의 이익을 위협한다는 생각에 소수를 더 불신하게 되었다고 나는 믿고

• 이민정책에 대한 방대한 권한을 대통령에게 부여했던 연방의회의 '외국인과 치안 방해법'과, 이 법이 대통령에게 초헌법적인 권한을 부여하므로 위헌이라고 비판하는 버지니아 주 의회의 '버지니아 결의안' 모두 1798년에 통과되었다. 원서에 1788년으로 잘못 표기되어 있어, 1798년으로 바로잡았다.

있다. 간단하게 말해서, 매디슨은 헌법제정회의와 『페더럴리스트』에서 자신이 제시했던 해답과는 상이하거나 적어도 강조점이 훨씬 다른 해답 쪽으로 급속하게 방향을 바꾸었다는 것이 내 생각이다. 매디슨은 점점 다음 네 가지 명제들을 강조하게 되었다.

1. 새로운 미국 공화정에서 가장 큰 위협은 다수가 아니라 소수에게서 나왔다(내가 얘기하는 다수는 물론 백인 남성 시민의 다수라는 의미다).
2. 소수 파벌들로부터 자신들의 권리, 자유, 기존 혜택을 보호하기 위해, 다수는 정당을 조직할 필요가 있었다.
3. 다수가 결코 재산권을 위협하지 않도록 하기 위해서는 시민들의 다수가 재산을 소유하는 것이 필요조건(이자 아마도 충분조건)이었다. 재산 소유자로서 이들은 재산권을 (침해하는 것이 아니라) 보호하는 데 이해관계를 갖게 될 것이다.
4. 결국 민주적 공화정에서는 다수가 지배할 수 있어야 한다.

나는 이 새로운 명제들 각각에 관련된 몇몇 잘 알려진 역사적 전개에 대해 간략하게 언급하는 방식으로, 매디슨의 입장이 어떻게 변화했는지를 보여 주고자 한다. 자신의 가까운 동료였던 제퍼슨처럼 매디슨도 연방주의자당Federalist Party의 대표자들이 시민 다수의 이익에 해로운 정책들을 지지하고 심지어 실행하기까지 했다고 재빠르게 결론을 내렸다. 이런 정책들 중에는 악법이었던 '외국인 및 선동 행위에 관한 법령', 연방정부가 주 채무를 떠맡는 것, 해밀턴이 국립은행 설립을 관철해 낸 것, 영국과 프랑스 간의 갈등에서 해밀턴이 영국 편에 섰던 일 등이 있다.

제대로 저항하기 위해서는 반대파도 자체 정치 조직을 가져야 한다는 것이 명백해졌다. 따라서 연방주의자당에 반대하는 제퍼슨과 매디슨 그리고 여러 사람들이 공화당Republican Party을 창당했다. 이는 곧 민주-공화당으로, 그리고 결국에는 앤드루 잭슨의 합류와 더불어 민주당Democratic Party으로 불리게 되었다. 민주주의의 모든 옹호자가 사실상 그러하듯이 매디슨 또한 (훨씬 나중에 스스로 했던 말을 빌자면) "정당 없는 자유 국가란 결코 존재한 적이 없고, 정당은 자유의 자연스런 산물이다."[26]라는 점을 이해하게 되었다. 그러나 정당을 만드는 것은 『페더럴리스트』 10번에서 한 발짝 벗어나는 것을 의미했다. 왜냐하면 정당은 파벌의 한 종류, 즉 선거에서 표를 얻기 위해 정당 지도자들이 조직한 파벌이기 때문이다. 정당이라는 단어 자체도, 사르토리가 몇 년 전 강조했듯이, 분할한다는 의미의 라틴어 동사[partire]에서 유래한다. 정당이 '파벌'faction보다 덜 경멸적인 말로 여겨지곤 했지만, 두 용어는 종종 구별 없이 사용되었다. 정당은 "정치사회의 한 부분"에 불과하지, 결코 전체는 아니다.[27] 그렇다면 선거에서 경쟁하는 조직화된 정당들이야말로 사실상 파벌, 그리고 다수 이익의 보호라는 이 동전의 양면 같은 문제를 해결하는 주요 요소라고 할 수 있다.[28]

그러나 정당 간 경쟁이 반드시 재산권에 대한 위협을 줄이는 것은 아니며, 만약 참정권이 재산을 충분히 갖지 못한, 특히 토지 재산이 없는 이들(매디슨의 용어로는 "부동산 자산 미보유자들")에게로 확대된다면 정당 간 경쟁으로 재산권에 대한 위협이 오히려 증가할 수도 있다. 물론 유권자 대다수가 재산을 소유하고 있거나 곧 소유하리라고 기대하고 있어서 재산권을 보호하고 싶어 하는 경우에는 그런 위협은 감소될 것이다. 이런 해법은 만약 영국에서라면 불가능하지는 않아도 매우 어렵다고 할 수 있는데, 미국의 경우에는 미 서부에서 (물론 원주민들의 토지를 약탈하는 것이었지만) 쉽게 토지를 확보할 수 있어서 가능했다. 1787년 당시의 매디슨이 아마도 분명하게 예상하지 못했던 서부로의 이주는 거대한 자작농 인구를 만들어 내고 있었는데, 이들은 자신들이 재산 소유자였기 때문에 재산권을 침해하고 싶지 않았을 것이다.

후기 매디슨의 이런 관점도 물론 보편 선거권과 정치적 평등을 열망하는 수준에까지 도달하지는 못했다. 그래도 1821년에 쓴 원고[증보판 서문 233-235쪽에서 달은 이 원고에 대해 좀 더 자세하게 논하고 있다]에서 매디슨은 시작부터 자신이 "1787년에 했던 주장들은" 참정권, 즉 "공화주의 헌법의 근본 조항"에 대해 "그 연설가[즉 매디슨 자신]가 갖고 있던 좀 더 완전하고 성숙된 견해를 전달하지 못하고 있다."라고 털어 놓는다. 여러 대안을 신중히 검토한 다음 매디슨은 참정권을 (토지) 재산이 없는 이들에게로 확대하는 방안이, 실현 가능성과 정의라는 견지에서, 이를 제약하는 대안보다 훨씬 더 낫다고 결론 내렸다. 그는 이렇게 얘기한다. "정의롭고 자유로운 정부에서는 …… 재산권과 개인의 권리 모두 적절히 수호되어야 한다. 보편 및 평등 선거권이 보장될 경우 재산권은 보호될 것인가?• …… 참정권을 부동산 자산 보유자들에게 한정하는 것은 ……

• 저자는 "Will the latter be so in case of a universal & equal suffrage?"로 인용하고 있으나, 실제 매디슨 노트의 원문은 "Will the former be so in case of a universal & equal suffrage?"이다(former는 재산권). 이 책에서는 매디슨의 원문대로 해석했다.

법률에 의해 제한 받는 이들이 그 법률을 만드는 과정에서 의견을 피력할 권리를 가져야 한다는, 자유 정부의 필수 원칙을 위반하는 것이다." 참정권을 무산자에게서 박탈하거나 제한하는 네 가지 서로 다른 방안들을 검토하고서 매디슨은 이렇게 결론 내렸다.

> 이 문제에 대해 어떤 입장을 취하든 부정할 수 없는 사실은, 시민 대중이 목소리를 내지 못하고 지내서는 안 된다는 점이다. …… 만일 입법부, 행정부, 사법부 모든 부문과 관련해 평등·보편 선거권을 보장하는 것, 그리고 권리 전체를 시민 일부에만 한정하는 것, 이 둘 중에서 하나를 선택해야 한다면 전자가 낫다. 즉, 재산권과 개인의 권리라는 두 이해관계가 걸려 있는 이들이 정부 안에서 자신들의 몫 절반[재산권]을 박탈당하는 것이, 개인의 권리라는 이해관계만 걸려 있는 사람들이 그 모두를 잃게 되는 것보다 낫다.²⁹

정치적 평등이란 다수가 지배할 수 있어야 한다는 것을 의미한다. 매디슨은 토지 자산을 거의 혹은 전혀 갖지 못한 투표자들이 재산권을 위협할 수도 있다는 걱정을 결코 완전히 털어 내지 못했을 수도 있다. 그렇다고 해도, 동료 시민들 사이에서 재산 소유권이 확산되는 것을 지켜보면서, 그는 다수 지배의 근본 원칙에 어느 정도 더 헌신적이 되었던 것으로 보인다.

http://press-pubs.uchicago.edu/founders/documents/v1ch16s26.html.

인생 말미에, 특히 존 칼훈이 다수 지배의 원칙에 대해 공격하기 시작한 이후에, 매디슨은 그 원칙을 강력하고 확고하게 지지했다. 1833년에 쓴 한 서신에서, 매디슨은 이렇게 주장했다.

> 연맹 체제라는 일반적인 주제에 대해 혹은 그 주제에 대한 우리 쪽 해석에 대해 어떤 입장을 가지게 되던, 공화주의 정부의 친구라면 다수의 정부majority governments를 가장 전제적이고 견딜 수 없는 정부라고 전면적으로 비난하는 것에 반대하는 목소리를 높여야 합니다. ······
> 일반적인 물음은 다수가 소수를 지배하는 공화정 정부와 소수나 극소수가 다수를 지배하는 정부 중에서 어느 쪽인가 하는 것이어야 합니다. ······ 다수의 정부가 권력을 마음대로 휘두르고 싶어 할 수도 있다는 이유를 들어 싸잡아 반대하는 이들은 모든 공화정 정부에 반대하는 셈입니다. 차라리 소수의 정부minority governments라면 이해관계의 편향이나 권력에 대한 유혹을 덜 느낄 것이라고 주장해야 할 것입니다.[30]

같은 해에 쓴 "'다수의 정부'에 대한 메모"Memorandum on 'Majority Government'에서 그는 다음과 같이 얘기했다.

> 만약 다수의 정부가 ······ 최악의 정부라고, 그렇게 생각하고 주장하는 사람이 있다면, 그들은 공화주의에 대한 믿음의 울타리에서 벗어나 있습니다. 이들은 귀족정이나 과두정 혹은 군주정의 공공연한 신봉자들에 합류하던지 아니면 문명사회 어디에서도 아직 보지 못한 수준으로 완벽하게 동질적인 이해·의견·감정을 보이는 이상적인 사회를 찾아 나서야

할 것입니다.[31]

나는 매디슨이 1787 입헌 이론으로만 알려져 있는 것이 유감인데, 왜냐하면 매디슨 자신과 미국 정치체제 모두 진화해 감에 따라 자신의 입장을 훨씬 더 민주적인 쪽으로 수정했다는 데에는 이론의 여지가 없기 때문이다. 그러나 심지어 매디슨의 수정된 입헌 이론에서조차 적어도 세 가지 결함이 나타난다.

첫 번째는 크기를 확대하면 파벌주의의 위험이 줄어든다는, 『페더럴리스트』에서 그가 했던 주장이다. (나는 매디슨의 다음과 같은 주장은 옳았다고 보는데) 그는 헌법제정회의 현장에서 "주들은 서로 크기가 달라서가 아니라 다른 요인들 때문에 상이한 입장을 갖게 된다고 주장했다. 그 대부분의 요인들은 부분적으로 기후의 차이에서도 기인하지만, 주로는 노예를 갖고 있는지 아닌지(의 효과)에서 기인했다. 이 두 가지 원인이 함께 작용해 합중국에서 아주 심각한 이익의 대립 상태를 만들어 냈다."[32]

반면 이보다 더 널리 알려져 있는 『페더럴리스트』(특히 10번과 51번)에서 제시된 그의 주장은 당시 논의되고 있던, 연방 체제에서는 작은 주 주민들의 이익이 침해될 것이라는 헌법제정회의 내부의 염려나 그 바깥에서 반연방주의자들의 우려를 불식시키는 데 도움이 되는 수사적 표현으로는 유용했을 것이다.[33] 그러나 만약 『페더럴리스트』에 나타난 매디슨의 주장을 정치학에서 볼 수 있는 경험적 명제로 접근해 보면 자연스럽게 두 가지 결론을 내릴 수 있다. 우선 이 주장을 당대에 적절하게 검증하기란 불가능했을 것이다. 다음으로, 그 이후 두 세기에 걸친 역사적 경험을 보면 이 주장이 완전히 틀렸음을 알 수 있다.

현재의 대의 민주주의 국가 중에서 소규모 국가들이 대규모 국가들보다 파벌에 더 취약한 것은 결코 아니다. 핀란드·네덜란드·스위스·뉴질랜드와 함께 스칸디나비아 3국을 생각해 보라. 또는 민주주의에 관한 (굳이 얘기하자면 매디슨의 기준보다 훨씬 더 높은) 오늘날의 기준을 만족시키는 전 세계 70여 개 국가 중에서 인구 100만 명 이하의 작은 국가들이 큰 국가들보다 훨씬 더 많다는 것을 고려해 보라.[34] 아니면 훨씬 더 작은 규모로 눈을 돌려 보자. 미국 버몬트 주의 마을 회의들town meetings을 유심히 들여다보면 활기와 공손함 그리고 참여의 정도, 아울러 직접 민주주의에 대한 존중이 놀랄 만큼 잘 어우러져 있음을 알 수 있다. 실제로, 마을의 크기가 작을수록 이런 특성들이 더 잘 나타나는 경향이 있다.[35]

다양성이 규모와 함께 증가하는 경향이 있다[36]는 데 있어서는 매디슨이 옳았다. 하지만 그는 이질성에 따르는 비용이 있고 동질성에도 장점이 있음을 간과했다.[37] 예를 들어, 스웨덴에서는 최근 이민자가 늘면서 새롭게 문화적 다양성이 증대하고 있는데, 이전의 스웨덴은 예외적이라 할 만큼 동질적인 사회여서 내각이나 의회 그리고 국가 전체적으로 정부 정책을 협상하는 데 매우 높은 수준의 합의를 끌어 낼 수 있었다.[38] 정반대의 경우로 유럽연합이 유럽 헌법을 제정하는 데 얼마나 큰 어려움을 겪고 있는지를 보라. 이는 유럽인들 간에 지속되고 있는 가지각색의 상충하는 이익, 관점, 가치, 정치 문화 때문이다.

매디슨은 규모의 이로운 효과에 대해 낙관했던 것으로 보이는 반면, "노예를 소유하는지 아닌지(의 효과)에" 따라 서로 다른 주에 거주하는 자산 보유자 간에 이해관계가 크게 다르다는 점 역시 분명하게 인식하고 있었다. 매디슨의 이런 상반된 관점들은 이해하기 쉽지 않고 심지어 불가능해 보인다. 노예제에 바탕을 둔 경제와 사회체제 그리고 문화까지 가진 남부 주들을 연방으로 합쳐서 결국 미국 헌법 입안자들은 사실상 남북전쟁을 피할 수 없게 만들지 않았던가? 합치지 않고 따로 두는 것이 장기적으로 더 나았을지는 여기서 검토하기에는 너무 복잡한 문제다. 간단히 말해 내 요점은, 규모를 넓힐 경우 해결 불가능한 갈등의 장이 만들어질 수도 있다는 것이다.

나는 때때로 매디슨이 새로운 연방 체제에 대한 아마 가장 격렬한 반대자였던 반연방주의자들에 맞서기 위해 일부러 규모의 이점을 강조한 것은 아니었는지 궁금하다. 만약 그랬다면 정말 영리한 한 수였다고 하겠다. 그렇다고 해서 그의 추측이 경험적으로도 타당하다고 할 수는 없다.

매디슨의 수정된 입헌 이론에 여전히 남아 있는 두 번째 주요 결함은 성인 인구 가운데 막대한 수의 사람들로부터 완전한 시민권을 암묵적으로 배제해 버린 것이다. 그 시대의 다른 남성들처럼 매디슨 역시, 참정권은 남성들에게만 부여되어야 한다는 점, 여성들에게도 많은 여타 기본권뿐만 아니라 투표권을 부여하자는 요구가 당시 전혀 없던 점 모두를 너무도 당연시했던 것으로 보인다. 그리고 여성들은 시민으로서의 권리를 거의 갖지 못했던 반면 노예들은 전혀 갖지 못했다. 워싱턴, 제퍼슨, 그리고 많은 다른 버지니아 저명인사들처럼, 매디슨 또한 자신의 아버지가 물려준 노예들을 소유하고 있었다. 워싱턴과 제퍼슨처럼 그도 노예제는 사악하다고 믿었고,[39] 자신이 소유한 노예들은 인간적으로 대했던 것 같다. 그러나 자신의 버지니아 지역 동료들과 마찬가지로 그 역시 일생 동안 노예들을 해방시키지 않고 공개적으로도 그 제도에 이의를 제기하지 않는 쪽을 택했다.[40] 그렇다고 자신이 죽을 때 노예들을 해방시켰던 워싱턴의 전례를 매디슨이 따른 것도 아니다. 그 대신 아내의 형편을 걱정해 그는 노예들을 유산으로 남겼다.[41] 제퍼슨과 마찬가지로 그도 점진적인 해방 "그리고 아프리카나 어떤 다른 먼 지역으로 해방된 노예들을 보내 식민화하는" 방안을 지지했다. 1819년에는 심지어 서부 토지의 판매 대금으로 노예를 그 주인에게서 사들여 해방시킨 후 아프리카로 되돌려 보내자고 제안하기도 했다.[42] 물론, 이 계획은 성공하지 못했다.

매디슨의 1787 이후 입헌 이론의 세 번째 주요 결함은 개리 윌스가 힘껏 우리 주의를 환기시킬 때까지는 전기 작가, 역사가, 정치학자, 헌법 법률가 들이 대체로 간과해 왔던 문제다.[43] 이는 그 악명 높은 5분의 2 규칙인데, 미국 헌법 제1조 제2항・은 이렇게 규정하고 있다. "하원의원 수와 직접세는 …… 각 주의 인구수에 비례하여 각 주에 배정한다. 각 주의 인구수는 자유인의 총수에 …… 그 밖의 인구수의 5분의 3을 가산하여 결정한다." 이때 말하는 "그 밖의 인구"란 누구였을까? 물론 노예들이다.[44] 윌스는 다음과 같이 주장하는데, 타당한 논점이라 할 수 있다. 즉 하원에서 (그리고 그 결과로 대통령선거인단에서) [남부 주들이] 얻은 추가 의석들 덕분에, 윌스의 표현을 빌리자면, "남북전쟁에 이르는 그 순간까지 반세기 넘게 남부가 정부 운영을 편중되게 좌지우지할 수 있었다고 해도 과언이 아니다."[45] 그 덕택에 심지어는 "(1830년대와 1840년대의 [노예 문제에 대한] 발의나 토론 금지 결의안이 보여 주듯이) 노예들의 지위에 관한 논쟁이

・ 이 책의 원문은 제1조 제3항(Section 3, Article I)이지만, 미국 헌법(1787년)에서 이 내용은 제2항에 있으므로 "제1조 제2항"으로 옮겼다. 미국 헌법 원문과 번역본은 세계법제정보센터에서 확인할 수 있다. https://url.kr/aovldf.

나 변화를 요구할 수 있는 가능성마저도 약화되었다."⁴⁶ 비록 매디슨이 그 헌법 조항을 채택하는 데 큰 역할을 담당했던 것 같지는 않지만 그래도 헌법제정회의에서, 그리고 자신의 일생 동안 그는 이 조항을 지지했었다.

매디슨은 자신이 살던 시공간의 제약을 크게 받고 있었지만, 후대에 대의 민주주의라고 불리게 되는 제도를 세계에서 처음으로 실험하는 데 일조했다. 그가 기여한 대중의 정부popular government라는 정치제도·실천·이념은 일단 시작되면 때로는 아주 급격하게 끊임없이 진화할 역동적인(심지어 혁명적인) 요소들을 포함하고 있었다.

매디슨 자신도 그런 진화의 일부였다. 그의 1787 입헌 이론은 다수에 대한 두려움 때문에 헌법이나 다른 수단을 동원해서 이들의 힘을 막을 것을 요구했다. 1787 후기 입헌 이론에 이르러 그는 다수를 보호해야 한다고 주장했다. 그러나 그의 (후기가 아닌) 초기 관점만을 반영했던 입헌 체제의 많은 핵심 요소들이 오늘날까지도 온존하고 있다.

나는 매디슨이 오늘날 살아 있다면 자신의 입헌 이론을 어떻게 수정할지 궁금할 때가 많다. 아마 이런 쪽이 아닐까. 미국뿐만 아니라 다른 곳에서도 그의 시대 이후로 나타난 민주적 이념과 실천에서의 변화들을 꼼꼼하게 한참을 생각해 본 후, 자신이 크게 기여해서 만든 헌법을 아마 격렬히 비판했을 것이라고.

옮긴이의 글

옮긴이가 몸담고 있는 미국선거연구American National Election Studies를 포함해 미국인의 여론을 장기간에 걸쳐 관찰하고 있는 여론조사들을 보면 대체로 미국인의 압도적 다수가 총기 소유에 대한 정부의 강력한 규제 정책을 오랫동안 선호해 왔음을 공통적으로 보여 준다. 총기 소유가 헌법에 보장된 권리이기는 하나, 학교 총격 사건을 비롯한 비극적인 총기 관련 사건들이 너무 빈번하다 보니, 헌법상의 권리를 침해하지 않는 범위 내에서 정부가 총기 구매나 사용에 제한을 가해야 한다는 주장은 언제나 미국인 다수의 지지를 받고 있다. 하지만 연방 정부나 대다수 주 정부의 실제 총기 관련 정책들은 이런 여론의 요구에 전혀 미치지 못하는 수준이다.

왜 미국 정부는 미국인 다수가 원하는 정책을 실행하지 않는가? 좀 더 일반적으로 얘기하자면, 다수의 지배를 의미하는 민주주의 정부에서 왜 다수의 요구가 항상 관철되지 않는가? 이 책은 민주주의에 관해 우리가 흔히 갖는 이런 의문이나 고민에 대한 뛰어난 길잡이가 되어 준다.

이 책은 20세기가 낳은 최고의 민주주의 이론가 로버트 달이 1956년에 발표한 책 *A Preface to Democratic Theory*의 발간 50년을 기념해 2006년 출간된 증보판을 번역한 것이다. 저자는 이 책으로 이미 1989년에 미국정치학회가 선정하는 벤저민 에반스 리핀콧Benjamin Evans Lippincott 상•을 받은 바 있다. 이 상은 살아 있는 정치 이론가 중에서 고전이 될 저술을 낸 사람에게 수여되는데, 그 기준은 출간된 지 15년 이상이 지난 후에도 계속 중대한 저술로 평가되어야 한다는 것이다. 그런데 50년이 지난 시점에 다시 증보판이 나왔다는 것은, 15년을 넘어 50년이 지난 시점에서도, 나아가 향후 50년 뒤에도 여전히 읽힐 민주주의 이론의 고전임을 뜻한다고 할 수 있겠다.

저자인 로버트 달은 1946년 예일 대학교 정치학과에서 학생들을 가르치기 시작한 이래 정치학자로서 화려한 경력을 쌓았다. 1964년 예일대학교 최고의 영예인 스털링 교수직에 올랐고, 1966년 미국정치학회 회장으로 선출되었으며, 1972년 미국 국립학술원 회원으로 선임되었다. 1986년 은퇴한 후 명예교수로 재직하면서도 연구와 저작 활동을 멈추지 않았는데, 그 평생의 공로로 1995년에 정치학계의 노벨상인 요한 쉬테 정치학상The Johan Skytte Prize in Political Science의 제1회 수상자가 되었다.•

2014년 향년 98세로 타계할 때까지 로버트 달이 끈질기게 연구하고 옹호한 주제가 바로 민주주의다. 평생 민주주의 이론가로 살게 될지 자신도 몰랐었다고 이 책의 증보판 서문에서 고백하는 저자가 민주주의 이론가로 첫발을 내디딘 것이 바로 이 책, 『민주주의 이론을 위한 서설』이다. 많은 이들이 민주주의를 얘기하고 있으나 민주주의와 관련된 질문들에 누구나 만족할 수 있는 답변을 제공하는 이론이 아직 존재하지 않는다는 아쉬움을 저자는 서론에서 밝히고 있다. 이를테면 옮긴이가 서두에서 거론했던, 총기 규제에 대한 다수의 여론과 실제 정책 사이의 괴리처

• 이 상의 다른 수상자들을 몇몇 더 거론하자면, 한나 아렌트, 칼 포퍼, 존 롤스, 위르겐 하버마스 등이 있다.

럼 우리가 현실 민주주의에서 갖게 되는 의문을 민주주의 이론은 어떻게 학문적으로, 또 현실적으로 탐구할 수 있을까?

저자는 민주주의를 이해하는 데 흔히 사용되는 두 가지 논리를 검토하고 각각의 이론적·실제적 약점에 대해 논한다. 첫째는 매디슨주의적 민주주의인데 이는, 다수는 소수를 억압하기 마련이고 따라서 이를 막기 위한 헌법적·법률적·제도적 견제 장치가 바로 민주주의라는 주장이다. 저자는 이는 민주주의를 헌법이나 법률, 혹은 정부 운영에만 연결시키는 좁은 사고틀이라고 비판하며, 민주주의는 정치 영역을 넘어서 사회 전체에서 충족되어야 할 조건들이라고 주장한다. 저자의 비판을 받는 또 다른 논리는 민중 민주주의인데, 이는 정치적 평등이 절대 가치이며, 따라서 다수의 지배가 절대적으로 보장되는 것이야말로 민주주의라는 주장이다. 저자는 이런 식의 규범적 주장이 현실 정치에는 도움이 될 수 없음을 여러 방식으로 보여 주는데, 예컨대 강력한 선호를 가진 소수집단이 약한 선호를 가진 다수를 제치고 정책을 좌지우지하는 상황이 현실 정치에서는 흔하다는 것이다. 누가 수적으로 우세한가는 물론 중요하지만, 때로는 선호의 강도가 현실에서는 더 결정적일 수도 있는데, 이는 강력한 선호가 더 활발한 정치 활동이나 더 많은 정치 기부금과 같은 더 큰 정치적 영향력으로 이어지기 때문이다.

저자는 앞서의 논리들처럼 최대화되어야 할 정치적 목적에 초점을 맞추는 대신, 현실의 민주적 조직들이 공통으로 가진 실제 특성들에 관심을 갖자고 제안한다. 그렇게 할 때, 이런 특성들이 얼마나 충족되어 있는지에 따라 어떤 정체polity가 민주주의인지 아닌지, 어느 정도 민주적인지를 평가할 수 있기 때문이다. 이를 저자는 다두제정 민주주의라 부르는

데, 민주주의적 질서를 가능하게 하는 사회적 전제 조건들의 충족 여부가 핵심이다. 이상의 모든 논의를 종합해 저자는 미국 정치를 평가해 보는데, 그의 주장은 다음과 같이 요약할 수 있다. 전반적으로 미국은 중요한 가치에 대해 대다수 국민이 합의하고 있어서 구체적인 정책에 대한 논쟁이나 그 결론이 이런 기본적인 합의의 범위 안에서 이루어진다. 그리고 규범이나 가치에 대한 이런 높은 수준의 합의 덕분에 설사 다수의 이익에 부합하는 정책조차 소수의 이익을 완전히 침해하지 않으며 그런 의미에서 소수는 보호받는다고 할 수 있다.

저자는 이 책에서 내놓은 개념들과 이론 틀을 다듬어 민주주의를 더욱 본격적으로 연구했는데, 예를 들어 1961년에 출간한 『누가 통치하는가?』는 다수나 소수 어느 쪽이 지배해야 하는가에 대한 이론적 논의를 넘어 실제 현실에서 정치적 권력과 영향력을 누가 소유하고 행사하는지를 실증적으로 살펴보았다. 또한 1971년 출간된 『폴리아키』・에서 저자는, 민주주의를 우리가 목표로 삼아야 할 이념형이라고 할 때 그 목표에 도달하는 과정인 민주화의 진척 정도를 경험적으로 평가하거나 결과적으로 어떤 정치체제가 민주주의인지 아닌지를 평가하기 위한 구체적 지표로서 '폴리아키'(이 책에서 역자는 다두제, 다두제정 등으로 번역했다)라는 개념을 창안했다. 1980년대 이후로는 현대 민주주의에 위협을 가하는 기업 권력이나 불평등처럼 구체적 사안에 대한 비판을 담은 저서들을 계속 내놓았다.

・ Robert A. Dahl, *Polyarchy : participation and opposition*(Yale University Press, 1971).

영문 증보판에는 1991년과 2005년에 그가 학술지에 기고한 두 편의 글이 추가되어 있다. 한 편은 "『민주주의 이론을 위한 서설』에 대한 몇 가지 생각들"•이고, 다른 글은 "제임스 매디슨, 공화주의자인가 민주주의자인가?"••이다. 증보판은 이 논문 두 편을 서문과 후기로 배치했는데, 이번 한글 번역본에서는 이를 모두 본문의 뒤로 배치했다. 1956년에 출간한 원문 그대로를 먼저 읽고 난 후, 나중에 추가된 글을 읽는 것이 이 책을 처음 접하는 국내 독자들을 위해서는 훨씬 유익하다고 판단했기 때문이다.

이 책이 처음 출간되었을 때 한 서평은 이 책이 일반인보다는 사회과학 전문가에게 더 적합하다고 평가했다.••• 민주주의 이론이라는 용어조차 당시 널리 사용되고 있지 않았다는 저자의 이야기처럼, 이 책이 검토하고 제기한 문제의식들은 대부분의 사람들에게 생경하게 들렸을 법하다. 또한 저자가 이 책에서 시도하는 분석 방식도 제법 과학적이고 분석적이어서 더욱 그런 평가를 받았을 터이다. 하지만 오늘의 독자에게는 이 책이 지나치게 새롭다거나 어렵다고 느껴지지 않으리라 옮긴이는 생각한다. 이는 저자의 바람대로 이 책이 출간된 이후 민주주의 이론이 사회과학의 주요 연구 분야로 자리 잡았고, 그 결과 우리는 이 책의 문제의식

• "Reflections on A Preface to Democratic Theory," *Government and Opposition* Vol. 26(1991), pp. 292-301.

•• "James Madison: Republican or Democrat?" *Perspectives on Politics* Vol. 3/no. 3(Sep. 2005), pp. 439-48.

••• Robert Bernard, "A Preface to Democratic Theory by Robert A. Dahl," *Political Science Quarterly* 72:3(Sep. 1957).

이나 핵심 주제들을 직간접적으로 이미 많이 접해 왔기 때문이다.

옮긴이로서 바람이 있다면, 독자가 이미 민주주의에 대해 생각해 보았거나 경험하고 이해한 것들을 이 책과 함께 확장하고 발전시켜 보았으면 하는 것이다. 혹시라도 독자가 이 책을 읽는 데 조금이라도 어려움을 겪는다면, 이는 역자의 번역과 전달 능력이 부족하기 때문이다. 이런 옮긴이의 부족함을 메꾸고자 열심히 노력해 준 후마니타스 출판사 여러분에게 감사의 마음을 전한다.

2022년 2월
미국 앤아버에서
옮긴이 한상정

미주

1 매디슨주의적 민주주의

1 가설 1과 개념 정의 1은 매디슨의 저술들 속에서 숱하게 언급된 것들을 의역한 것인데, 나는 상당히 정확한 의역이라고 생각한다. 내가 쓴 용어가 좀 더 현대적일 수는 있지만, 내 생각에 매디슨은 이 개념들을, 예컨대 1787년 4월에 쓴 "Observations" in *The Complete Madison, His Basic Writings*, ed. Saul K. Padover (New York: Harper & Bros., 1953), pp. 27-29 등에서 분명히 드러냈다. 또한 그가 제퍼슨에게 보낸 1787년 10월 24일자 서신, pp. 40-43을 참조할 것.

2 *The Federalist*, ed. Edward Mead Earle ("The Modern Library" [New York: Random House, n.d.]), p. 313(박찬표 옮김, 『페더럴리스트』, 371쪽). 매디슨에 대한 또 다른 분석으로는 Mark Ashin, "The Argument of Madison's 'Federalist' No. 10," *College English, XV* (October, 1953), pp. 37-45을 볼 것.

3 클린턴 로시터(Clinton Rossiter)는 *Seedtime of the Republic* (New York: Harcourt, Brace & Co., 1953), 13장에서 미국 독립 시기에 자연권에 관한 합의가 얼마나 이루어졌는지를 요약했다.

4 같은 책, p. 383에서 로시터는 이 점에 관한 의견일치를 설명하고 있다.

5 *The Debates in the Several State Conventions on the Adoption of the Federal Constitution as Recommended by the General Convention at Philadelphia, in 1787, Together with the Journal of Federal Convention, etc.*, ed. Jonathan Elliot (2d ed.; Philadelphia: Lippincott, 1941), V, 203. 이하 이 책은 *Elliot's Debates*로 지칭.

6 예를 들어, 헌법제정회의에서 매디슨의 발언들, 같은 책, p. 162.

7 같은 책, IV, 204.

8 같은 책, V, 145.

9 같은 책, V, 200.

10 같은 책, V, 294.

11 예를 들어, Padover, 앞의 책, pp. 28, 37-38, 41, 45-47을 볼 것. 그러나 1833년 매디슨의 "논평", 같은 책, p. 49도 볼 것. 여러 해가 지난 후에 매디슨은 다수결의 원칙에 대해 좀 더 온건한 평가를 내리게 되었던 것으로 보인다. 대부분의 미국인들처럼, 매디슨도 이런 자신의 입장 변화에 대해 전혀 그 어떤 논리적 모순도 느끼지 않았던 것 같다.

12 해밀턴이 이에 관련된 논설들 67~77번을 저술했던 것으로 보인다. 해밀턴의 정치적 견해를 고려하면, 우리는 그가 행정부에서 오는 전제정의 위험을 평가 절하하리라고 예상할 수 있다. 덧붙여, 『페더럴리스트』가 매우 당파적인 관점을 반영하는 논쟁적이고 선동적인 저작이었다는 점을 결코 잊어서는 안 된다.

13 *The Federalist*, No. 48, p. 323; 『페더럴리스트』, 381쪽.

14 같은 책, p. 322(강조는 저자, [ ] 은 역자); 『페더럴리스트』, 380쪽.

15 같은 책, p. 324.

16 하지만 이 문제에 관해서는 Elisha P. Douglas, *Rebels and Democrats* (Chapel Hill: University of North Carolina Press, 1955), p. viii의 해설을 볼 것.

17 *The Federalist*, No. 39; "사회의 아주 작은 부분이나 특혜 받은 계급이 아니라 사회의 대다수에서 정부가 유래되어야 한다는 것은 그런 정부의 **필수**[조건] 이다. …… 정부를 운영하는 사람들이 인민에 의해 직접 또는 간접으로 임명되어야 하고, 그들은 방금 말한 임기[즉 제한된 기간 또는 적법행위를 하는 동안] 가운데 어느 하나에 의해 직책을 유지한다는 것은 그런 정부의 **충분**[조건] 이다"(『페더럴리스트』, 295-296쪽).

18 Louis Hartz, "The Whig Tradition in America and Europe," *American Political Science Review*, XLVI(December, 1952), pp. 989-1002을 참조할 것.

19 *The Federalist*, No. 47, p. 313; 『페더럴리스트』, 371쪽.

20 *The Federalist*, No. 10, pp. 57 ff.; 『페더럴리스트』, 80쪽.

21 비록 이 개념 정의가 매디슨의 저술에서 명시적으로 나타나지는 않지만, 내가 찾을 수 있는 한에서 볼 때, 이는 분명히 암시되어 있다. 예를 들어, 그는 "정의롭고 자유로운 정부……"에서 "…… 재산권과 인권은 모두 효과적으로 수호되어야 한다."라고 여러 곳에서 주장한다. 그러나 만약 보통선거권은 주어졌는데 시민 다수가 재산을 갖고 있지 않으면, 그때에는 재산권이 보호되지 않을 수도 있다. 따라서 정부는 재산권이 다수에 의해 침해되는 것을 방지할 수 있는 방식으로 설계되어야 한다(Padover, 앞의 책, pp. 37-38). 그렇지 않다면 정부는 "정의롭고 자유롭지" 않을 것이다. 나는 단순히 "정의롭고 자유로운"을 "비전제적인"에 상응하는 것으로, 그리고 "전제정"을 "정의롭고 자유롭지" 않음에, 즉 자연권의 박탈에 상응하는 것으로 만들었을 뿐이다. 만약 매디슨의 "다수의 전제" 개념이 이와는 다르게 해석될 수 있다

하더라도, 아직 나는 그런 해석을 보지 못했다.

22 한때는 이 논문의 진짜 저자에 대해 논란이 있었지만, 해밀턴이 아니라 매디슨이 저자라는 것이 이제는 분명히 밝혀졌다(Irving Brant, *James Madison*, Vol. III: *Father of the Constitution*, 1787-1800 [New York: Bobbs-Merrill Co., 1950] , p. 184).

23 매디슨은 또한 반민주주의자들 사이에서 더욱 흔한 주장, 즉 보통선거에서 쟁점들은 "그 문제의 진정한 가치"에 따라서가 아니라 당파적인 근거에서 결정될 것이라는 주장을 덧붙였다. 내가 보기에 위의 세 가지 주장은 확실히 틀린 반면, 이 주장은 그저 무의미할 뿐이다 — 적어도 아주 상당한 양의 철학적 탐구나 경험적인 조사가 뒷받침되지 않는다면 말이다. 하지만 매디슨은 그런 탐구나 조사를 한 적이 없다. *The Federalist*, No. 49, pp. 327-32을 참조할 것.

24 이는 헌법제정회의와 그 이전에 매디슨이 이미 상세히 설명했던 생각들을 세련되게 다듬은 것이다. 예를 들어, *Elliot's Debates*, V, 242-43을 참조할 것.

25 *The Federalist*, No. 10, p. 54.;『페더럴리스트』, 80쪽.

26 *The Federalist*, No. 10, p. 61. 또한 *The Federalist*, No. 51, pp. 339 ff의 마지막 문단을 참조할 것.;『페더럴리스트』10번, 87쪽.

27 *Elliot's Debates*, V, 162.

28 Morris Janowitz and Dwaine Marvick, "Authoritarianism and Political Behavior," *Public Opinion Quarterly*, XVII (summer, 1953), 185; 또한 T. W. Adorno et al., *The Authoritarian Personality* (New York: Harper & Bros., 1950). 사회경제적 계급을 고정된 상수로 가정하면 다른 상관관계들은 통계적으로 유의미하지 않다는 점에 주목하도록 조언해 준 동료 교수 로버트 레인(Robert Lane)에게 감사드린다. 그의 "Political Personality and Electoral Choice," *American Political Science Review*, XLIX (March, 1955), pp. 173-90을 참조할 것.

29 Rossiter, 앞의 책, pp. 429-32.

30 심리에 관한 용어로 표현할 때, 행위에 대한 내부 통제와 외부 통제의 구분이 다소 흐릿해진다는 점에 주목하자. 양심에 의한 내부 통제의 경우에도, 고통스런 죄의식이나 "양심의 가책"을 예상하게 만드는 계기가 외부 대상이나 행동일 수도 있다. 더 나아가, 예를 들어, 수입이나 존경의 경우처럼 심지어 그 특정 개인 외부의 근원에 의해 보상과 처벌이 제어될 때조차, 통제를 하고 있는 것은 다름 아니라 만족감이나 박탈감에 대한 내적 예측 또는 실제 느낌이다. 여기서 다시 강조하자면, 매디슨주의 이론은, 이 책에서 "매디슨주의적"이라고 이름 붙인 사고방식과 더 이상 일치하지 않을 정도로 대대적으로 뜯어 고치지 않는 한, 십중팔구 현대 정치학으로 만족스럽게 변형될 수 없다.

31   *The Federalist*, No. 48, p. 326.;『페더럴리스트』, 380쪽.

32   *The Federalist*, No. 51, pp. 335-37.;『페더럴리스트』, 395-396쪽.

33   각 개인은 어떤 특정한 행동이 전제적인지 아닌지를, 그 자신의 가치 체계를 참고하여, 스스로 결정할 것이라고 얘기할 수도 있다. 그러나 이는 개인적 행위에 대한 처방일 따름이지 집단적인 결정을 위해서는 결코 그 어떤 규칙도 제공하지 못한다.

34   그 어떤 국가에서건 그 어떤 사회조직에서건 그 언제이건, 일반적인 의미에서, 다수는 좀처럼 지배하지 않는다고 나는 믿는데, 이런 나의 입장을 보여 주기 위해서 인용 부호를 붙였다. 따라서 다수 지배에 대한 옹호뿐만 아니라 다수 지배에 대한 두려움 역시 정치적 현실에서 실제 가능할 상황에 대한 잘못된 인식에 기초를 두고 있다. 이 점에 대한 논의를 위해서는 5장을 볼 것.

35   매디슨이 이 상황을 결코 명확하게 구별했던 것으로는 보이지 않지만, 그래도 이를 이해해 가설 8을 더 좁은 의미로 썼다고 나는 생각한다. 따라서 그는 1830년에 [주의 연방 법령] 무효화 정책이 "전체 주들의 4분의 3에 의해 기각되지 않는 한, 주의 결정은 타당하다고 여겨져야 하며, 합중국 법률보다 우위에 있다"는 것을 의미한다고 전제하면서 이를 반대했다. 그 이유에 대해 그는 이렇게 주장했는데, "이런 소수에게, 이런 다수를 압도하는, 이런 권력을 주게 되는 적극적이며 영속적인 규칙을 세우는 것은 …… 자유 정부의 제1원칙을 무너뜨리는 것이다"(Padover, 앞의 책, pp. 157-58). "소수 거부권"(minority veto)이나 "협력적 다수"(concurrent majorities)의 개념은, 엄격하게 말하면, 매디슨이 만든 것은 아니다. 하지만 존 칼훈의 이름과 연결되는 이 견해는 미국적 이데올로기의 근본 요소가 되어 버린 것으로 보이며, 본질적으로 매디슨주의적인 용어를 써서 자주 옹호된다.

36   4장을 참조할 것.

37   칼훈이 자신의 협력적 다수 이론을 이용해 남부의 노예주 정치(slavocracy)를 노골적으로 옹호했던 것 역시, 여러 가지 측면에서 유사한 매디슨주의 논리 체계의 모든 약점과 마찬가지로 취약한 것으로 보인다. 그러나 나는 칼훈이 매디슨과 특별히 어떻게 다른지를 구체적으로 다루어 보려고 한 적은 없다. 그의 책 *Disquisition on Government*, ed. R. K. Cralle (New York: Peter Smith, 1943), 특히 pp. 28-38을 참조할 것.

2 민중 민주주의

1 Wolodymyr Starosolskyz, *Das Majoritätsprinzip* (Vienna and Leipzig, 1916)은 다수 지배의 원칙에 관련된 개념들을 체계적으로 분석한 몇 안 되는 시도들 가운데 하나다. 이는 그 시대 독일 사회학 특유의 장엄한 스타일로 쓰였고, 의심스러운 인류학 자료에 크게 의존해 있으며, 그다지 쓸모가 있지는 않다. 다수 지배의 주장을 가장 간결하게 정리한 한 권의 책은 아마도 Henry Steele Commager, *Majority Rule and Minority Rights* (New York: Oxford University Press, 1943)이다. 가장 철저한 분석은 Wilmoore Kendall, *John Locke and the Doctrine of Majority Rule* (Urbana, 1941)이다. 또한 *The Journal of Politics*, XI (November, 1949), pp. 637-54와 XII (January, 1950), pp. 694-713에 실린 캔들과 허버트 맥클로스키(Herbert McClosky) 간의 논쟁을 참조할 것. 또한 출간 예정인 *Democracy and the American Party System*에서 다수 지배에 관한 이론을 제시하는 첫 네 장의 원고를 검토할 수 있도록 허락해 준 그와 오스틴 래니(Austin Ranney)의 배려에 감사를 드린다. 프랜시스 코커(Francis W. Coker)는 "Some Present-Day Critics of Liberalism," *American Political Science Review*, XLVII (March, 1953), pp. 1-27에서 켄들과 래니의 입장을 비판했다. 민중적 모델의 몇몇 요소들 그리고 매디슨주의 모델의 약점을 몇몇은 1948년 미국정치학회(APSA) 연례 학술회의에서 발표된 내 논문 "Majority Rule and Civil Rights"에 제시되어 있다. 또한 찰스 린드블롬(Charles E. Lindblom)과 공저한 *Politics, Economics, and Welfare* (New York: Harper & Bros., 1953)에 실려 있는 관련 장들에도 크게 의지했다. 늘 그렇듯 명쾌하게 조지 새바인(George H. Sabine)은 "자유"와 "평등"을 각각 강조하는 두 가지 민주적 전통의 기원과 특징을 검토했다. 매디슨주의 이론은 전자의 한 예이고, 민중 이론은 후자의 정수다. 그의 "The Two Democratic Traditions," *The Philosophical Review*, LXI (October, 1952), p. 451을 볼 것. 이 장의 미주와 부록에 사용된 기호 표시법에 관련해서, 그리고 이 주장에 대해 많은 식견을 얻게 된 데에는 Kenneth Arrow, *Social Choice and Individual Values* (New York: John Wiley & Sons, 1951)에서 제시된 내용들의 도움이 컸다.

2 "민중 민주주의"라는 용어는 1954년 4월 시카고 대학 법과대학에서 주최한 "법체계와 정치에 관한 학술회의"(Conference on Jurisprudence and Politics)에서 발표된 에드워드 쉴스(Edward Shils)의 논문 "Populism and the Rule of Law"에서 영감을 얻어 만들었다.

3 이 명제에 대한 증명은 이 장의 부록에서 볼 수 있을 것이다.

4 만약 "두 가지 대안 중에서 선택할 때 그 결과에 대해 선호가 없는 시민들의 숫자"를 기호 NI로 표기하고, 이 대안들을 "x"와 "y"로 표기하면, "대안 x와 y 사이에서 선호가 없는 시민들의 숫자"는 단순히 $NI(x, y)$라고 쓸 수 있다. 마찬가지로 $NP(x, y)$는 "x를

y보다 선호하는 시민들의 숫자"를 의미하는 것으로 쓸 수 있다. 이제 개념 정의상 $NI = NI(x, y) = NI(y, x)$이다.

따라서

$$NP(x, y) \geq NP(y, x) \rightarrow NP(x, y) + NI \geq NP(y, x) + NI \quad (1)$$

(연결 부호 $\rightarrow$ 와 $\leftrightarrow$는 각각 "함축한다"와 "A는 B를 함축하고 그 역도 참이다"를 의미하는 것으로 사용될 것이다. 이들은 또한 각각 "A는 B의 충분조건이다" 그리고 "A는 B의 필요충분조건이다"를 의미하는 것으로 해석될 수도 있다)

5 단, 선호가 없는 것이 대안들이나 그 결과에 대해 단순히 몰라서 그런 것은 아니라고 가정한다. 사실 현실에서는, 정치적으로 선호가 없는 것(냉담함)은 교육과 여러 여타 지식 관련 지표들과 반비례한다.

6 <규칙>은 다음과 같이 기호로 표현될 수 있다.

$$NP(x, y) > NP(y, x) \leftrightarrow xPgy,$$

여기에서 $xPgy$는 "정부는 x를 y보다 선호한다" 혹은 "y보다는 x가 정부 정책으로 선택된다"는 것을 의미한다. 그러나 말할 필요도 없이 만약 $NP(x, y) = NP(y, x)$라면, <규칙>은 이를 어떻게 해결할지 그 어떤 지침도 주지 않는다. 그러나 적어도 <규칙>으로부터, 그 어떤 해결책도 결코 x를 선택된 정책으로 규정해서는 안 되고 또한 그 어떤 해결책도 결코 y라고 규정해서는 안 된다는 것은 유추할 수 있다. 다르게 말하면, 정부 정책은 x와 y 사이에서 선호가 없어야 한다. 이를 기호로 나타내면 다음과 같다.

$$NP(x, y) = NP(y, x) \rightarrow xIgy \quad (2)$$

7 내가 아는 한, 그 누구도 다양한 크기의 조직에서 동점표가 발생하는 것에 대해 조사한 적이 없다. 이는 엄청난 작업일 것이며, 나도 그렇게까지 해보자고 제안하지 않겠다. 다만 두 가지 대안에 대한 선호가 가질 수 있는 모든 배열이 똑같은 확률을 갖는다고, 예를 들어, 열 명의 사람들이 찬성 10 반대 0, 찬성 0 반대 10, 그리고 찬성 5 반대 5로 나뉘는 것이 똑같은 확률을 갖는다고 가정해 보자. 그렇다면 어떤 특정한 쟁점에 대해 50-50으로 나뉠 확률은 오직 $\frac{1}{(N+1)}$ 일 것이다. 여기에서 N은 투표수이다. 그러나 50-50 분할은 오직 N이 짝수일 때만 가능하다. 따라서 만약 N이 짝수이거나 홀수일 확률이 똑같다고 가정하면, 그때에는 일반적으로 50-50 분할의 확률은 $\frac{1}{2(N+1)}$ 일 것이다. 하지만 이러한 가정들은 자의적이다. 미 의회나 영국 하원에서라면 실제 표결들이 50-50 주위에 그리고 만장일치에 가까운 쪽에 모여 있을 것이라고 예상할 수 있다.

8 세 번째 반론의 이런 측면과 또한 네 번째 반론은 E. J. Nansen, "Methods of Election," *Transactions and Proceedings of the Royal Society of Victoria*, XIX(1883), pp. 197-240에 의존하고 있다. 케네스 애로는 그의 저서 *Social Choice and Individual Values* (New York: John Wiley & Sons, 1951), p. 3에서 이런 반론의 중요성을 강조했다.

9 세 가지 대안들 x, y, z가 있고, 전체 시민들이 다음처럼 세 개의 동등한 집단으로 나뉘어 있다고 가정해 보자.

집단 A는 x를 y보다, y를 z보다, x를 z보다 선호한다.
집단 B는 y를 z보다, z를 x보다, y를 x보다 선호한다.
집단 C는 z를 x보다, x를 y보다, z를 y보다 선호한다.

집단 A와 B 모두는 y를 z보다 선호하기 때문에, 그리고 함께 전체 시민의 3분의 2를 구성하기 때문에, y가 선택되어야 한다고 생각할 수 있다. 하지만 집단 A와 집단 C는 모두 x를 y보다 선호하기 때문에 x가 선택되어야 한다고 생각할 수도 있다. 그러나 집단 B와 집단 C 모두는 z를 x보다 선호한다. 결국 각 대안은 집단들의 조합 중 하나에 의해 선호되지만, 각각의 경우에 집단들의 또 다른 조합은 또 다른 대안을 선호한다. 이런 상황에서는 인민주권과 정치적 평등의 조건에 들어맞는 그 어떤 해결책도 불가능하다. 애로는 앞의 책에서 "집단적 선택의 이행성(transitivity)"을 합리적 사회 행동의 기준으로 삼고 있지만, 거의 모든 민주주의 정치 이론하에서, 그리고 특히 지금 논의하고 있는 이론하에서, 너무나도 다양한 집단적 선택의 상황에서 반드시 이행성을 지키라고 요구하는 것은 비합리적이라는 점을 지적하고 싶다. "이행성"이라고 할 때 우리가 의미하는 것은, 수학에서의 부등식과 비슷하게, 만약 어떤 개인이 x를 y보다 그리고 y를 z보다 선호한다면 그는 또한 x를 z보다 선호해야 한다는 것이다 — 적어도 그가 합리적으로 행동하고자 한다면. 그러나 개인 차원의 선택 상황에서는 어떨지 모르겠지만 — 사실 심지어 그 경우에도 이 요구 조건은 어느 정도 그런 경향이 있지만 — 분명히 집단 차원의 선택 상황에서 이행성을 요구하는 것은 민주주의에서 비합리적인 결과를 낳게 될 것이다. 예를 들어, 101명의 개인들이 있는데 이렇게 가정해 보자.

한 사람은 x를 y보다, y를 z보다 선호한다.
50명은 z를 x보다, x를 y보다 선호한다.
50명은 y를 z보다, z를 x보다 선호한다.

여기에서 51명은 x를 y보다, 51명은 y를 z보다 선호한다. 만약 집단적 선택에서의 이행성을 가정하면, 적어도 51명으로 구성된 다수는 또한 x를 z보다 선호한다는 결론이 따를 것이다. 그러나 실제로 100명은 z를 x보다 선호한다. 따라서 이행성의 요구 조건 때문에, 100명은 그 반대를 원했지만 단 한 명의 유별난 선호가 공공 정책에 반영되는 이례적인 결과가 나올 것이다. 애로는, 만약 두 개 이상의 대안이 존재하면, 결정의 이행성을 보장하면서 사회적 결정을 내릴 수 있는 그 어떤 방법이건 한 개인에 의해 독재적으로 결정되거나 아니면 모든 사람들의 선호에 반해서 강제되어야만 한다는 것을 증명한다(pp. 51-59). 개인적 선택에는 오직 다음의 제약 조건들만이 부과된다. ① "연결성"(connected), 즉 그 어떤 개인도 x를 y보다 선호하면서 동시에 y를 x보다 선호할 수는 없다. 혹은 x와 y 사이에서 선호가 없을 수는 없다. ② 앞서 말한 의미에서의 "이행성"(transitive). 하지만 개인적 선택에 있어서 가능한 선호 순위에 관한 추가 제약 조건(즉, 선호 순위는 반드시 "하나의 정점을 가져야"single-peaked한다)이 주어지면, 다수결 방식은 이행성을 가지면서 동시에 강제적이지도 독재적이지도 않은 그런 결정을 만들어 낼 것이다(pp. 75-80). 너무도 뛰어나고 아주 놀라운 이 주장은 불행히도 아직까지는 정치학자들에 의해 완전히 무시되고 있다.

10 특히 Nansen, 앞의 책이 독자들에게 유용할 것이다. 거기에는 단일 투표 방식, 단일 투표 후 결선투표, 이중 투표 방식, 보르다(Borda)의 방식에 대한 기술적인 비판, 그리고 난센 자신의 대안이 제시되어 있다. 또한 1781년에 처음 출간된 보르다의 "Memoir on Elections by Ballot"의 번역문과 해설에 대해서는, Alfred de Grazia, "Mathematical Derivation of an Election System," *Isis*, Vol. XLIV (June, 1953)을 참조할 것.

11 물론 비례대표 투표 방식도 여기서 논의된 문제들 그 어떤 것도 해결하지 못하는데, 왜냐하면 이는 이 문제들과 여타 다른 문제들을 단순히 입법부로 떠넘겨 버리기 때문이다.

12 예를 들어, 세 사람 혹은 세 집단, A, B, C 그리고 세 개의 대안 x, y, z가 있다고 가정해 보자. 그리고 그들의 선호가 다음과 같다고 하자.

A는 x를 y보다, y를 z보다 선호한다.
B는 y를 z보다, z를 x보다 선호한다.
C는 z를 y보다, y를 x보다 선호한다.

이제 각 집단이 자신의 선호대로 투표한다면, 대안들의 짝 (x,y)에서는 대안 y가 2-1로 선호될 것이다. 그 다음으로 y가 z와 짝지어지면, y가 또다시 2-1로 선호될 것이다. 분명히 y는 다수가 가장 선호하는 대안이다. 따라서 y를 선택하는 것이 2-1 다수의 선호와 일치할 것이다.

그러나 이제 이렇게 가정해 보자. 집단 C는 대안들의 짝 각각에 대해 자신의 진짜 선호에 따르지 않고 최종 결과를 자신에게 유리하도록 조작하는 방식으로 투표한다. 따라서 대안의 짝 (x,y)에서, 집단 C는 실제로는 y를 x보다 선호하지만, 그 표를 x에게 행사하여 x가 2-1로 이기게 된다고 가정해 보자. 그런 다음 x가 z와 짝지어질 때, 집단 C는 자신의 진짜 선호대로 투표한다. 따라서 이번에는 z가 2-1로 이기게 된다. 보통의 경우라면, x와 y 모두는 투표에서 패했고 z가 2/3 다수의 지지를 확보한 것으로 판명 났기 때문에, 투표는 종료될 것이다. 그러나 이 경우에 2/3 다수는 실제로는 패배한 대안 y를 승자인 z보다 선호한다. 따라서 이 조직이 (y, z)에 대해 투표할 기회를 갖지 않는 한, 2/3 다수는 만약 (y, z)에 투표할 기회가 있었다면 자신들이 거부했을 대안을 선택하게 될 것이다. 따라서 이 경우에는, 대안들의 짝 **하나하나**에 대해 모두 투표해 보지 않는 한 <규칙>은 충족되지 않는다.

여기서 다시, 이행성은, 방금 본 것처럼, 비합리적인 결론으로 이어지며, 따라서 현실 세계에서라면 반드시 거부되어야 한다. Arrow, 앞의 책, pp. 80-81, n. 8에 있는 논의, Duncan Black, "The Decisions of a Committee Using a Special Majority," *Econometrics*, XVI (July, 1948), 245-61, 그리고 "On the Rationale of Group Decision-making," *Journal of Political Economy*, LVI (February, 1948), pp. 23-34을 참조할 것.

13 여기에서 정당성은 윤리적인 의미가 아니라 심리적인 의미로 사용된다, 즉, 결정 자체나 그에 이르는 과정의 정당성에 대한 믿음.

14 3장을 참조할 것.

15 5장 189쪽 이후를 참조할 것.

16 이 문제는 어느 정도까지는 순전히 용어와 관련되기 때문에, 다시 한 번 간단한 기호 체계를 이용해서 이 주장을 단계별로 정리해 보자. 인민주권과 정치적 평등의 조건은 오직 다음의 경우에서만 충족된다는 것이 기억날 것이다.

$$x \, Pg \, y \leftrightarrow NP(x, y) > NP(y, x) \qquad (1)$$

이어질 논의를 단순화하기 위해서, 기호 ma는 $\frac{N}{2}$보다 많은 모든 투표자들의 집합, mi는 $\frac{N}{2}$보다 적은 모든 투표자들의 집합이라고 하자. (이미 논의했던 이유들 때문에, 다수가 확정되지 않는 상황들, 즉, $NP(x,y) = NP(y,x)$인 상황들은 배제하겠다.) 이제 (1)은 다음과 같이 간단하게 표기할 수 있다.

$$x \, Pma \, y \leftrightarrow x \, Pg \, y \qquad (2)$$

소수 거부권의 조건을 다음과 같이 정의해 보자.

$$x \, Pmi \, y \text{일 때, 그리고 오직 그럴 경우에만 } x \, Pma \, y \to x \, Pg \, y \qquad (3)$$

(3)과는 다소 상이한 어떤 상황을 구별하는 것이 중요한데, 그런 상황을 나는 **과두정의 조건**이라고 부르겠다. 이 조건은 다음과 같이 정의된다.

$$\text{비록 } y \, Pma \, x \text{일지라도,} \, x \, Pmi \, y \to x \, Pg \, y \qquad (4)$$

소수 거부권과 과두정은 동일하지 않은데, 왜냐하면 소수 거부권의 조건하에서 소수 선호가 항상 정부 정책이 되는 것은 사실이 아니기 때문이다. 오히려 반대로, 소수 선호가 오직 다수 선호와 일치하는 몇몇 경우에만 정부 정책이 된다, 즉 (3)은 다음과 같은 방식으로도 표기될 수 있다.

$$x\ Pma\ y \text{일 때, 그리고 오직 그럴 경우에만 } x\ Pmi\ y \rightarrow x\ Pg\ y \qquad (5)$$

이제 우리가 검토하고 있는 반론을 보자. 이는 다수의 행동에 대한 소수 거부권이 때때로는 민주적 정부가, (4)에서 정의한, 완전한 과두정으로 후퇴하는 것을 방지할 수도 있다고 주장한다. 하지만 이 주장에는 몇몇 심각한 문제점들이 있다. 무엇보다도, 과두정의 조건이 소수 거부권의 조건과 동일하지 않은 것이 사실이지만, 거부권을 가진 소수가 현 정책을 선호하고 다수는 그와 다른 대안을 선호할 때에는, 과두정과 소수 거부권의 차이는 사라진다. x^*는 현 정책이라고 하자. 그러면 (3)에 의해서

$$y\ Pmi\ x^* \text{일 때, 그리고 오직 그럴 경우에만 } y\ Pma\ x^* \rightarrow y\ Pg\ x^* \qquad (6)$$

그러나 거부권을 가진 소수가 실제로 x^*, 즉 현 정책을 선호한다면, 그리고 y, 즉 현 정책에 대한 대안을 거부할 수 있다면, 그때에는

$$\text{비록 } y\ Pma\ x^* \text{일지라도 } x^*\ Pmi\ y \rightarrow x^*\ Pg\ y \qquad (7)$$

(7)은 (4)와 동일하기 때문에, 이런 상황에서는 소수 거부권의 조건과 과두정의 조건이 동일하다.

17   이런 질문이 정당하게 제기될 수도 있다. 이런 결과가 발생할 것이라고 생각하는 이는 누구인가? 여기에서 또 다시 우리는 앞서 논의했던 매디슨주의적 체계의 지적인 난제들 중 몇몇에 마주치게 된다.

18   즉, 단기적으로는,

$$\text{비록 } y\ Pma\ x^* \text{일지라도 } x^*\ Pmi\ y \rightarrow x^*\ Pg\ y \qquad (8)$$

그리고 이는 (4) 또는 과두정과 동일하다.

19   미주 16에 있는 (3)과 (5)는 (4)와 같은 뜻이 아니라는 의미에서.

20   장기적으로 상황은 미주 16에 있는 명제 (7)의 상황이, 즉 과두정이 된다.

21   Library of Congress, Provisions of Federal Law Held Unconstitutional by the Supreme Court of the United States, Washington, 1936을 참조할 것. 그 이후로 유일하게 추가된 의회 법령 관련 판결은 *United States v. Lovett*, 328 U.S. 303(1936)이다. 위에서 제기한 주장에 관해서는, 특히 Commager, 앞의 책, p. 55를 볼 것. 존 프랭크(John D. Frank)도, 비록 판결들을 약간 다른 방식으로 분류 정리하지만,

같은 결론에 도달한다. 그는 19건의 판결이 시민적 자유와 관련 있다고 보았다. 그중 8건은 "부수적"이었고, 남은 11건 중 8건은 자유를 제한했고, 세 건은 촉진시켰다. 이 8건은 흑인의 권리와 관련된 판결들이었다. 하지만 이런 사실로부터 프랭크는 대법원이 시민적 자유와 관련된 법률에 더욱 능동적으로 개입해야 한다고 추론하는데, 이런 추론은 이 장의 주장과는 무관하다. "Review and Basic Liberties," *Supreme Court and Supreme Law*, ed. Edmund N. Cahn (Bloomington: Indiana University Press, 1954)를 볼 것.

3 다두제 민주주의

1 더 정확하게 얘기하면, 투표와 여론조사를 사용할 때 우리는 일반적으로 그 결과를 모아서 정리한 개인들이 밝힌 어떤 진술들에 의존한다.

2 그 반대가 존재할 수도 있다. 즉, 투표 단계에서는 <규칙>을 거부하지만 투표 이전의 결정 단계는 매우 민주적이도록 사회를 조직한 독재정치도 생각해 볼 수는 있다. 그러나 나는 그런 사회에 대해 들어 본 적이 없다. 소비에트 공산주의에 대해 우호적인 서구 해설가들은 때때로 그런 관계가 거기 있다고 제안했지만, 그러나 내가 보기엔 사회구조와 정치에서의 결정 과정 양자 모두 극단적으로 불평등하다는 증거가 압도적인 것으로 보인다. 어쨌거나 그런 류의 생각이 소련을 고개가 갸우뚱할 정도로 미화해 놓은 웹 부부(Sidney Webb and Beatrice Webb)의 *Soviet Communism: A New Civilization?*를 관통하고 있는 것으로 보인다.

3 여기에서 선거는 넓은 의미로 사용된다. 이 분석을 선거를 통해 스스로를 구성하는, 입법부 같은, 어떤 조직의 내부 운영에 적용하게 되면, 법안들에 대한 투표가 "선거 단계"로 간주될 것이다.

4 조건 1은 조심스럽게 해석되어야 하는데, 왜냐하면 "행동"이라는 표현이 애매할 수 있기 때문이다. 그 조직의 구성원들이 대안 x와 y 사이에서 선택해야만 하고, 모든 구성원은 둘 중 하나에만 선호를 갖고 있고, x를 선호하는 사람들의 y를 선호하는 사람들에 대한 비율이 a/b라고 생각해 보자. 그렇다면 실제로 투표하는 이들이 이 비율로 투표하는 한, 전체 투표의 크기는 엄격하게 얘기해서 상관이 없다. <규칙>에 대해 유일하게 요구되는 것은, 투표한 이들이 전체 구성원 모두를 완벽하게 대표해야 한다는 것이다. 사실, 단 두 가지 대안 사이에서 결정할 때, <규칙>은 심지어 더 쉽게 충족될 것이다. 왜냐하면 이는 오직, a_1이 x를 선호하는 투표자의 수이고, b_1이 y를 선호하는 투표자의 수일 때, 만약 $a/b > 1$이면 $a_1/b_1 > 1$이고 그리고 만약 $a/b < 1$이면 $a_1/b_1 < 1$이기만을 요구할 것이기 때문이다. 하지만, 관찰 가능한 행동이라는 견지에서, 투표나 그에 맞먹는 어떤 행동을 통해서가 아니라면, 어떤 "행동"을 통해서

우리는 이 비율 a/b를 알게 되는가? 결과적으로, 만약 우리가 관찰 가능한 것들에 관심이 있는데 투표 과정 자체에서는 조건 1을 요구하지 않는다면, 어떤 투표 이전 단계에서의 행동, 즉 "정해진 후보 대안들 사이에서의 선호를 표현한다고 할 수 있"으며 투표 결과 자체가 이에 따라 부분적으로 달라질 수 있는 그런 이전 행동에 대해서는 이 조건을 반드시 요구해야 한다.

5 어떤 이들은 선택의 공적 성격과 사적 성격을 대비하거나, 사회적 성격과 이기적 성격을 대비하는 식의 검증을 제안할지도 모르겠다. 그러나 분석해 보면 이런 구분은 무의미하거나, 유의미하더라도 전자의 사례가 거의 없기 때문에 우리 문제와는 무관하다는 것을 알게 될 것이다.

6 예컨대 다음을 참조. Julian L. Woodward and Elmo Roper, "Political Activity of American Citizens," *American Political Science Review* (December, 1950).

7 Angus Campbell, Gerald Gurin, and Warren E. Miller, *The Voter Decides* (Evanston: Row, Peterson & Co., 1954), p. 30, Table 3.1.

8 S. M. Lipset, "The Political Process in Trade Unions: A Theoretical Statement," in *Freedom and Control in Modern Society*, ed. M. Berger, T. Abel, and C.H. Page (New York: D. Van Nostrand Co., Inc., 1954); Joseph Goldstein, *The Government of British Trade Unions: A Study of Apathy and the Democratic Process in the Transport and General Workers Union* (London: Allen & Unwin, 1952); Bernard Barber, "Participation and Mass Apathy in Associations," *Studies in Leadership*, ed. A. W. Gouldner (New York: Harper & Bros., 1950).

9 이 문제는 이 장의 부록 B에서 간략하게 논의된다.

10 이 장의 부록 D는 가능한 분류 방식을 제시한다.

11 이 장의 부록 E는 다두제를 합의와 정치적 활동, 두 가지 모두와 정관계를 갖는 것으로 다루는 것에 대해 몇 가지 문제점을 제기한다.

12 "다두제와 그 전제 조건들에 관련된 가설 함수들의 요약"에 대해서는 이 장의 부록 C를 볼 것.

13 의문의 여지없이 이에 관한 개척적인 연구는 플라톤의 『국가』(*Republic*)다. 근대에 이 문제를 검토한 가장 야심찬 시도는 Charles Merriam, *The Making of Citizens* (Chicago: University of Chicago Press, 1931)와 그로부터 영감을 받은 연구들이었던 것으로 보인다. 또한 Elizabeth A. Weber, *The Duk-Duks, Primitive and Historic Types of Citizenship* (Chicago: University of Chicago Press, 1929)을 참조할 것.

14 뉴욕 주 엘마이라(Elmira) 지역에서 이슈들을 둘러싸고 합의가 이루어지는 것과 관련한, 매우 흥미롭고 사실에 입각한, 사변적 검토가 B. R. Berelson, Paul F.

Lazarsfeld, and William N. McPhee, *Voting* (Chicago: University of Chicago Press, 1954), chap. ix이다. 사실 이 책 전체가 다두제에 대한 경험적 연구에 도움이 된다.

15 물론 이 명제는 다음과 같이 뻔한 의미에서는 타당하다. '다두제는 인간 사회에서 실현되는데, 인간 사회의 근본적인 특성은 목표를 둘러싼 갈등이다. 그러므로……'

16 나는 개념을 정의하는 데서 계속 제자리걸음하고 싶지는 않다. 이 책에서 '정부'는 누구든 직감적으로 거의 알 수 있는 그런 의미로 쓰인다. 혹은 나름 한계가 있지만 다음과 같이 정의될 수 있다. 즉, 정부는 규칙에 따른 갈등 해결책을 강제할 수 있는 권한을 충분히 독점하고 있는 개인들로 구성된 집단이다.

17 이런 조건에서는 전쟁도 일어날 이유가 없다.

18 이 가설 함수에서 중요한 복잡한 관계에 대해서는, 이 장의 부록 E, "동의와 정치적 활동 간의 관계에 대한 노트"를 볼 것.

19 특히 B. R. Berelson, P. F. Lazarsfeld, and W. N. McPhee, 앞의 책; S. M. Lipset et al., "The Psychology of Voting: An Analysis of Political Behavior," *Handbook of Social Psychology* (Cambridge: Addison-Wesley, 1954)을 참조할 것.

20 "The Inactive Electorate and Social Revolution," *Southwestern Political Science Quarterly*, XVI, No. 4(1936), 73-84, 이는 V. O. Key, *Politics and Pressure Groups* (3d ed.; New York: Thomas Y. Crowell, 1952), p. 58에 재인용되어 있음.

21 P_1이 다두제를 정의하는 특징들 중 하나이고, C_1이 그 특징에 맞는 규범에 대한 합의일 때, 이는 $P_1 \uparrow C_1$라고 표현할 수 있다. 다른 각각의 조건들도 다음과 같이 표현된다.

$$P_2 \uparrow C_2$$
$$\cdots\cdots$$
$$P_8 \uparrow C_8$$

22 A를 정치적 활동이라고 할 때, $P \uparrow (A, X)$.

4 평등, 다양성, 강도

1 어떤 대안을 원한다는 것은 다른 어떤 대안은 피하기를 원한다는 의미도 갖는다. 즉, x를 강요받고 싶지 않은 것은 "x가 아닌 것"을 원하는 것이다. "원한다"와 "선호한다"는 앞으로 구별 없이 사용될 것이다.

2 여기에서 우리는 민주주의 이론에 큰 의미가 없는 두 가지 다른 질문을 배제하고 있다는 데 주목하라.

(1) A와 B 모두가 x를 y보다 선호한다면, B가 x를 y보다 선호하는 것보다 더 A는 x를 y보다 선호하는가?
(2) A가 x를 y보다 선호하고 B는 p를 q보다 선호한다면, B가 p를 q보다 선호하는 것보다 더 A는 x를 y보다 선호하는가?
잠시만 생각해 봐도 왜 이 질문들이 민주주의 이론에서 크게 중요하지 않은지 알 수 있으리라 생각한다.

3   지금 논의 중인 이 문제에 한정해서 도덕적인 문제가 없다는 뜻이다. 즉, 이 분포들에서 다수가 존재하는 경우 그 다수는, 소수가 그런 만큼이나 혹은 그 이상으로, 해당 정책을 강력하게 지지 혹은 반대하는 사람들을 포함하고 있다.

4   좀 더 형식 이론적인 설명을 이 장의 부록 C에서 볼 수 있다. 어떤 점에서 내 주장은 I. D. M. Little, *A Critique of Welfare Economics* (Oxford: Oxford University Press, 1950)의 주장과 유사하다. 하지만 그 책의 55-59쪽을, 위에 있는, 그리고 부록 C에 있는 내 주장과 비교해 보라.

5   S. A. Stouffer et al., *Measurement and Prediction, Vol. IV of Studies in Social Psychology in World War II* (Princeton: Princeton University Press, 1950), chaps. ii, iii, vi, vii, viii을 참조할 것.

6   경제학자는, 비록 "최대화"하는 행위에 관심이 있더라도, 그 반대 방식으로 시작할 것이다, 즉, 그는 완벽하게 달성된 상태를 묘사하는 것으로 시작하고, 그러고 나서 아마도 어떤 대략의 근삿값을 받아들일 것이다. 그러나 허버트 사이먼(Herbert Simon)이 제안했던 것처럼, 합리적 선택의 더욱 유용한 개념은, 최대의 혹은 최적의 이득과는 구별되는, "만족할 만한 이득"(satisfactory payoff)의 개념 속에서 발견될 수 있다. 그의 "A Behavioral Model of Rational Choice," *Quarterly Journal of Economics*, LIX(February, 1955), pp. 99-118, esp. 108 ff를 참조할 것.

7   상원에서 그 투표는 1919년 세입 법안에 첨부된 아동 노동 수정안에 대한 것이었다. 전체 세입 법안에 대한 투표 결과는 41-22였다. 하원에서의 투표는 전체 세입 법안에 대한 것이었다. 그 수정안에 대한 별도의 투표는 기록되어 있지 않다.

8   다수의 존재 여부에 대한 길잡이로서 헌법 개정 과정이 갖는 중요성에 대한 논평은 이 장의 부록 A를 참조할 것.

9   이하의 논의에서 나는 주 법률에 대한 법원의 거부권이라는 문제는 의도적으로 배제했다. 여기에는 다소 상이한 종류의 문제들이 연루되며, 그 기록들을 검토해 보면 당연히 상이한 종류의 결론들로 이어질 수 있다.

10   Carl Brent Swisher, *American Constitutional Development*(2d ed.; Boston: Houghton Miffiin Co., 1954), p. 448에서 재인용.

11 이 점은 5장 189쪽 이후에서 더 논의된다. 정기 인구조사와 여타 자료를 사용하고, 그리고 정교하지 않더라도 훌륭한 통계 기법을 사용하는, 신중한 선거 연구들은 과거 선거들의 핵심 결정 요인들 가운데 몇 가지에 대해 상당히 믿을 만한 설명을 제시할 수 있을 만큼 꽤 훌륭하다는 이야기를 꼭 하고 싶다. 이런 종류의 연구들이 콜롬비아 대학의 응용사회과학연구소(Bureau of Applied Social Research)에서 진행되고 있다. 선거에서의 승리와 패배에 대한 관례적인 역사적 설명 대부분이 이런 종류의 조사를 버텨낼지 의문이다.

12 United States, Library of Congress, *Legislative Reference Service, Provisions of Federal Law Held Unconstitutional by the Supreme Court* (Washington, 1936), p. 95. 이때 수집 정리한 이후, 유일하게 추가되는 판례가 *United States v. Lovett*, 328 U.S. 303(1946)이다.

13 여기에서 내 계산은 미주 12에서 인용한 미 의회 도서관 문서 135-36쪽의 것과는 어느 정도 다르다. 하지만 그 문서의 저자가 다른 주제 아래로 포함시킨 판결들 가운데 많은 것들은 애초의 목적이 달성되었던 사례로 간주해야 한다. 따라서 드레드 스콧 대 샌드퍼드(*Dred Scott v. Sandford*) 판결 이후 "그 결정에 대응하는 그 어떤 입법부의 행동도 없었다."는 것은 기술적으로는 맞지만, 그 결정이 낳은 효과가 이후에 극복되지 않았다고 보는 것은 잘못이다.

14 시민권 관련 사례들에 대한 논의는 이 장의 부록 B를 볼 것.

15 Earl Latham, "The Supreme Court and the Supreme People," *Journal of Politics*, XVI (May, 1954), p. 207을 참조할 것. Cortez A. M. Ewing, *The Judges of the Supreme Court, 1789-1937* (Minneapolis: University of Minnesota Press, 1938), chap. ii는 더 논란이 되었던 지명 사례를 검토한다. 소수의 권리를 방어하는 수단으로서의 위헌법률심사권에 대한 철저한 비판은 Henry Steele Commager, *Majority Rule and Minority Rights* (New York: Oxford University Press, 1943)에 나온다. Fred Cahill, *Judicial Legislation* (New York: Ronald Press, 1952)은 대법원이 입법 기관이라는 분명한 사실을 그렇지 않다는 이론과 화해시켜 보려고 했던 주요 지적 시도들을 검토한다. 특히 chap. iii을 참조할 것.

16 위헌법률심사권의 경우처럼, 자연권을 근거로 이 제도를 변호하려는 시도는 1장에서 지적했던 문제들에 부딪히게 된다고 나는 가정하고 있다.

17 어느 쪽이건 순위는 크게 다르지 않을 것이다.

18 만약 투표자들이 똑같이 대표된다면 그 주가 받을 수 있었던 대표자 수보다 더 많다는 의미로.

5 미국식 혼합 체제

1   잭슨 이전에, 대통령 선거인단은 일반적으로 주 의회에서 선택되었으므로, 특정 후보에게 투표한 사람의 수를 추정하기 어렵다. 대통령 선거에서 일반투표를 집계한 것은 대체로 1828년 선거에서 시작되었다.

2   하지만 이제 현대적인 표본 여론 조사가 이 점에서 도움이 되고 있다.

3   *The Pre-Election Polls of 1948* (New York: Social Science Research Council, 1949); Angus Campbell and R. L. Kahn, *The People Elect a President* (Ann Arbor: Institute for Social Research, 1952); Angus Campbell, Gerald Gurin, and Warren E. Miller, *The Voter Decides* (Evanston: Row, Peterson & Co., 1954)을 볼 것.

4   Campbell et al., 앞의 책, p. 31, Table 3.2.

5   승리한 후보가 전체 유권자 과반수의 제1선택이기 위해서는 기권자들 일부의 제1선호이기도 해야 한다는 것은 쉽게 알 수 있다. X를 전체 유권자 수, W를 승리한 후보가 획득한 표수, Z를 기권자 수라고 할 때, $(X-2W)/2Z$ 이상의 기권자들이 승자를 선호하고 있었다면, 그는 전체 유권자 과반수의 제1선호라 할 수 있다. 예를 들어, 1948년 해리 트루먼 후보는 기권자 50.7% 이상의 제1선택일 경우에만 전체 유권자 과반수의 제1선택이라 할 수 있었지만, 1952년 아이젠하워 후보는 기권자 41.2% 이상의 지지로 가능했었다. 이 추정 값은 *The Political Almanac of 1952* (New York: Forbes & Sons, 1952), p. 22; *Statistics of the Presidential and Congressional Elections of Nov. 4, 1952* (Washington: Government Printing Office,1953), p. 52; V. O. Key, *A Primer of Statistics for Political Scientists* (New York: Thomas Y. Crowell & Co., 1953), p. 197에 있는 표 참조.

6   이 추정값은 Campbell et al., 앞의 책, p. 37, <표 3.8> 참조.

7   1948년 선거의 한 투표자 표본조사에 따르면, 73퍼센트는 선거운동 기간 중 한 번도 다른 후보를 지지하는 것에 대해 생각해 본 적이 없다고 말했다. 1952년 선거 때 실시된 다른 투표자 표본조사에서 그 수치는 78퍼센트였다. 같은 책, p. 23, <표 2.7>. 이는 [자신의 지지 후보 아니면 기권 사이에서 선택하게 될 유권자 비율의] 상한선이 대략 어느 정도인지 가늠할 수 있게 해준다. 그러나 이 자료에서, 응답자들 가운데 어느 정도가 자신의 지지 후보에게 투표하지 않으면 기권하겠다고 생각했는지를 정확하게 알 수는 없다.

8   이 추정값은 같은 책, <표 8.1>을 참조.

9   "중국이 공산화된 것은 우리 미국 정부의 잘못이었다"라고 생각한 사람들 중 71퍼센트는 아이젠하워를 지지했다. 같은 책.

10 영국은 선거에서의 다수가 특정 정책을 좀처럼 결정하지 않는다는 사실을 흥미롭게 확인시켜 준다. 영국 정치 체제에는 미국 체제의 특징인 다수 지배에 대한 입헌적·정치적 장벽들이 거의 없다. 그럼에도 불구하고 집권당이 선거에서 (전체 유권자는 말할 것도 없고) 투표자 과반수의 제1선호여서 집권하게 된 적은 비교적 드물다. 1923년 이후로 아홉 번의 선거가 있었다. 이들 중 두 번에서만 과반수의 제1선택을 받은 이들이 정부를 구성했다. 심지어 이 두 번의 예외조차 정치적으로 비정상적인 상황이라서 가능했다. 1931년 선거에서, 램지 맥도널드의 거국내각에 지지를 표시한 후보자들이 과반수를 얻었고, [맥도널드의 거국내각 추진에 반발해] 그를 출당시켰던 노동당은 큰 타격을 입었다. 이어서 1935년에는, [거국내각 내 다수파였던] 보수당 후보들 단독으로는 전체 표의 47.7퍼센트밖에 얻지 못했지만, 거국내각에 지지를 선언한 전체 후보들은 총투표수의 54.7퍼센트를 획득해 과반수를 넘길 수 있었다. 하지만 1945년 이후로 그 어떤 정부든 투표자 과반수의 제1선호였던 적은 없다. 실제로 1945년에 보수당이 받은 960만 표, 노동당 후보들이 받은 1200만 표와 비교해 볼 때 1040만 명의 유권자들이 기권하거나 노동당이나 보수당이 아닌 후보들에게 투표했다. 1950년에는 이런 사람들이, 1210만 명의 보수당 투표자들과 1320만 명의 노동당 투표자들과 비교해, 820만 명에 달했다. *The Constitutional Year Book, 1938* (London: Harrison, 1938), Vol. LII; D. E. Butler, *The Electoral System in Britain, 1918-1951* (Oxford: Clarendon Press, 1953), p. 173; John Bonham, *The Middle Class Voter* (London: Faber & Faber, 1955), p. 120를 참조.

11 Elmo Roper, "American Attitudes on World Organization," *Public Opinion Quarterly*, XVII (winter, 1953-54), pp. 405-20.

12 전체적으로 민주주의에 대한 뛰어난 분석이라 할 수 있는 Joseph A. Schumpeter, *Capitalism, Socialism and Democracy* (2d ed.; New York: Harper & Bros., 1947)는 바로 이런 점에서 어느 정도 결함이 있어 보인다.

13 Arthur F. Bentley, *The Process of Government* (Chicago: University of Chicago Press, 1908); David Truman, *The Governmental Process* (New York: A. A. Knopf, Inc., 1951); Earl Latham, *The Groups Basis of Politics: A Study in Basing Point Legislation* (Ithaca: Cornell University Press, 1952).

14 예를 들어, 쉽게 예상할 수 있듯이, 선거의 추이에 "아주 많이" 관심 있는 이들보다 "별로 관심 없는" 이들에게서, 또는 "선거 결과에 아주 관심 있는" 이들보다 관심이 "전혀 없는" 이들에게서, 투표율은 급격하게 낮아진다. Campbell et al., 앞의 책, 표 3.6과 3.8, pp. 35-37. 그런데 동일 표본이 선거 결과가 미국에 미칠 중요성을 묻는 질문에 응답한 내용을 살펴보면, 흥미롭지만 이유를 알 수 없는 차이점이 드러난다. 아이젠하워 지지자들을 보면 미국에 선거 결과가 별 차이를 가져오지 않는다고 응답한

사람보다, 큰 차이를 가져올 것이라고 응답한 사람이 훨씬 높은 비율로 투표했다. 하지만 스티븐슨 지지자들의 경우 통계적으로는 무의미한 차이가 보였는데, 실제 표본 그대로 보면 오히려 선거 결과가 미국에 전혀 중요하지 않다고 생각했던 응답자들보다 아주 중요하다고 생각하는 응답자들의 투표율이 약간 더 낮았다.

15 우리의 이 주장에는 외견상 두 가지 예외가 있다. ① 활동적인 구성원들이 비활동적인 구성원들의 보호나 향상을 그들 자신의 목표에 포함하는 경우. ② 현재 활동적인 구성원들이 현재 비활동적인 구성원들도 미래에 활동적일 수 있다고 예상하는 경우. 모두 현실 세계에서 중요한 사례들이다. 하지만 첫 번째는 결과에 대한 직접적이라기보다는 간접적인 영향력의 사례라고 부르는 것이 적절하겠다. 두 번째는 시간의 차원을 원칙적으로 어쨌든 포함해야 한다고 얘기하는 데 그친다. 하지만 이에 대해 파고들자면 너무 복잡해질 것이므로 우리 주장이 단순하다 해도 그대로 쓰는 것이 더 나을 것이다.

16 H. G. Webster, "A Comparative Study of the State Constitutions of the American Revolution," *American Academy of Political and Social Science, Annals*, Vol. IX (1897).

17 J. Allen Smith, *The Spirit of American Government* (New York: Mac- millan Co., 1911), chaps. ii and ix를 참조할 것.

18 Oscar and Mary Flug Handlin, *Commonwealth: A Study of the Role of Government in the American Economy: Massachusetts, 1774-1861* (New York: New York University Press, 1947), pp. 26-27, 41, 44, 45, 49-52, Appendix II, p. 267를 참조할 것. 여러 가지 점에서 매사추세츠 주 헌법은 특이했는데, 예를 들어, 주지사는 절대적 거부권을 갖고 있었다. "비록 성인 남성 투표권을 통해 선출된 총회에서 초안이 만들어졌지만, 이는 미국 독립 시기의 가장 귀족주의적인 헌법들 중 하나일 뿐만 아니라, 동일한 유권자들이 이미 거부했던 1778년 헌법보다도 더욱 철저하게 상위 계급의 통치를 보장했다." Elisha P. Douglas, *Rebels and Democrats: The Struggle for Equal Political Rights and Majority Rule during the American Revolution* (Chapel Hill: University of North Carolina Press, 1955), p. 211. 사우스캐롤라이나 주에서는, 아마 예상할 수 있겠지만, 주 헌법은 피드몬트(piedmont) 고원 지역보다 동부 저지대 지역의 이익을 강화시켰다. 같은 책, pp. 43-44. 또한 Fletcher M. Green, *Constitutional Development in the South Atlantic States, 1776-1860* (Chapel Hill: University of North Carolina Press, 1930)을 참조할 것. 미출간 박사 학위 논문에서 노먼 스탬스는, 오래된 식민지 헌장인 코네티컷 주 헌법이 겉으로는 매우 민주적이었지만 결속력 강한 소수의 엄격한 과두정치를 허용하도록 교묘하게 고안된 것이었음을 보여 준다. Norman Stamps, "Political Parties in Connecticut, 1789-1819"(unpublished Ph.D. dissertation, Yale University, 1950). 펜실베이니아 주는 독특한 사례다. 이 주에서는 보편 선거권이, 미국

전역에서 일반화되기 40년 전인 1790년에 이미 사실상 실시되었다. 확실히 그 때문에 여타 다른 주에서보다, 세력균형이 일반 농민들과 장인들에게 더 거의 유리하게 지속되었다. 심지어 미국 독립 시기 동안 급진적 민주주의로의 충동하에서 채택되었던 주 헌법이 1789년에 이미 대체된 뒤로도 계속 그랬다. Douglas, 앞의 책, chaps. xii- xiv; Louis Hartz, *Economic Policy and Democratic Thought: Pennsylvania, 1776-1860* (Cambridge: Harvard University Press, 1948), pp. 23ff. 최근 몇 해 동안 이들 주 헌법의 등장과 쇠퇴에 대한 정치학자들의 관심이 사라지고 있는데, 이는 유감스러운 일이다. 이들 주 헌법은 정치제도 연구를 위한 정보의 보고를 제공하는데, 그것의 쇠퇴에 대한 만족스러운 설명이 아직까지는 없다. 하지만 이 변화의 한 가지 측면은 Leslie Lipson, *The American Governor: From Figurehead to Leader* (Chicago: University of Chicago Press, 1939)에서 찾아볼 수 있다.

19 예를 들어, W. E. Binkley, *President and Congress* (New York: A. A. Knopf, Inc., 1947), 4장과 5장을 볼 것.

20 형식적인 정치적 평등의 최대치를 달성하도록 설계된 규칙들이 현존하는 규칙들보다 정치적 평등을 실제로 더 최대화할 것인지의 여부는 내가 피하고 싶은 까다로운 경험적 질문이기 때문에 "형식적"인 평등만 보겠다.

21 Austin Ranney and Willmoore Kendall, "The American Party Systems," *American Political Science Review*, XLVIII (June, 1954), p. 477.

[증보판 서문] 『민주주의 이론을 위한 서설』에 대한 몇 가지 생각들

1 애초에 매디슨을 그런 시선으로 보았기 때문에 아마도 『페더럴리스트』 49번을 잘못 이해하게 되었던 것 같다. 매디슨은 "선거 과정"이 자신이 생각하는 의미에서의 "전제정"을 방지하는 데 부적절할 것이라고 믿었으며 그 이유로 세 가지를 들었다고, 나는 주장했었다(『민주주의 이론을 위한 서설』, 28-29쪽). 그러나 사실 49번에서 매디슨은 선거 과정이 아니라 [당시 제안되고 있던 헌법 수정 방식인] 헌법수정회의에 관해 언급하고 있었다.

2 Max Farrand ed., *The Records of the Federal Convention of 1787*, Vol. III (New Haven: Yale University Press, 1966 [1911, 1937]), p. 450.

3 자신의 어떤 주장을 말하는 것인지 이 노트에는 정확하게 나와 있지 않다. 그 노트에는 단지 "1787년 헌법제정회의 … 월 … 번째 날의 논쟁을 볼 것. J. M.의 연설"에서의 주장들이라고만 지칭되어 있다. 같은 책.

4 같은 책, pp. 454-55.

5 이 고전적인 연구는 그 이후에도 읽기가 힘들었을 테지만 나로서는 그때가 훨씬 더 힘들었는데, 왜냐하면 이를 초판(New York: John Wiley & Sons, 1951)으로 읽어야 했기 때문이다. 초판에서의 설명은 2판(New Haven: Yale University Press, 1963)에서보다도 꽤 더 복잡했다. 또한 불행히도 나는 Alfred F. MacKay, *Arrow's Theorem: The Paradox of Social Choice* (New Haven: Yale University Press, 1980) 같은 이후 연구들에 실린 빼어나게 명쾌한 해설을 참고할 수도 없었다.

6 이후에 애로의 역설(Arrow's Paradox)이라고 불리게 되는 그의 주장은 이 책 본문 속의 두 문장과 두 개의 미주로, 그중 하나는 제법 긴데, 그렇게 간단히 정리되었다(71쪽, 291쪽 미주 8, 9).

7 주목할 만한 예외는 내 동료인 라스웰(Harold D. Lasswell)과 철학자 캐플란(Abraham Kaplan)의 공저인 *Power and Society* (New Haven: Yale University Press, 1950)이다.

8 Peter Laslet and James Fishkin eds., *Philosophy, Politics & Society* (New Haven: Yale University Press, 1979), pp. 97-133에 실린 "Procedural Democracy."

9 *Polyarchy: Participation and Opposition*(1971), "Polyarchy, Pluralism, and Scale" (1984), *Democracy and Its Critics* (1989)에서.

10 *Controlling Nuclear Weapons: Democracy versus Guardianship*(1985)에서는 특히 정보 접근에서의 차이, *A Preface to Economic Democracy*(1985)에서는 재산과 업무에서의 차이를 다루었다.

11 나는 이 문제점들을 일찍이 *Congress and Foreign Policy*(1950)에서 강조했고, *The Tanner Lectures on Human Values X*, 1989에 실린 "The Pseudodemocratization of the American Presidency", 그리고 약간 축약된 "Myth of the Presidential Mandate," *Political Science Quarterly* (Autumn 1990)에서 다시 논한 바 있다.

[증보판 후기] 매디슨주의적 민주주의의 재평가

1 매디슨이 『페더럴리스트』에서 자신의 진짜 견해를 어느 정도까지 표출했는지는 약간의 의견 차이가 있다. 아래 각주 7을 볼 것.

2 Ellis 2001, 53.

3 Miller 1992, 15.

4 Padover 1953, 22.

5 Samuel Kernell(2003)은 "매디슨주의 모델은, 헌법 비준을 촉진하기 위해,

특히 『페더럴리스트』 51번과 이에 동반되는 에세이들에 바탕을 두고 사후적으로 공식화되었다"(93쪽)라고 주장한다. 만약 그의 해석이 옳다면, 매디슨의 첫 번째 입헌 이론은 단순히 "운동용 수사"(campaign rhetoric, 114쪽)에 불과했고, 후기 견해가 그가 실제로 초기에 가졌지만 공적으로 드러내지 않았던 생각이 확장된 것으로 해석될 수 있다.

6 *Federalist* 10 (Hamilton, Jay, and Madison 2000, 58-59); 『페더럴리스트』, 85쪽.

7 한 손꼽히는 역사가의 표현을 빌자면, 그것들은 "입헌 과두정"(constitutional oligarchies)이었다(Martines 1979, 148).

8 Adams 1980, 99-117.

9 제임스 윌슨은 헌법제정회의에서 매디슨과 같은 편이었고, 매디슨과 마찬가지로 가장 영향력 있는 참석자 가운데 한 명이었다. 그는 헌법제정회의가 폐회된 지 불과 두 달 만인, 1787년 11월 펜실베이니아 헌법 비준 총회에서 연설하면서 이렇게 언급했다. "…… 기본적인 정부의 세 가지 종류 …… 는 군주정, 귀족정, 민주정입니다. 군주정에서는 최고 권력이 한 사람에게 귀속됩니다. 귀족정에서는 …… 대표의 원칙(principle of representation)에 기반하기는 하나 세습이라든가 서로 간에 뽑거나 어떤 인적 자격 요건이나 영토에 따른 요건을 통해 그 지위를 영유하는 대표체를 통해서 …… 마지막으로, 민주주의에서는 최고 권력이 본질적으로 인민에게 있고, 인민 스스로 혹은 그들의 대표자들을 통해 행사됩니다. …… 우리 앞에 놓인 헌법은 이 중 어떤 것입니까? 원칙적으로, 여러분, 우리 헌법은 순수하게 민주적입니다. 비록 우리 정부 형태는 좀 다르기는 합니다. 그것은 잘 알려져 있고 이미 확립되어 있는 헌정 체제에 있기 마련인 장점들은 모두 받아들이고 단점들은 모두 배제하려다 보니 그렇습니다. 그러나 우리가 이 원대하고 종합적인 계획의 의도대로 흘러가는 권력의 물길을 포괄적이고 정확하게 살펴보면 …… 우리는 그 흐름을 따라가 하나의 위대하고 고결한 원천에 이를 수 있을 것입니다, 즉 바로 [이하 원문 그대로] 인민(THE PEOPLE)"(Bailyn 1993, 802-3, 강조는 필자). 이듬해 6월, 버지니아 헌법 비준 총회에서, 패트릭 헨리의 비판에 대응하면서, 존 마셜은 "우리의 헌법은, 그 어떤 왕도, 또는 대통령도, 대의 정부를 손상시킬 수 없는, '딱 맞게 조정해 놓은 민주주의'(well regulated democracy)를 규정해 놓았다."라고 주장했다(Simon 2002, 25).

10 흥미롭게도 대통령 취임 연설들은 오랫동안 이런 경향을 계속 거슬러 왔다. 19세기 내내 대통령은 자신의 취임사에서 미국 정치체제를 언급할 때 공화정이나 공화주의적이라고 불렀지, 단 한 번의 예외를 제외하고는, 아무도 민주주의나 민주적이라고 부르지 않았다. 그 예외가 불운했던 윌리엄 해리슨이었는데 1841년 그는 헌법 입안자들에 대해 "단순한 대의 민주주의 혹은 공화정에 대한 그들의 생각과는 조화를 이루지 않는 것으로 보였던 특징들이 그것 [헌법] 속에는

존재합니다."라고 얘기했다. 이로부터 우리는 "공화정", "대의 민주주의"라는 용어들이 같은 것으로 이해되었음을 추론할 수 있다. 20세기 동안에는, 취임사에서 대통령들이 자주 합중국을 민주적 혹은 민주주의라고 불렀다는 것은 굳이 얘기할 필요도 없겠다. 루스벨트는 네 번의 취임사에서 이 용어를 20번이나 사용했지만 "공화정"은 단 한 번도 쓰지 않았다. 레이건과 조지 H. W. 부시 대통령은 두 용어를 똑같이 사용했던 반면, 클린턴과 조지 W. 부시 대통령은 취임사에서 "민주주의"라는 용어만을 썼다.

11 옥스퍼드 영어 사전이 우리에게 상기하듯이, 유럽에서 "공화정"은 프랑스, 독일, 그리고 다른 곳들에서처럼, "군주가 없는"을 의미하게 되었다. 따라서 네덜란드, 스페인과 더불어 스칸디나비아 3국은 공화정이 아니다. 그러나 세계의 나머지 지역들에서 그러듯이, 이들 국민은 자기 국가를 당연히 민주주의라고 부른다.

12 권위 있는 사례로는 다음이 있다. 옥스퍼드 영어 사전은 민주주의를 "인민에 의한 정부; 주권이 민중 전체에게 있고, (고대의 소규모 공화정에서처럼) 민중에 의해 직접 행사되거나 혹은 그들이 선출한 공직자들에 의해 행사되는 정부 형태"라고 정의한다.

13 Matthews 1995, 81.

14 Miller 1992, 53 ff.

15 Damasio 1995.

16 *Federalist* 10(Hamilton, Jay, and Madison 2000, 59);『페더럴리스트』, 85-86쪽.

17 같은 책, pp. 54-56;『페더럴리스트』, 80-82쪽, 강조는 필자.

18 같은 책, p. 57;『페더럴리스트』, 83쪽.

19 Padover 1953, p. 254.

20 Richard 1994.

21 이 글을 쓴 이후, 농촌과 도시의 상류층을 매우 두렵게 만들었던 숱한 정치적 운동·조직·활동에 대한 매우 유용한 증거를 제공하는 두 권의 탁월한 저서가 등장했다. 만일 더 평범한 배경과 자원을 가진 남성들의 다수에게 정치적 영향력이나 권력에 대한 접근이 허용된다면, 매디슨이나 그에게 반대했던 이들이나 모두 자신들의 영향력과 재산에 위협이 초래될 수도 있음을 너무나도 잘 알고 있었다. Gary B. Nash, *The Unknown American Revolution, The Unruly Birth of Democracy and the Struggle to Create America* (New York: Viking, 2005); Sean Wilentz, *The Rise of American Democracy, Jefferson to Lincoln* (New York: W. W. Norton and Company, 2005).

22 Padover 1953, 254. 1788년 6월 버지니아 헌법 비준 총회에서 패트릭 헨리는 장황하고 열정적으로 여러 이유를 들어 헌법을 비판했는데, 특히 종교의 자유, 배심원 재판, 그리고 그가 "우리 자신의 헌법"(즉, 버지니아 주 헌법)에 보존되어 있다고

언급한 "인류의 다른 위대한 권리들"을 보호할 수 있는 권리장전이 빠져 있음을 강조하였다. 이에 반박하면서 매디슨이 주장하기를, "만약 한 종파가 다수로서 존재한다면, 권리장전은 자유를 보호하기에 부족할 것입니다. 미국은 행복하게도 최대한의 종교적 자유를 누리고 있습니다. 이 자유는 종파들의 다양성에 바탕을 두며, 이 다양한 종파들이 미국 전체를 가득 채우고 있습니다. 어떤 사회에서건 종교적 자유의 최선이자 유일한 보장책은 바로 이런 종파들의 다양성입니다"(Bailyn 1993, 678, 690).

23 이들 중 앞의 두 가지에 주목하게 해 준 것에 대해 리처드 매튜스(Richard Matthews)에게 감사하고 있다. *If Men Were Angels*에서, 그는 이 요소들과 여타 중요한 입헌적 쟁점들에 관한 매디슨의 견해를 탁월하게 설명한다.

24 *Federalist* 10(Hamilton, Jay, and Madison 2000, 61); 『페더럴리스트』, 87쪽.

25 같은 책(Hamilton, Jay, and Madison 2000, 64).

26 Farrand 1987, 3:452, 부록 A.

27 Sartori(1976, 5 ff.)는 '정당'이라는 용어의 진화와, '파벌'(faction)과 정당의 구별에 대한 탁월한 설명을 제시한다.

28 정당에 대한 매디슨의 입장이 어떻게 진화하는가를 신중하게 제시한 견해에 대해서는 Riemer(1968, 173-74)를 볼 것.

29 Farrand 1987, 3: 450-55, 부록 A, 문장부호는 원문대로. 재산권에 대해 매디슨이 지속적으로 염려하고 있었다는 사실은 다음과 같은 방안을 거부하는 데 주저한 것을 보면 알 수 있다. 즉, "상원 혹은 하원 의원을 선출할 수 있는 투표권을 부동산 자산 보유자들에게만 한정한 다음, 남은 다른 쪽의 투표권은 자산 보유자와 여타 모든 이들에게 공통적으로 허용하는 방안." 이 방안이 뉴욕 주에서 일찍이 시도되었지만 이미 폐기되었다고 그는 지적하지만 바로 이어서 이렇게 덧붙였다. "노스캐롤라이나 주에서는 여전히 시험 중이다. …… 만족할 만한 결과를 가져오려면 어느 정도 기간 동안은 그렇게 계속 시험해 보아야 한다. 즉, 사실상 부동산 자산 무보유자들이 다수가 될 [이하 원문 그대로] 그때까지는"(p. 454).

30 Madison, *Writings*, 9:520-28, Meyers 1973, 525에서 재인용.

31 Madison, *Writings*, 9:526, Riemer 1968, 157에서 재인용.

32 Farrand 1987, 1:486.

33 상원에서 각 주가 동등하게 대표되어야 한다는 작은 주 파견 대표들의 (결국에는 성공했던) 고집에 대한 그의 대응이 바로 이 경우에 해당한다. 그는 이렇게 주장했다.

규모가 큰 3개 주들(버지니아, 매사추세츠, 펜실베이니아)도 각자 상이한 이해관계를 갖고 있어서 깊이 분열되어 있다. 예를 들어, "이들 각 주가 생산해 내는 주요 산물들만 비교해 봐도, 이들은 연방 내 그 어떤 다른 세 개 주들만큼 서로 상이했다"(같은 책, 447).

34 Diamond 2002, 26, 표 1.

35 Bryan 2004, 69-81, 136, 231, 296-97. 또한 Bryan and McClaughry 1989을 볼 것.

36 이에 대한 증명과 논의는 Dahl and Tufte 1973, 91 ff을 볼 것.

37 Alesina and Spolaore(2003)는 이렇게 제안한다. "민족국가(또는 국가)의 크기는 다음 두 가지 요소 간의 균형에 따라 결정된다. 즉 규모의 증가에 따른 장점 그리고 공공재나 정부 정책[원문은 policies인데 달이 preferences로 오기하고 있어 바로잡았다.]에 대한 선호가 다양해서 겪는 비용. …… 우리의 핵심 주장[은] 민주화와 무역자유화 그리고 무력 충돌의 감소는 소규모 국가들이 많이 등장하면서 나타난 현상인 반면, 역사적으로 볼 때 자유무역의 붕괴와 독재의 등장 그리고 전쟁은 대규모 국가들과 밀접한 관련을 갖는다"(pp. 6, 15).

38 Lewin 1988, 195-206.

39 Rakove 1996, 337. Ralph Ketcham(1990)은 이렇게 얘기한다. "비록 노예들 사이에서 성장하고 그들의 노동에 의존했지만, 그는 노예라는 제도 자체를 혐오하면서 가급적 그 문제에 엮이지 않으려고 노력했다"(p. 148).

40 예외가 빌리(Billey)라는 노예였다. "필라델피아에서 버지니아로 돌아가려고 준비하던 1783년 매디슨은 빌리가 노예 출신이 아닌 하인들과 거의 4년을 함께 일하면서 이들에게 '너무 심하게 물들어 버려 다시 버지니아에서 동료 노예들과 함께 일하기 어려워졌다'는 사실을 알게 되었다. …… '우리가 엄청난 피의 대가를 치르면서, 모든 인류에게 옳은 것이며 추구할 가치가 있다고 그렇게 자주 외쳐 댔던, 바로 그 자유를 단순히 갈망했다는 이유로' 빌리를 [버지니아의 노예 생활로 돌려보내는] 고통에 처해야겠냐고 매디슨은 아버지에게 반문했었다"(Ketcham 1990, 148). 노예제는 사악한 것이라고 매디슨이 분명하게 밝힌 경우는 모두 사적인 서신이나 개인적인 문서들에서다.

41 "유언장에서 매디슨은 자신이 소유한 노예들 가운데 누구도 [아내인] 돌리 매디슨(Dolley Madison)과 노예 자신, 둘 다의 동의 없이 팔려서는 안 된다고만 얘기했다. 일생에 걸쳐 노예제에 반대했던 것도 결국 매디슨의 유언장을 보면, 해방이 아니라 단지 인격적으로 대접하는 정도의, 사실상 무익한 몸짓에 불과했다. 남부 노예 주에서 늘상 일어나듯이, 채권자들과 토지 유산 상속자들의 요구가 매디슨의 의지를 꺾어 버렸다"(Ketcham 1990, 629).

42 Meyers 1973, 398; Ketcham 1990, 625-29.

43 Wills 2003.

44 헌법제정회의 초반에 자유민 주들과 노예 주들 간에 존재하는 자산소유자들의 갈등적 이해관계를 논의하면서 매디슨은 5분의 2 원칙 대신 이렇게 제안했다. 노예들은 "상하원 중 한 곳에서는 오직 자유민들의 인구수에 비례해서 대표되고, 다른 한 곳에서는 노예들도 자유민들인 것처럼 계산한 전체 인구수에 따라 대표될 것이다. 이렇게 하면 결과적으로, 남부 주들과 북부 주들은 상하원 중 어느 한쪽에서는 우위를 점하게 될 것이다. 그 이전까지만 해도 그[매디슨]는 두 가지 점 때문에 이런 편법을 제안하는 것을 자제해 왔었는데, 첫 번째 이유는 이미 다양한 이해관계가 저절로 생겨날 것 같은 상황에서 굳이 이를 재촉할 필요가 없다고 생각했기 때문이다. 또 다른 이유는 상하원 관계에 뿌리내릴 것이 분명하고 결국 이해관계의 균형 상태를 파괴해 버리게 될 권력 불평등에 대한 염려 때문이었다"(Farrand 1987, 1: 486-87).

45 Wills 2003, 6.

46 같은 책, 4.

찾아보기

가중 다수결qualified majority 49
거부권 30, 48, 50, 90, 159, 164, 167, 168, 170, 171, 181, 183, 210, 212, 215
공화당Republican Party 146, 163, 167, 182, 183, 194, 247, 251, 261
공화정 23, 25, 33, 36, 39, 43, 53-55, 125, 232, 247-251, 258, 260, 264
공화주의 원칙 32, 47, 50, 53, 56, 61, 169
과두정(과두정치) 87-89, 91, 133, 250, 252, 264
권리장전 257, 259
그랜트, 율리시스 S. Ulysses S. Grant 182
남북전쟁 15, 69, 150, 151, 168, 181, 182, 213, 216, 219, 223, 267, 268
노예제 16, 68, 121, 150, 214, 223, 267
다두제 113-121, 124, 126, 128, 129, 131, 133-137, 146, 151, 152, 191, 192, 198, 201, 202, 204-206, 213, 214, 236, 238, 242, 272
다두제의 사회적 선결 조건 124, 192, 204
다수 지배의 원칙 66, 93, 126, 255, 264
다수 파벌의 폐해 32, 33, 50
다수결의 원칙 46, 47, 61, 63, 68, 69, 72, 141, 158, 236
다수의 전제 22, 41, 43, 44, 51, 86, 126, 160, 191, 202, 207
다수의 절대 주권 63-65
대법원 30, 87, 90, 125, 162-167, 169, 181-183, 209, 212
대의 민주주의 258, 266, 269
독재정치 63, 104, 133
드레드 스캇Dred Scott 판결 125
랜돌프, 에드먼드Edmund Randolph 230
루스, 헨리Henry Luce 112

린드블롬, 찰스Charles Lindblom 11, 238

만장일치 43, 46, 47, 62, 63, 170, 231

메이슨, 조지George Mason 230

모스카, 가에타노Gaetano Mosca 86

『미국의 민주주의』Democracy in America 251

미국의 정상적 정치과정 208, 217, 240

미국의 정상적인 체제 209, 222, 223

민족주의 141

민주-공화당Democratic-Republican Party 215, 232, 251, 261

민주당Democratic Party 146, 163, 167, 182, 183, 194-196, 219, 251, 261

민주주의의 사회적 선결 조건 224, 241

밀, 존 스튜어트John S. Mill 119

『버지니아에 대한 노트』Notes on Virginia 23

보르다Borda 방식 72

비전제적 공화정 24-27, 29, 31, 32, 42, 45, 55, 56, 99, 124, 126

비전제정 23, 25, 35

비평등주의적 다두제 133

『페더럴리스트』The Federalist 16, 22, 212, 232, 245, 246, 248, 249, 260, 265

『페더럴리스트』10번 16, 30, 120, 248, 253, 261, 265

『페더럴리스트』49번 28, 29

사회적 견제와 균형 40, 65, 125, 160

사회적 선결 조건 126

상원에서의 동등 대표 169-171, 176, 178, 213, 218

상호 교환 가능성 101, 102

선호의 강도 77, 79, 80, 93, 94, 101, 141-144, 146, 153, 155-158, 166, 170, 176, 177, 184-186, 203, 204, 272

셰이즈, 대니얼Daniel Shays 210

소수 거부권 87, 89, 158, 161

소수들의 지배 196, 200, 202

소수의 전제 22, 126

스티븐슨, 애들레이Adlai Stevenson 194, 196

애로, 케네스Kenneth Arrow 237

연방주의자당Federalist Party 260

5분의 2 조항 268

외부의 견제 18, 27, 31, 34, 36, 55, 56, 73

우드워드, 반C. Vann Woodward

182
위계정(위계 정치) 133, 223, 238
위헌법률심사권 30, 83, 90, 161-163, 169, 178, 212, 229, 230
윌스, 개리Garry Wills 268
윌슨, 제임스James Wilson 230, 251
윌슨, 프랜시스Francis Wilson 133, 134
이중 투표 방식 71
인민주권 61, 66, 67, 69, 71, 72, 74, 76, 77, 81-83, 85-87, 90-93, 99, 100, 110, 113, 114, 126, 141, 192
입헌적 10, 37, 126, 152, 160, 178, 203, 205, 207, 210, 211, 213, 218, 231, 232, 240, 241
자연권 18, 19, 23, 24, 27, 41, 45, 46, 55, 73, 125, 141, 176
전제정 18, 19, 22, 26, 27, 29, 31, 34-36, 38-42, 44, 45, 47-49, 55, 56, 86, 127, 230
정치 머신 106, 216
정치적 평등 9, 15, 54, 61, 66, 67, 69, 71, 72, 74, 76, 77, 81-83, 85, 87, 90-94, 99-102, 110, 112-114, 123, 126, 127, 141, 171, 192, 218, 262, 272
『정치학』Politics(아리스토텔레스) 61

조건부 소수 지배 79, 80
조작적 10, 41, 44, 88, 93, 100, -102
중첩되는 구성원 가설 160
지리적 영역의 동등 대표 172
1877년 타협 182, 183
초트, 조셉Joseph Choate 164
최대 강령 이론 9
최종 결정권 67, 77-80, 101
칼훈, 존John C. Calhoun 16, 64, 144, 264
코네티컷 타협 85, 177
키, V. O. V. O. Key 134
트루먼, 해리Harry Truman 196
파벌 26, 30-32, 44-47, 49-51, 55-57, 253, 256, 257, 260, 261, 265, 266, 298
파벌의 폐해 31, 56
패어랜드, 막스Max Farrand 233
평등주의적 다두제 114, 133
헌법상 견제와 균형 29, 151, 160
헌법제정회의 16, 21, 22, 24, 125, 162, 169, 211-215, 229-233, 245, 246, 248, 249, 253, 255, 256, 259, 260, 265, 269
협력적 다수 64, 144
흄, 데이비드David Hume 253

민주주의 이론을 위한 서설

1판 1쇄. 2022년 3월 21일
지은이. 로버트 달
옮긴이. 한상정

펴낸이. 정민용
편집장. 안중철
편집. 강소영, 심정용, 윤상훈, 이진실, 최미정

펴낸 곳. 후마니타스(주)
등록. 2002년 2월 19일 제2002-000481호
주소. 서울 마포구 신촌로14안길 17, 2층 (04057)

편집. 02-739-9929, 9930
제작. 02-722-9960
팩스. 0505-333-9960
블로그. https://blog.naver.com/humabook
페이스북·인스타그램/Humanitasbook

인쇄. 천일인쇄 031-955-8083
제본. 일진제책 031-908-1407

값 17,000원

ISBN 978-89-6437-400-9 93340